Autor _ VILLON
Título _ BALADA DOS ENFORCADOS
E OUTROS POEMAS

Copyright	Hedra 2008
Tradução©	Péricles Eugênio da Silva Ramos
Primeira edição	Art Editora, 1986
Agradecimento	Clóvis F. da Silva Ramos e Iumna Maria Simon
Corpo editorial	Alexandre B. de Souza, André Fernandes, Bruno Costa, Caio Gagliardi, Fábio Mantegari, Iuri Pereira, Jorge Sallum, Nelson Fonseca Neto, Oliver Tolle, Ricardo Martins Valle, Ricardo Musse

Dados — Dados Internacionais de Catalogação na Publicação (CIP)

Villon, F. *Balada dos enforcados e outros poemas.* (Org. e trad. Péricles da Silva Ramos) – São Paulo : Hedra : 2008. Bibliografia.

ISBN 978-85-7715-102-8

I. Poesia francesa II. Villon, F. III. Da Silva Ramos, Péricles Eugênio. IV. Título

08-0844   CDD-941

Índice para catálogo sistemático:
1. Poesia : Literatura francesa 980.41

Direitos reservados em língua portuguesa somente para o Brasil

EDITORA HEDRA LTDA.

Endereço	R. Fradique Coutinho, 1139 (subsolo) 05416-011 São Paulo SP Brasil
Telefone/Fax	(011) 3097-8304
E-mail	editora@hedra.com.br
Site	www.hedra.com.br

Foi feito o depósito legal.

Autor _ VILLON

Título _ BALADA DOS ENFORCADOS
E OUTROS POEMAS

Organização e tradução _ PÉRICLES EUGÊNIO
DA SILVA RAMOS

São Paulo _ 2008

hedra

François Villon (Paris, c.1431-c.1463) é o poeta francês mais importante da Baixa Idade Média. Sua vida é controversa, já que a pouca informação proveniente dos processos jurídicos que sofreu são comumente confundidas com a *persona* adotada em seus poemas. Órfão de pai, é criado pelo cônego Guillaume de Villon, de quem recebe o sobrenome. Estuda na Universidade de Paris e ganha o estatudo de clérigo em 1452. Envolve-se em uma briga em 1456, e em seguida, participa de um furto ao colégio de Navarra, fatos que o obrigam a fugir de Paris. Em Blois, passa a fazer parte da corte de Charles d'Orléans, o príncipe-poeta, que compila diversos poemas seus, dentre eles a célebre "Dupla balada". Em 1461, é preso por razões desconhecidas em Meung-sur-Loire, onde provavelmente compõe "O debate do coração e do corpo de Villon", e de onde é libertado a pedido de Luís XI. De volta a Paris, envolve-se em um conflito com o secretário Maître Ferrebouc, é preso e finalmente condenado à morte, quando, como supõem alguns biógrafos, escreve a "Balada dos enforcados". A pena, no entanto, é comutada em um exílio de dez anos. A partir de 1463 não há mais qualquer registro a seu respeito. Sua figura aparentemente *marginal*, ora ligada aos estudantes da Sorbonne e à associação de clérigos do Palácio, conhecida como *Basoche*, ora a delinquentes, como os *Coquillards*, notórios falsificadores de relíquias de Santiago de Compostela, fez com que seu nome fosse reconhecido por alguns autores românticos como o precursor dos *poetas malditos*.

Balada dos enforcados e outros poemas reúne excertos de *Le lais* (O legado, 1457), obra de juventude e *O Testamento* (1461-1462), paródia de um documento jurídico em que retoma tópicas do tempo fugaz e da angústia diante da morte, e incluem poemas ora tristes e desesperados, ora de humor sutil. Foram incluídas ainda as baladas dispersas, dentre elas a *Balada dos enforcados*, um dos poemas mais célebres da língua francesa, em que os mortos pedem aos vivos compaixão e suplicam pela caridade cristã.

Péricles Eugênio da Silva Ramos (Lorena, 1919-São Paulo, 1992) foi poeta, tradutor, crítico literário, antologista e filólogo. Iniciou carreira como redator do *Jornal da Manhã* em 1941. Por *Lamentação floral*, seu primeiro livro de poesia, é agraciado com o Prêmio Fábio Prado em 1946. Passa a colaborar com o Suplemento Literário de *O Estado de São Paulo* a partir de 1964, firmando-se como um dos mais importantes críticos do país. Idealizou e foi um dos fundadores do Museu de Arte Sacra, do Museu da Casa Brasileira e do Museu da Imagem e do Som. Figura de proa da Geração de 45 em São Paulo, concebeu e realizou uma das mais vastas antologias de poesia brasileira, publicadas ao longo da década de 1960 pela Melhoramentos: *Poesia barroca, Poesia do ouro, Poesia romântica, Poesia parnasiana, Poesia simbolista e Poesia moderna*, além de ter organizado as *Poesias completas de Álvares de Azevedo* (Saraiva, 1957). Profundo conhecedor do grego clássico e do latim, além do inglês, francês e alemão, traduziu obras de Byron, Virgílio, Melville, Brecht, Whitman, afora suas clássicas traduções de Yeats, Keats, Shakespeare, Góngora e Shelley, que a Editora Hedra publica ao longo deste ano. Sua tradução de *Hamlet*, a única em língua portuguesa cuja leitura é recomendada pela Royal Shakespearean Society, é considerada uma das mais fiéis e bem realizadas.

SUMÁRIO

Introdução, por Péricles Eugênio da Silva Ramos *9*

BALADA DOS ENFORCADOS E OUTROS POEMAS *15*

Balada dos enforcados *17*

Balada das damas dos tempos idos *21*

O Testamento i–vii *25*

O Testamento xii–xvi *31*

Ao tempo em que Alexandre… *35*

Ou sont les gracieux gallans *42*

Onde estão os joviais rapazes *43*

Balada dos senhores dos tempos idos *51*

Balada em velha língua francesa *55*

O Testamento xlii–xlvi *59*

Lamentações da bela vendedora de elmos *63*

Balada da bela vendedora de elmos às moças fáceis *69*

O Testamento lvii–lxiv *73*

Dupla balada *79*

O Testamento lxv–lxxii *85*

O Testamento lxxviii–lxxix *91*

Balada para rezar a nossa senhora *99*

Balada a sua amiga *103*

Lai *107*

Balada e oração *109*

Balada para Robert d'Estouteville *113*

Contra o dito de Franc Gontier *117*

Balada das mulheres de Paris *121*

Balada de Margot, a encorpada *125*

Bela lição aos perdidos *129*

A legenda da morte *133*

Balada de boa doutrina aos de vida má *137*

Epitáfio *141*

Rondó *141*

Balada de perdão *143*

Balada final *147*

Legado i–viii *151*

Balada do bom conselho *157*

Balada dos provérbios *161*

Balada das pequenas falas *165*

Balada contra os inimigos da França *169*

Balada do concurso de Blois *175*

Carta a seus amigos *179*

Pedido ao senhor duque de Bourbon *183*

O debate do coração e do corpo de Villon *187*

Balada da fortuna *193*

Louvor à corte *199*

Balada da apelação *203*

INTRODUÇÃO | 9

NOTÍCIA SOBRE FRANÇOIS VILLON

François Villon, por muitos considerado o primeiro poeta moderno da França, embora haja vivido em fins da Idade Média e se vincule à tradição realística do século XIII, de Colin Muset e Rutebeuf, tem uma biografia acidentada, na qual avultam crimes e prisões. De nome François de Montcorbier ou des Loges, mais tarde adotou o Villon, de mestre Guillaume de Villon, cônego de Saint-Benoît-le-Bétourné e professor de direito canônico, que foi para ele mais que pai, uma vez que ficara órfão muito cedo. Em 1443 ingressou na Faculdade de Artes da Universidade de Paris, pela qual se fez bacharel em 1449 e, sucessivamente, licenciado, em maio de 1452, e mestre em artes, em agosto. Ainda como estudante participou em 1451-1452, provavelmente, das várias peripécias da questão do Pet-au-Diable, na qual esse marco foi roubado. Ao que parece, permaneceu ligado à universidade, pois continuou a dizer-se escolar em sua poesia ("Le Lais"), não tendo de qualquer modo feito carreira eclesiástica nem secular, como poderia, dada a sua habilitação. Em 1455, provocado por um sacerdote, Philippe Chermoye ou Sermoise, Villon o feriu, e deste ferimento o padre veio a morrer. Villon, também ferido, deixou Paris, mas no ano seguinte obteve duas cartas de remissão por esse homicídio, em janeiro.

Por volta do natal de 1456, participou do roubo do tesouro do Colégio de Navarra, em companhia de Colin de Cayeux,

INTRODUÇÃO

D. Nicolas, Petit Jean e Guy Tabarie. Este último deu com a língua nos dentes e Villon novamente se ausentou de Paris, levando vida errante na província. Esteve provavelmente em Bourg-la-Reine, Angers, Bourges, Blois, na corte de Charles d'Orléans, onde participou de um concurso de poesia e escreveu a balada "Je meurs de soif auprès de la fontaine", segundo parece, mote fornecido pelo duque, ele próprio poeta de primeira linha. Talvez aprisionado em Orléans, foi-o com certeza em Meung-sur-Loire, por ordem do bispo Thibaut d'Aussigny, em 1461, passando o verão num calabouço. Nessa oportunidade, o bispo o teria degradado de sua condição de clérigo. Foi libertado quando Luís XI passou pelo lugar, indultando os presos. No ano seguinte voltou a Paris e foi encarcerado no Châtelet, sob acusação de roubo. Quando estava para ser libertado, voltou à baila o roubo do Colégio de Navarra; foi solto em novembro, sob a promessa de devolver 120 escudos ao mesmo Colégio, no prazo de três anos.

Em 1463 envolveu-se numa rixa de companheiros com os escreventes de mestre Ferrebouc: desta vez foi condenado à morte pelo preboste (a ser *pendu et estranglé*), tendo nessa ocasião escrito a célebre "Balada dos Enforcados" e uma quadra menos edificante ("Je suis Françoys, dont il me poise", etc.). A Corte do Parlamento, contudo, mudou a sentença em desterro de Paris, por dez anos. Que Villon desapareceu de Paris é da história, não se sabendo onde nem quando morreu; mas é certo que entrou na lenda, como o testemunham as anedotas que correram sobre sua vida, o fato de ter tido numerosas edições depois da primeira, de 1489, em pequeno espaço de tempo e de ter se tornado personagem de Rabelais. Marot estabeleceu seu texto em 1533, pois achava as edições deturpadas de tanto correrem; e a partir do século XIX os editores começaram a valer-se de manuscritos apógrafos de suas obras, em número de cinco, três dos quais estão em Paris, o quarto na Biblioteca de Estocolmo e o quinto na Galeria das Estampas de Berlim.

Da vida amorosa de Villon não se sabe grande coisa: adepto da posição de mártir do amor, cita nominalmente em sua poesia Catherine de Vaucelles, Rose e Marthe (esta em acróstico), além de outras figuras como a Grosse Margot, da vida airada. Os biógrafos ignoram se as três primeiras eram três pessoas ou uma só, variamente denominada. De qualquer modo, há a tendência, em certos estudiosos, de considerar real Catherine de Vaucelles, com esse nome ou pseudônimo, tanto quanto se pode restaurar a vida de um homem pelo que escreveu em sua poesia.

OBRA

O primeiro dos grandes poemas de Villon é o "*Lais*" ou "Legado", composto, ao menos em parte, se não se pode precisar que na noite de Natal de 1456, ao menos por volta dessa data. O nome "Pequeno Testamento", que o primeiro editor, Pierre Levet, adotou, é expressamente condenado pelo poeta ("O Testamento", oitava LXXV):

> Si me souvient bien, Dieu mercis,
> Que je feis a mon partement
> Certains laiz, l'an cinquante six,
> Qu'aucuns, sans mon consentement,
> Voulurent nommer Testament;
> Leur plaisir fut et non le mien.[1]

Apesar de Marot manter em sua edição o nome *Petit Testament*, acentuando que não era o do autor, a crítica moderna

---

[1] "Também me lembro bem, graças a Deus,/Que fiz quando de minha partida/Certo legado, no ano de 56,/Que alguns, sem meu consentimento,/Quiseram chamar Testamento;/Foi decisão deles, não a minha."

tem assinalado que *lais* e *testament* não são termos sinônimos: *lais* — escreve Michel, que se apóia em P. Le Gentil — se aparenta aos *congés* compostos por Jean Bodel, Baude Bastoul ou Adam le Bossu deplorando uma partida, uma separação, enquanto o "Testamento" anuncia uma morte próxima, fingida ou real. No "Lais", Villon está a ponto de separar-se de uma amante desumana e deixar Paris por Angers, ao passo que o "Testamento" supõe-se tenha sido composto pelo poeta no terror da morte, na "dura prisão de Mehun", em 1461, cinco anos depois. O poema espelha a Paris de Luís XI, com a maior parte dos legatários — pessoas ligadas às finanças, à justiça e à Igreja, e também alguns companheiros do poeta, maus rapazes — identificados, embora não se possa afirmar que com eles Villon houvesse tido efetivas relações. O "Lais", com suas quarenta oitavas em octossílabos de rima A-B-A-B-B-C-B-C não alcança todavia as dimensões nem a riqueza do "Testamento".

Este compreende 183 oitavas (1488 versos), com o mesmo esquema de rimas; nas estrofes se entressacham dezesseis baladas e três rondós, cerca de um quarto do poema, com 535 versos. As baladas nem sempre são de oito sílabas (há as de versos de dez sílabas) e nem sempre as estrofes são oitavas, havendo décimas e estâncias de onze ou doze versos: as oitavas têm três ordens de rimas, sempre as mesmas através de todo o poema, as décimas quatro ordens, as de onze ou doze sílabas cinco ordens, todas invariáveis na balada. Uma expressão da "Balada do Concurso de Blois" (não incluída no "Testamento"), "je ris en pleurs", "rio em lágrimas", *topos* que remonta a Homero, com larga esteira de usuários, tem sido tomada, contudo, como definidora do estado de espírito de Villon no poema, ora alegre, ora triste, ora agressivo, ora cordato e bom conselheiro. O tom de suas baladas varia: a que fez para sua mãe rezar a Nossa Senhora é terna e piedosa, a "Contra o 'dito' de Franc Gautier" é de um lirismo rosado de vida boa e confortável, a "Balada das Damas dos Tempos Idos" evoca melancolicamente a irreversibilidade do tempo e seu caráter destrutivo, a "Balada de Margot, a Encorpada", a par de uma ou outra mais, é de um realismo até rasteiro, e assim por diante. O "Testamento" não é uma obra de pensamento original, mas de grande intensidade de vida e de enorme felicidade na expressão de certos versos, que parecem lapidares, muitos dos quais se tornaram proverbiais. É essa qualidade de vida, de realidade, que injeta força no poema de Villon e o erige numa das grandes peças da literatura francesa.[2] Seu autor, por isso mesmo, desde que descoberto no Romantismo por Théophile Gautier, vem sendo crescentemente admirado e estudado; pouco importa que ele tenha tido uma vida aventurosa ou mesmo marginal: sua poesia é das maiores que subsistem em língua francesa, e pode ser grande, mesmo traduzida. Assim é que se diz de Swinburne que foi tradutor infiel, mas apesar disso sua anglicização de Villon foi o que ele nos legou de melhor em toda a sua obra. Tal a força do original.

NOTA SOBRE A TRADUÇÃO

Nossa tradução procurou respeitar a forma do texto francês, embora nem sempre na mesma medida: há baladas octossilábicas traduzidas em decassílabos, decassílabos postos em dodecassílabos. As ordens de rimas foram seguidas, embora a maior parte das vezes em consoantes pobres, para resguardarem o mais possível o sentido original. Encontrar-se-ão decassílabos de acentuação deliberadamente não padronizada, em raras oportunidades: nosso apoio, nesses casos, é a métrica trovadoresca de Portugal, onde o verso era puramente silábico.

---

[2] Villon tem também baladas, anteriores, contemporâneas ou posteriores ao "Testamento", que constituem as *Poesias Diversas*, quase todas as quais traduzimos, entre elas a "Balada dos Enforcados".

INTRODUÇÃO

Quanto ao mais, tenha valido o nosso esforço para compreender e dar a compreender um poeta que viveu há mais de quinhentos anos, e escreveu com tal vigor que o vendaval de sua poesia ainda nos leva ao centro da vida, como a um coração palpitante. Sintamo-lo pulsar.[5]

---

[5] Para nossa tradução valemo-nos de várias edições anotadas, principalmente a de Pierre Michel; o texto é o de Longnon-Folet, com escassas emendas. Os títulos são de vária procedência, como se vê nas notas.

BALADA DOS ENFORCADOS
E OUTROS POEMAS

BALLADE DES PENDUS

Freres humains qui après nous vivez,
    N'ayez les cuers contre nous endurcis,
    Car, se pitié de nous povres avez,
    Dieu en aura plus tost de vous mercis.
5   Vous nous voyez cy attachez cinq, six:
    Quant de la chair, que trop avons nourrie,
    Elle est pieça devorée et pourrie,
    Et nous les os, devenons cendre et pouldre.
    De nostre mal personne ne s'en rie;
10   Mais priez Dieu que tous nous vueille absouldre!
Se freres vous clamons, pas n'en devez
    Avoir desdaing, quoy que fusmes occis
    Par justice. Toutesfois, vous sçavez
    Que tous hommes n'ont pas bon sens rassis;
15   Excusez nous, puis que sommes transsis,
    Envers le fils de la Vierge Marie,
    Que sa grace ne soit pour nous tarie,
    Nous preservant de l'infernale fouldre.
    Nous sommes mors, ame ne nous harie;
20   Mais priez Dieu que tous nous vueille absouldre!

VILLON

BALADA DOS ENFORCADOS*

Irmãos humanos que depois de nós viveis,
    Não tenhais duro contra nós o coração,
    Porquanto se de nós, pobres, vos condoeis,
    Deus vos concederá mais cedo o seu perdão.
5   Aqui nos vedes pendurados, cinco, seis:
    Quanto à carne, por nós demais alimentada,
    Temo-la há muito apodrecida e devorada,
    E nós, os ossos, cinza e pó vamos virar.
    De nossa desventura ninguém dê risada:
10   Rogai a Deus que a todos queira nos salvar!
Chamamo-vos irmãos: disso não desdenheis,
    Apesar de a justiça a nossa execução
    Ter ordenado. Vós, contudo, conheceis
    Que nem todos possuem juízo firme e são.
15   Exculpai-nos – que mortos, mortos nos sabeis –
    Com o filho de Maria, a nunca profanada;
    A sua graça, para nós, não finde em nada,
    No inferno não nos venha o raio despenhar.
    Ninguém nos atormente, a vida já acabada.
20   Rogai a Deus que a todos queira nos salvar!

---

*O título do manuscrito Fauchet e da *editio princeps* é "L'épitaphe Villon",
mas a "Ballade des pendus" é corrente. Villon tem presente o espetáculo horroroso do cadafalso de Montfaucon, neste que é um de seus mais celebrados
poemas, escrito quando recebeu a condenação à forca.

La pluye nous a debuez et lavez,
Et le soleil dessechiez et noircis;
Pies, corbeaulx, nous ont les yeux cavez,
Et arrachié la barbe et les sourcis.
Jamais nul temps nous ne sommes assis;
Puis ça, puis la, comme le vent varie,
A son plaisir sans cesser nous charie,
Plus becquetez d'oiseaulx que dez a couldre.
Ne soiez donc de nostre confrairie:
Mais priez Dieu que tous nous vueille absouldre!
Prince Jhesus, qui sur tous a maistrie,
Garde qu'Enfer n'ait de nous seigneurie:
A luy n'ayons que faire ne que souldre.
Hommes, icy n'a point de mocquerie:
Mais priez Dieu que tous nous vueille absouldre!

VILLON

A chuva nos lavou, limpou-nos, percebeis;   **19**
    O sol nos ressequiu até a negridão;
    Pegas, corvos cavaram nossos olhos – eis! –,
    Tiraram-nos a barba, a bico e repuxão.
    Em tempo algum tranqüilos nos contemplareis:
    Para cá, para lá, o vento de virada
    A seu talante leva-nos, sem dar pousada;
    Mais que a dedal, picam-nos pássaros no ar.
    Não queirais pertencer a esta nossa enfiada.
    Rogai a Deus que a todos queira nos salvar!
Príncipe bom Jesus, de universal mandar,
    Guardai-nos, ou o inferno então nos arrecada:
    Lá nada temos a fazer, nada a pagar.
    Homens, aqui a zombaria é inadequada:
    Rogai a Deus que a todos queira nos salvar!

BALLADE DES DAMES DU TEMPS JADIS

Dictes moy ou, n'en quel pays,
    Est Flora la belle Rommaine,
    Archipiades, ne Thaïs,
    Qui fut sa cousine germaine,
    Echo parlant quant bruyt on maine
    Dessus riviere ou sus estan,
    Qui beaulté ot trop plus qu'humaine.
    Mais ou sont les neiges d'antan?
Ou est la tres sage Helloïs,
    Pour qui fut chastré et puis moyne
    Pierre Esbaillart a Saint Denis?
    Pour son amour ot ceste essoyne.
    Semblablement, ou est la royne
    Qui commanda que Buridan
    Fust geté en ung sac en Saine?
    Mais ou sont les neiges d'antan?

BALADA DAS DAMAS DOS TEMPOS IDOS*

Dizei-me onde, em que país,
    Está Flora, a bela romana,
    Arquipíades ou Taís,
    Que foi sua prima germana;
5   Eco, beleza mais que humana,
    Que na água estanque ou ribeirão,
    Quando há barulho, fala e flana.
    Mas as neves do outro ano onde estão?
Onde Heloísa, por quem se diz
10   Que, castrado, vestiu sotana
    Pedro Abelardo, em São Denis?
    Do amor lhe veio a dor tirana.
    Onde a rainha que, leviana,
    Mandou Buridan, num surrão,
15   Lançar ao Sena, doidivana?
    Mas as neves do outro ano onde estão?

*"O Testamento", v. 329-356.

2 Flora] cortesã romana (Juvenal, *Sátiras*, II, 9), à qual se referiam Latâncio
e os apologistas cristãos. **3** Arquipíades] Alcibíades (dado como exemplo
de beleza por Boécio), na Idade Média, até o séc. XV, era amiúde tomado
como mulher. **3** Taís,] citam-se várias cortesãs antigas, mas Michel
opta pela de Alexandria, citando assim Villon uma romana, uma grega e
uma alexandrina. **4** Que...germana;] Parentesco imaginário. **5** Eco]
ninfa que se apaixonou por Narciso e definhou até morrer por não ter sido
correspondida, reduzindo-se então a uma simples voz (Ovídio, *Met.*, III, 356.
9-12 Onde...tirana.] Heloísa (1101-1164) foi discípula de *Abelardo* (1079-
1142), com o qual se casou secretamente; o cônego Fulbert, tio da moça, não
sabendo disso, mandou sicários castrarem-no. Abelardo se fez monge, ela
freira, encetando uma correspondência famosa. Foram sepultados juntos na
Abadia do Paracleto, na Champanha. **14** Buridan] escolástico, reitor da
Universidade de Paris em 1328. Uma tradição o ligava à Torre de Nesle,
onde uma rainha saciava sua luxúria e depois mandava apunhalar o amante
eventual e lançá-lo ao Sena. Diz-se que Buridan soube escapar da morte.
A rainha deve ter sido Margarida de Borgonha, mulher de Luís o Teimoso,
condenada à morte por mau comportamento (1315). Seria ela, aventura
Michel, a rainha Branca dos versos 1-2 da página seguinte. Outros supõem
Branca de Castela, mãe de São Luís.

22 | La royne Blanche comme lis
       Qui chantoit a voix de seraine,
       Berte au grand pié, Bietris, Alis,
       Haremburgis qui tint le Maine,
5   Et Jehanne la bonne Lorraine
       Qu'Englois brulerent a Rouan;
       Ou sont ilz, ou, Vierge souvraine?
       Mais ou sont les neiges d'antan?
     Prince, n'enquerez de sepmaine
10   Ou elles sont, ne de cest an,
       Qu'a ce reffrain ne vous remaine:
       Mais ou sont les neiges d'antan?

VILLON

A rainha Branca de lis,   23
    De sua voz sereia ufana,
    Berta pé-grande, Aelis, Beatriz,
    Do Maine a Arembour suserana,
5   E a boa lorena, Joana,
    Que os ingleses queimaram em Ruão?
    Que é delas, Virgem soberana?
    Mas as neves do outro ano onde estão?
Príncipe, não gasteis semana
10   E ano a indagar onde serão,
    Que do refrão sempre dimana:
    Mas as neves do outro ano onde estão?

3 Berta...Beatriz] Mãe de Carlos Magno. Os nomes de Berta, Beatriz e
Aelis figuram na canção de gesta *Hervé de Metz*. Ou Alis seria Aélis, uma das
filhas de Alienor d'Aquitânia. 4 Do...suserana,] *Haremburgis, Arembour*,
condessa do Maine, morta em 1226. 6 Que...Ruão] Joana d'Arc.

LE TESTAMENT   I—VII

En l'an de mon trentiesme aage,
    Que toutes mes hontes j'eus beues,
    Ne du tout fol, ne du tout sage,
    Non obstant maintes peines eues
    Lesquelles j'ay toutes receues
    Soubz la main Thibault d'Aussigny...
    S'evesque il est, seignant les rues,
    Qu'il soit mien je le regny.
Mon seigneur n'est ne mon evesque,
    Soubz luy ne tiens, s'il n'est en friche;
    Foy ne luy doy n'hommage avecque,
    Je ne suis son serf ne sa biche.
    Peu m'a d'une petite miche
    Et de froide eaue tout ung esté;
    Large ou estroit, moult me fut chiche:
    Tel luy soit Dieu qu'il m'a esté!

VILLON

O TESTAMENTO   I—VII

| | 25 |

No ano trigésimo de minha idade,
    Traguei já todas as humilhações;
    Nem sábio, nem de tanta necedade,
    Tenho sofrido muitas punições
5   — E todas vieram-me, essas provações,
    De Thibaut d'Aussigny de sua mão —:
    Se bispo ele é, e benze em procissões,
    Que seja meu contesto a afirmação.
Ele não é meu bispo nem senhor,
10   Se algo me liga a ele, é um simples brejo;
    De fé nem preito sou-lhe devedor:
    Qual servo ou cerva dele não me vejo.
    Só me nutriu, do estio ao longo ensejo,
    Ou de água fria ou de um pequeno pão;
15   Foi-me avaro — e é sovina? ou é sobejo? —
    O que me foi, que Deus lhe seja então!

---

6 Thibaut d'Aussigny]   bisbo de Orléans de 1452 a 1473 e senhor da castelania de Meun, cuja prisão era duríssima, como o sabemos por outras fontes. A ele atribui Villon todos os seus males. Segundo P. Champion (apud Michel) o bispo de Orléans era um administrador rigoroso, um prelado pio que fundou a igreja e o convento dos franciscanos de Meun; também patriota, concedeu cem dias de indulgência aos fiéis que assistissem à procissão comemorativa da libertação de Orléans por Joana d'Arc.   **9—12** Ele... vejo.]   Villon, na condição de clérigo parisiense, diz não sujeitar-se ao bispo de Orléans, de quem não é dependente; o próprio *brejo* é imaginário. Segundo Daniel Poirion, Villon finge confundir o bispo com outro Thibaut, *mignon* do Duque de Berry.   **12** cerva] favorito   **16** O que... então!] Segundo A. Burger (apud Michel) Villon teria feito parte de um bando de letrados goliardos, estudantes erradios ou atores, o que teria levado o bispo a degradá-lo de seu título de *clerc*.

Et s'aucun me vouloit reprendre
  Et dire que je le mauldis,
  Non fais, se bien le scet comprendre;
  En riens de luy je ne mesdis.
5   Vecy tout le mal que j'en dis:
  S'il m'a esté misericors,
  Jhesus, le roy de Paradis,
  Tel luy soit a l'ame et au corps!
 Et s'esté m'a dur et cruel
10   Trop plus que cy ne le raconte,
  Je vueil que le Dieu eternel
  Luy soit donc semblable a ce compte...
  Et l'Eglise nous dit et compte
  Que prions pour noz ennemis!
15   Je vous diray: "J'ai tort et honte,
  Quoi qu'il m'ait fait, a Dieu remis!"
 Si prieray pour luy de bon cuer,
  Pour l'ame du bon feu Cotart.
  Mais quoy? se sera donc par cuer,
20   Car de lire je suis fetart.
  Priere en feray de Picart;
  S'il ne la scet, voise l'aprendre,
  S'il m'en croit, ains qu'il soit plus tart,
  A Douai ou a l'Isle en Flandre!

VILLON

| 27

E se me quer alguém repreender,
    Dizendo que eu o estou a amaldiçoar,
    Não ligo não, se bem sei compreender,
    Que dele em nada estou a malfalar.
5   O mal que digo dele, estai a par:
    Se compaixão por mim nele se espalma,
    Jesus, o rei do céu, lhe queira dar
    Igual piedade ao corpo, e mais à alma!
Muito mais do que estou dizendo aqui,
10   Se ele foi para mim cruel, maldoso,
    Quero que Deus, o eterno, o justo em si,
    De sorte igual lhe seja dadivoso...
    E a Igreja que nos prega o lema honroso
    Que por nosso inimigo nós peçamos!
15   Eu vos direi: "Errado e desgostoso,
    A Deus entrego-me, já sem reclamos!"
Por ele rezarei de boa mente,
    Digo-o pelo finado e bom Cotart!
    Mas quê? Será uma reza inexistente;
20   Leitura tal não gosto de encetar.
    À moda de valdense vou orar;
    Se não a sabe, aprenda-a, não vacile,
    Enquanto é tempo, se me acreditar,
    Em Flandres, seja em Douai ou seja em Lille.

18–20 Digo-o... encetar.] Esse Cotart foi capelão de Notre-Dame; Villon o
apresenta como um beberrão. Assim sua promessa de rezar, sob o patrocínio
de um bêbado, não merece fé. **22** Se... vacile,] prière *de Picart*: segundo
Champion, chamavam-se por vezes de "picards" os hereges valdenses que
rejeitavam a oração. Daí valer, no texto, "nenhuma oração" ou uma "oração
sem convicção".

BALADA DOS ENFORCADOS E OUTROS POEMAS

28

Combien, se oyr veult qu'on prie
    Pour luy, foy que doy mon baptesme!
    Obstant qu'a chascun ne le crye,
    Il ne fauldra pas a son esme.
5   Ou Psaultier prens, quant suis a mesme,
    Qui n'est de beuf ne cordouen,
    Le verselet escript septiesme
    Du psëaulme *Deus laudem.*
Si prie au benoist fils de Dieu,
10   Qu'a tous mes besoings je reclame,
    Que ma povre priere ait lieu
    Vers luy, de qui tiens corps et ame,
    Qui m'a preservé de maint blasme
    Et franchy de ville puissance.
15   Loué soit il, et Nostre Dame,
    Et Loys, le bon roy de France!

VILLON

Mas se quer mesmo ouvir a minha reza | **29**
    Por ele − à fé o digo de cristão! −
    Dês que ninguém me escute, com certeza,
    Não lhe darei nenhuma decepção.
    Tomo em saltério, não de cordovão
    Nem de couro de boi, quando bem quero,
    O versículo sete, da lição
    Do *Deus laudem*, este salmo austero.
Eu ao filho de Deus suplico assim,
    Que em meus apertos com ele é que me avenho:
    Seja acolhida a minha prece, enfim,
    Por aquele de quem corpo e alma tenho
    E por quem da vergonha me contenho
    Contra o vil poderio, em segurança:
    Louvar Nossa Senhora e a ele venho,
    E a Luís, o poderoso rei de França!

5–6 Tomo… quero,] O saltério é imaginário: por isso mesmo não é enca-
dernado nem com couro de cabra nem de boi.   7–8 O… austero.] Hoje é
o versículo 8° do Salmo 109: "Sejam poucos os seus dias, e outro tome o seu
ofício". É a prece que por Thibaut faz Villon.

LE TESTAMENT   XII—XVI

Or est vray qu'après plainz et pleurs
    Et angoisseux gemissemens,
    Après tristesses et douleurs,
    Labeurs et griefz cheminemens,
5   Travail mes lubres sentemens,
    Esguisez comme une pelote,
    M'ouvrit plus que tous les Commens
    D'Averroys sur Aristote.
Combien qu'au plus fort de mes maulx,
10   En cheminant sans croix ne pille,
    Dieu, qui les pelerins d'Esmaus
    Conforta, ce dit l'Evangille,
    Me monstra une bonne ville
    Et pourveut du don d'esperance;
15   Combien que le pecheur soit ville,
    Riens ne hayt que perseverance.

VILLON

O TESTAMENTO XII—XVI

Certo, depois de prantos e clamores,
    E de gemidos cheios de aflição,
    Depois e de tristezas e de dores,
    De trabalhos e amarga vagueação,
5   O sofrimento a minha intelecção
    — Tal qual uma pelota, de aguçada —
    Abriu-a mais que toda a explicação
    Por Averróis de Aristóteles dada.
Contudo caminhei sem moeda ou cruz
10   Em plena força de meu padecer,
    E Deus, que os peregrinos de Emaús
    Confortou — o Evangelho o faz saber —
    Uma boa cidade deu-me a ver
    E me proveu de um dom, o da esperança;
15   O pecador é vil no proceder,
    E Deus odeia essa perseverança.

---

6 — Tal... aguçada —] Antífrase. **8** Averróis] médico e filósofo árabe, nascido em Córdova (1126-1198), famoso na Idade Média por seus comentários de Aristóteles. **9** sem moeda ou cruz] sem cara nem coroa, isto é, sem dinheiro. Mas admite Michel que haja um equívoco entre a cruz na moeda e a cruz que se encontra nas encruzilhadas. **12** Confortou... saber —] Em Lucas, XXIV, 13 e ss. **13** Uma boa cidade] a de Moulins, onde o Duque de Bourbon teria recolhido Villon. É o entendimento de G. Paris. **14** E me... esperança;] A divisa dos Bourbon era espérance.

BALADA DOS ENFORCADOS E OUTROS POEMAS

Je suys pecheur, je le sçay bien;
    Pourtant ne veult pas Dieu ma mort,
    Mais convertisse et vive en bien,
    Et tout autre que pechié mort.
    Combien qu'en pechié soye mort,
    Dieu vit, et sa misericorde,
    Se conscience me remort,
    Par sa grace pardon m'accorde.
Et, comme le noble Rommant
    De la Rose dit et confesse
    En son premier commencement
    Qu'on doit jeune cuer en jeunesse,
    Quant on le voit viel en viellesse,
    Excuser, helas! il dit voir;
    Ceulx donc qui me font telle presse
    En meurté ne me vouldroient veoir.
Se, pour ma mort, le bien publique
    D'aucune chose vaulsist mieulx,
    A mourir comme ung homme inique
    Je me jujasse, ainsi m'ait Dieux!
    Griefz ne faiz a jeunes n'a vieulx,
    Soie sur piez ou soie en biere:
    Les mons ne bougent de leurs lieux,
    Pour ung povre, n'avant n'arriere.

VILLON

Que seja pecador, eu o sei bem;
    Contudo a minha morte Deus não quer,
    E sim que eu me converta e viva em bem,
    Como o deseja a um pecador qualquer.
5   Morto que no pecado eu estiver,
    Deus vive, e, com a sua compaixão,
    Se tenho a consciência a remorder,
    Por sua graça dá-me o seu perdão.
Isto o nobre *Romance* que é o *da Rosa*
10   Afirma e disso faz proclamação
    Logo no início de uma entrada airosa:
    — Na juventude o jovem coração,
    Quando o notamos na velhice ancião
    Devemos excusar — e ai! é verdade;
15   Aqueles que me trazem na opressão
    Não me queriam em maturidade.
Caso com minha morte o bem geral
    Em algo viesse a ter maior valia,
    A morrer como um homem criminal,
20   Por Deus, à morte eu me condenaria!
    Não faço, a velho ou moço, tropelia,
    Quer no caixão esteja, quer em pé:
    Por um pobre qualquer não se desvia
    Um monte, nem avante nem a ré.

---

9 Isto... *Rosa*] "Villon, como mais tarde Marot, era um grande leitor do *Roman de la Rose*, cuja primeira parte expõe a doutrina do amor cortês por meio de alegorias (Guillaume de Lorris, séc. XIII) e cuja segunda parte, composta por Jean Clopinel, de Meung sur-Loire (fim do séc. XIII, começo do XIV), a satiriza. Villon confunde aqui "Le Testament" de Jean de Meung e o *Roman*, mas o efeito moralizador da idade é igualmente um tema do *Roman*. Montaigne, ao contrário, afastará todo arrependimento das loucuras da mocidade: "Odeio esse arrependimento acidental trazido pela idade. Eu não saberia jamais satisfazer-me com a impotência, apesar do bem que ela me faça". — Mas Villon se atribui prematuramente um papel de velho, pois tem trinta anos. (Michel). **16** Não... maturidade.] Que me permitiria reparar minhas faltas (Michel).

OU TEMPS QU'ALIXANDRE

Ou temps qu'Alixandre regna,
    Ung homs nommé Diomedès
    Devant lui on lui amena,
    Engrillonné poulces et des
5   Comme ung larron, car il fut des
    Escumeurs que voions courir;
    Si fut mis devant ce cadès,
    Pour estre jugié a mourir.

L'empereur si l'araisonna:
10   "Pourquoi es tu larron en mer?"
    L'autre responce luy donna:
    "Pourquoi larron me faiz nommer?
    Pour ce qu'on me voit escumer
    En une petiote fuste?
15   Se comme toy me peusse armer,
    Comme toy empereur je feusse.

"Mais que veux tu? De ma fortune,
    Contre qui ne puis bonnement,
    Qui si faulcement me fortune,
20   Me vient tout ce gouvernement.
    Excuse moy aucunement
    Et saiche qu'en grant povreté,
    Ce mot se dit communement,
    Ne gist pas grande loyauté."

VILLON

AO TEMPO EM QUE ALEXANDRE... *

| 35

Alexandre reinava; então
   Um homem, Diomedes chamado,
   Tendo correntes, qual ladrão,
   Nos dedos todos, foi levado
5   Ante ele: era infamado
   Como pirata corre-mar;
   E posto ante o grande soldado,
   Este de morte o ia julgar.
O imperador o interpelou:
10   "Por que tu és ladrão no mar?"
   A isto o outro replicou:
   "Por que ladrão me hás de chamar?
   Porque me vêem piratear
   Numa pequena fusta esguia?
15   Pudesse eu, como tu, me armar,
   Como tu imperador seria.
"Mas que queres? De minha sorte,
   Contra a qual não tenho poder,
   Pois me trata com injusto porte,
20   Surge todo esse quefazer.
   Vem-me teu perdão conceder,
   E sabe que em grande pobreza
   – Isto é comum ouvir dizer –
   Não reside grande inteireza."

---

*"O Testamento", xvii–xxviii. O título verificador do excerto encontra-se
em Desportes.

1 Alexandre] Alexandre, o Grande, que conquistou quase todo o mundo
conhecido em sua época (356-323 a.C.). 2 Um...chamado,] "A anedota de
Diomedes ou Dionides figura em Cícero (*República*, iii) e no retor Caecilius
Balbus. Reprodu-la no século xiii o *Policraticus*, de João de Salisbury, e
no séc. xiv o *Liber Scacchorum*, de Jacques de Cessoles, obra traduzida em
francês por Jean du Vignal" (Michel).

Quant l'empereur ot remiré
　　De Diomedès tout le dit:
　　"Ta fortune je te mueray
　　Mauvaise en bonne", si lui dit.
5　　Si fist il. Onc puis ne mesfit
　　A personne, mais fut vray homme;
　　Valere pour vray le baudit,
　　Qui fut nommé le Grant a Romme.
Se Dieu m'eust donné rencontrer
10　　Ung autre piteux Alixandre
　　Qui m'eust fait en bon eur entrer,
　　Et lors qui m'eust veu condescendre
　　A mal, estre ars et mis en cendre
　　Jugié me feusse de ma voix.
15　　Necessité fait gens mesprendre
　　Et faim saillir le loup du bois.
Je plaings le temps de ma jeunesse,
　　(Ouquel j'ay plus qu'autre gallé
　　Jusques a l'entrée de vieillesse),
20　　Qui son partement m'a celé.
　　Il ne s'en est a pié allé
　　N'a cheval: helas! comment don?
　　Soudainement s'en est vollé
　　Et ne m'a laissié quelque don.
25　Allé s'en est, et je demeure,
　　Povre de sens et de savoir,
　　Triste, failly, plus noir que meure,
　　Qui n'ay ne cens, rente, n'avoir;
　　Des miens le mendre, je dis voir,
30　　De me desavouer s'avance,
　　Oubliant naturel devoir
　　Par faulte d'ung peu de chevance.

VILLON

O imperador teve por forte
    Essa resposta do argüente.
    "Eu mudarei a tua sorte
    De má em boa" – fê-lo ciente.
5   E o cumpriu. Não mais malfazente
    Mostrou-se o homem, mas honrado:
    Que é verdade Valério o assente,
    E o Grande em Roma foi chamado.
Se Deus me desse de encontrar
10   Outro Alexandre que, clemente,
    Ao bem me viesse encaminhar,
    No mal tombasse eu, reincidente,
    Sentenciar-me-ia, imparcialmente,
    A ser queimado e em cinza advir.
15   Miséria faz o delinqüente,
    E a fome o lobo faz sair.
Choro o tempo de juventude
    (No qual mais que em outros gozei,
    Até anunciar-se a senectude):
20   Sua partida não notei.
    Não se foi ele a pé – julguei –
    Nem a cavalo, mas voou
    De súbito, ai! assim direi,
    E dom algum não me deixou.
25 Foi-se e eu me encontro, então e agora,
    Pobre de senso e de saber,
    Triste, mais negro do que amora;
    Não tenho renda, uma qualquer;
    Chega até a me desconhecer
30   O menor dos meus, é verdade,
    Deixando o natural dever
    Porque vivo em necessidade.

---

7 Valério] Valério Máximo, que todavia não é a fonte da anedota.

Si ne crains avoir despendu
    Par friander ne par leschier;
    Par trop amer n'ay riens vendu
    Qu'amis me puissent reprouchier,
    Au moins qui leur couste moult chier.
    Je le dy et ne croy mesdire;
    De ce je me puis revenchier:
    Qui n'a mesfait ne le doit dire.
Bien est verté que j'ay amé
    Et ameroie voulentiers;
    Mais triste cuer, ventre affamé
    Qui n'est rassasié au tiers,
    M'oste des amoureux sentiers.
    Au fort, quelqu'ung s'en recompence,
    Qui est ramply sur les chantiers;
    Car la dance vient de la pance.
Hé! Dieu, se j'eusse estudié
    Ou temps de ma jeunesse folle,
    Et a bonnes meurs dedié,
    J'eusse maison et couche molle.
    Mais quoy? je fuyoie l'escolle,
    Comme fait le mauvais enfant.
    En escripvant ceste parolle,
    A peu que le cuer ne me fent.

VILLON

Sei que muito não despendi
    Em lamber ou em gulosar;
    Por muito amar nada vendi
    Que alguém me possa reprovar,
    Que caro viesse a lhe custar;
    Confiante, digo-o de uma vez;
    Disso eu me posso desforrar:
    Não se acuse o que mal não fez.
E verdade que eu tenho amado
    E amaria de boa mente;
    Mas tristeza e ventre esfomeado,
    Só abastecido escassamente,
    Impedem-me ir no amor à frente.
    Em suma, caia na festança
    Quem de comer está contente!
    Porquanto a dança vem da pança.
Ó Deus, se eu tivesse estudado
    Em minha doida mocidade
    E bons costumes adotado,
    Teria eu casa na cidade.
    Mas quê! eu gazeteava à vontade,
    Tal como o mau menino faz.
    Ao escrever esta verdade
    Meu coração quase se esfaz.

40   Le dit du Saige trop luy feiz
       Favorable, bien n'en puis mais,
       Qui dit: "Esjoys toy, mon filz,
       En ton adolescence"; mais
5   Ailleurs sert bien d'ung autre mes,
       Car "Jeunesse et adolescence",
       C'est son parler, ne moins ne mais,
       "Ne sont qu'abus et ignorance."
    Mes jours s'en sont allez errant
10   Comme, dit Iob, d'une touaille
       Font les filetz, quant tisserant
       En son poing tient ardente paille:
       Lors, s'il y a nul bout qui saille,
       Soudainement il le ravit.
15   Si ne crains plus que rien m'assaille,
       Car a la mort tout s'assouvit.

VILLON

Do Sábio o dito eu bem mo fiz   **41**
    Favorável (eis-me adiantado!):
    "Goza, meu filho" – assim o diz –
    "Na adolescência." De outro lado
5   Prato diverso é apresentado,
    Pois "Juventude e adolescência"
    – Tal qual, por ele isto é afirmado –
    "Não passam de erro e de insciência."
Meus dias foram num roldão
10   Como – ensina-o Jó – de uma tela
    Vão-se os fios, quando o tecelão
    Com palha em fogo põe-se a vê-la:
    Se um fio que passa se revela,
    De supetão ele o consome.
15   Não temo assim qualquer mazela,
    Porque na morte tudo some.

3–4 "Goza...lado] Eclesiastes, XI, 9.   **6–7** Pois...afirmado –]
Eclesiastes, XI, 10.   **9–13** Meus...revela,] Jó, VII, 6.

OU SONT LES GRACIEUX GALLANS

Ou sont les gracieux gallans
    Que je suivoye ou temps jadis,
    Si bien chantans, si bien parlans,
    Si plaisans en faiz et en dis?
5   Les aucuns sont mors et roidis,
    D'eulx n'est il plus riens maintenant:
    Repos aient en paradis,
    Et Dieu saulve le remenant!
Et les autres sont devenus,
10   Dieu mercy! grans seigneurs et maistres,
    Les autres mendient tous nus
    Et pain ne voient qu'aux fenestres;
    Les autres sont entrez en cloistres
    De Celestins et de Chartreux,
15   Botez, housez, com pescheurs d'oistres.
    Voyez l'estat divers d'entre eux.
Aux grans maistres Dieu doint bien faire,
    Vivans en paix et en requoy;
    En eulx il n'y a que refaire,
20   Si s'en fait bon taire tout quoy.
    Mais aux povres qui n'ont de quoy,
    Comme moy, Dieu doint patience!
    Aux autres ne fault qui ne quoy,
    Car assez ont pain et pitance.

VILLON

ONDE ESTÃO OS JOVIAIS RAPAZES* | **43**

Que é daqueles joviais rapazes
    Que em tempos idos eu seguia,
    Tão bons cantores, tão loquazes,
    Gentis em ato e em palraria?
5   A alguns a morte silencia,
    Deles já nada existe mais:
    Tenham no céu paz e alegria,
    E salve Deus todos os mais!
Graças a Deus, outros são tidos
10   Por grandes mestres e senhores;
    Outros mendigam, bem despidos,
    E pão só vêem nos vendedores;
    Outros entraram junto aos priores
    De Cartuxos e Celestinos,
15   Perneiras de ostras-pescadores.
    Como variaram seus destinos!
Deus dê aos amos bem-fazer,
    Vivam em paz e calmamente;
    Neles não há o que repreender,
20   É bom calar, pois, totalmente.
    Mas ao pobre, qual eu carente,
    Que Deus lhe dê muita paciência!
    Tudo podem os outros ter,
    O pão e a carne com opulência.

*"O Testamento", xxix–xli.

15 Perneiras... ostras-percadores.]   Segundo Desportes, Villon sorri dos religiosos descalços constrangidos pela prosperidade a cobrir pés, pernas e coxas. Cita-os como antítese aos mendigos.

BALADA DOS ENFORCADOS E OUTROS POEMAS

44   Bons vins ont, souvent embrochiez,
        Saulces, brouetz et gros poissons,
        Tartes, flans, œfz fritz et pochiez,
        Perdus et en toutes façons.
5   Pas ne ressemblent les maçons,
        Que servir fault a si grant peine:
        Ilz ne veulent nuls eschançons,
        De soy berser chascun se peine.
    En cest incident me suis mis
10   Qui de riens ne sert a mon fait;
        Je ne suis juge, ne commis
        Pour pugnir n'absoudre mesfait:
        De tous suis le plus imparfait,
        Loué soit le doulx Jhesucrist!
15   Que par moy leur soit satisfait!
        Ce que j'ay escript est escript.
    Laissons le moustier ou il est;
        Parlons de chose plus plaisante:
        Ceste matiere a tous ne plaist,
20   Ennuyeuse est et desplaisante.
        Povreté, chagrine, dolente,
        Tousjours despiteuse et rebelle,
        Dit quelque parolle cuisante;
        S'elle n'ose, si la pense elle.
25   Povre je suis de ma jeunesse,
        De povre et de petite extrace;
        Mon pere n'ot oncq grant richesse,
        Ne son ayeul, nommé Orace;
        Povreté tous nous suit et trace.
30   Sur les tombeaulx de mes ancestres,
        Les ames desquelz Dieu embrasse!
        On n'y voit couronnes ne ceptres.

VILLON

Bom vinho, de tonel furado,
   Peixe e sopa acompanha bem,
   Torta com creme e ovo estrelado,
   Mexido e outro qualquer, também.
5   Pedreiros juntos não se vêem,
   Servi-los custa um bom labor:
   Os escanções não lhes convêm,
   Cada um se serve ao seu sabor.

Nesta digressão eu tombei
10   Que de nada serve ao meu feito:
   Não sou juiz nem homem de lei
   Que absolva ou puna algum malfeito:
   De todos sou o mais imperfeito,
   Louvado seja Jesus Cristo!
15   Peço desculpas deste jeito:
   O que escrevi acha-se escrito.

Fique a igreja onde está situada;
   Falemos de algo mais ridente:
   O tema a todos não agrada,
20   Porque tristonho e desprazente.
   A pobreza amarga, dolente,
   Sempre, por despeitada e infensa,
   Diz uma palavra pungente;
   Se não se atreve, ao menos pensa.

25 Desde moço vivo em pobreza,
   Sou pobre e de humilde extração;
   Meu pai não conheceu riqueza,
   Nem meu avoengo Horácio, não;
   Tem-nos pobreza em vexação.
30   Sobre as tumbas de meus avós
   – Que para Deus suas almas vão! –
   Coroa alguma vemos nós.

De povreté me garmentant,
    Souventesfois me dit le cuer:
    "Homme, ne te doulouse tant
    Et ne demaine tel douleur,
5   Se tu n'as tant qu'ot laques Cuer:
    Mieux vault vivre soubz gros bureau
    Povre, qu'avoir esté seigneur
    Et pourrir soubz riche tombeau!"
Qu'avoir esté seigneur!... Que dis?
10   Seigneur, las! et ne l'est il mais?
    Selon les davitiques dis
    Son lieu ne congnoistra jamais.
    Quant du surplus, je m'en desmetz:
    Il n'appartient a moy, pecheur;
15   Aux theologiens le remetz,
    Car c'est office de prescheur.
Si ne suis, bien le considere,
    Filz d'ange portant dyademe
    D'estoille ne d'autre sidere.
20   Mon pere est mort, Dieu en ait l'ame!
    Quant est du corps, il gist soubz lame.
    J'entens que ma mere mourra,
    Et le scet bien la povre femme,
    Et le filz pas ne demourra.

VILLON

Eu de pobreza me queixando,
    Me diz amiúde o coração:
    "Homem, não fiques te magoando,
    Nem reveles tal aflição,
5   Se o que teve Cuer não te dão.
    Antes burel por vestidura,
    Do que ter sido alto varão
    E estar em rica sepultura."
Que digo eu? Alto varão?
10   Alto varão e, ai! não o é mais?
    Seu lugar – de Davi é a lição –
    Não reconhecerá jamais.
    Renuncio a todo o demais:
    Não me pertence, eu pecador;
15   Remeto-o aos teólogos cabais,
    Pois é ofício de pregador.
Assim não sou (não tergiverso)
    Filho de um anjo, diademado
    De estrela nem de astro diverso.
20   Deus salve a alma a meu pai finado!
    Quanto ao corpo, ele jaz lajeado.
    Sei que minha mãe morrerá
    E a pobre sabe desse fado;
    O filho não demorará.

---

5 Cuer] "Jacques Cœur, considerado o homem mais rico do tempo, organizara uma rede comercial que cobria o Mediterrâneo e o Oriente Próximo. Tesoureiro do rei Carlos VII, financiou a guerra contra os ingleses, o que não impediu o rei de o aprisionar e confiscar-lhe os bens. Jacques Cœur conseguiu fugir e se refugiou em Roma, onde o Papa lhe confiou uma expedição contra os turcos: Morreu em Quios em 1456" (Michel). **12** Não…jamais] Citam-se como fonte disso os Salmos de Davi, XXXVI, 10, ou CII, 16. **18–19** Filho…diverso.] Segundo Mario Roques, são os demônios nascidos da união de anjos e mortais que trazem esse diadema.

Je congnois que povres et riches,
    Sages et folz, prestres et laiz,
    Nobles, villains, larges et chiches,
    Petiz et grans, et beaulx et laiz,
    Dames a rebrassez colletz,
    De quelconque condicion,
    Portans atours et bourreletz,
    Mort saisit sans exception.
Et meure Paris ou Helaine,
    Quiconques meurt, meurt a douleur
    Telle qu'il pert vent et alaine;
    Son fiel se creve sur son cuer,
    Puis sue, Dieu scet quelle sueur!
    Et n'est qui de ses maux l'alege:
    Car enfant n'a, frere ne seur,
    Qui lors voulsist estre son plege.
La mort le fait fremir, pallir,
    Le nez courber, les vaines tendre,
    Le col enfler, la chair mollir,
    Joinctes et nerfs croistre et estendre.
    Corps femenin, qui tant es tendre,
    Poly, souef, si precieux,
    Te fauldra il ces maux attendre?
    Oy, ou tout vif aller es cieulx.

VILLON

O sábio e o tolo, o rico e o pobre, | **49**
    O padre e o leigo, o dadivoso
    E o avarento, o vilão e o nobre,
    O grande ou não, feio e formoso,
5   Damas-colete generoso,
    Pouco importando a condição,
    Chapéu burguês ou fidalgoso,
    A morte os leva sem exceção.
E morra Helena ou morra Páris,
10   Quem quer que morra morre em dor,
    Tanta que perde alento e ares;
    No coração fel, amargor:
    Sua, Deus sabe que suor!
    E não há quem lhe abrande o mal:
15   Não tem ninguém como fiador,
    Irmão, irmã; filho, afinal.
Faz a morte o nariz curvar,
    E fremir e empalidecer,
    Ceder a carne e o colo inchar,
20   Juntas e nervos distender.
    Macio corpo de mulher,
    Que és tão precioso, doce e liso,
    Terás tais males de sofrer
    Ou subir vivo ao paraíso.

9 Páris] príncipe troiano, raptou Helena, mulher de Menelau, e isso foi causa da guerra de Tróia. Villon os cita por causa da formosura deles.

BALLADE DES SEIGNEURS DU TEMPS JADIS

Qui plus, ou est le tiers Calixte,
   Dernier decedé de ce nom,
   Qui quatre ans tint le papaliste?
   Alphonce le roy d'Arragon,
   Le gracieux duc de Bourbon,
   Et Artus le duc de Bretaigne,
   Et Charles septiesme le bon?
   Mais ou est le preux Charlemaigne?
Semblablement, le roy Scotiste
   Qui demy face ot, ce dit on,
   Vermeille comme une amatiste
   Depuis le front jusqu'au menton?
   Le roy de Chippre de renon,
   Helas! et le bon roy d'Espaigne
   Duquel je ne sçay pas le nom?
   Mais ou est le preux Charlemaigne?

BALADA DOS SENHORES DOS TEMPOS IDOS* | 51

Onde será Calisto procurado,
    Terceiro em nome e último finado,
    Que esteve quatro anos no papado?
    Alfonso de Aragão, rei afamado,
    O duque de Bourbon, tão gracioso,
    E Artur, que da Bretanha houve o Ducado,
    E Carlos sétimo, de bom chamado?
    Mas onde Carlos Magno, o denodado?
Também o rei da Escócia, celebrado
    Porque teve da face todo um lado
    Como a pedra ametista apurpurado
    Desde a fronte até o queixo, e isso é famoso?
    O rei de Chipre, que era renomado,
    E o nobre rei da Espanha, ai! tão falado,
    De quem eu esqueci o nome honroso?
    Mas onde Carlos Magno, o denodado?

*"O Testamento", v. 357–384.

1 Calisto] Calisto III (Afonso Borgia) foi papa de 1455 a 1458. 4 Alfonso]
Afonso V, rei de Aragão, falecido em 1458. 5 O duque de Bourbon] Carlos
I de Bourbon, falecido em 1456, pai de Jean II, a quem Villon endereçou a
"Requeste". 6 Artur] Artur III da Bretanha, condestável de Richemont,
falecido em 1458, companheiro de Joana d'Arc. 7 Carlos sétimo] Rei de
França, falecido em 1461. 9 rei da Escócia] Jaime II da Escócia, que tinha
uma mancha cor de vinho no rosto (atribuía-se à ametista, gema contrária à
embriaguez, a cor do vinho). Faleceu em 1460. 13 rei de Chipre] Jean III
de Lusignan, falecido em 1458. 14 rei da Espanha] Juan II, rei de Castela
e de Leão, falecido em 1454.

BALADA DOS ENFORCADOS E OUTROS POEMAS

52

D'en plus parler je me desiste;
    Le monde n'est qu'abusion.
    Il n'est qui contre mort resiste
    Ne qui treuve provision.
5   Encor fais une question:
    Lancelot le roy de Behaigne,
    Ou est il? Ou est son tayon?
    Mais ou est le preux Charlemaigne?
Ou est Claquin le bon Breton?
10   Ou le conte Daulphin d'Auvergne
    Et le bon feu duc d'Alençon?
    Mais ou est le preux Charlemaigne?

VILLON

De falar neste assunto já me enfado;
  O mundo, tenho-o uma ilusão julgado.
  Ninguém existe que resista ao fado,
  Ou tenha proteção contra o imperioso.
5 Mas perguntar inda é de meu agrado:
  Ladislau da Boêmia, o potentado,
  Onde está? E onde o seu avô faustoso?
  Mas onde Carlos Magno, o denodado?
Onde está du Guesclin, bretão brioso?
10 Onde o delfim da Alvérnia será achado?
  E o duque de Alençon, ido e animoso?
  Mas onde Carlos Magno, o denodado?

---

6 Ladislau da Boêmia] Ladislau (Laszlo) d'Áustria, rei da Boêmia, falecido
em 1457. **9** Guesclin] O condestável du Guesclin, que sob Carlos v
combateu vitoriosamente os ingleses. Morreu no cerco de Randon em 1380.
10 delfim da Alvérnia] Beroldo III, conde-delfim de Alvérnia, falecido em
1426. **11** duque de Alençon] Ou Jean I, morto em Azincourt (1415), ou
Jean II, considerado morto, com os bens confiscados e reunidos ao domínio
real em 1458.

BALLADE EN VIEIL LANGAGE FRANÇOIS

Car, ou soit ly sains apostolles,
   D'aubes vestus, d'amys cœffez,
   Qui ne saint fors saintes estolles
   Dont par le col prent ly mauffez
5   De mal talant tout eschauffez,
   Aussi bien meurt que cils servans,
   De ceste vie cy bouffez:
   Autant en emporte ly vens.
Voire, ou soit de Constantinobles
10   L'emperieres au poing dorez,
   Ou de France ly roy tres nobles
   Sur tous autres roys decorez,
   Qui pour ly grans Dieux aourez
   Bastist eglises et couvens,
15   S'en son temps il fut honnorez,
   Autant en emporte ly vens.

VILLON

BALADA EM VELHA LÍNGUA FRANCESA* | 55

Pois onde quer que esteja o Padre Santo,
   Tendo na fronte o amicto, alba-trajado,
   – Ele que estolas sacras cinge tanto,
   Com as quais a goela apanha do Danado
5   Que de más intenções vive esquentado –
   Morre tal qual o irmão de servimento,
   Desta existência aqui bem assoprado:
   Tanto é o que leva deste mundo o vento.

E de Constantinopla, no entretanto,
10   Onde está o imperador, cetro dourado?
   Ou de França o rei muito nobre e santo,
   Sobre todos os reis glorificado,
   Que para o grande Deus, sempre adorado,
   Muita igreja construiu, muito convento:
15   Se foi, no tempo seu, bastante honrado,
   Tanto é o que leva deste mundo o vento.

*"O Testamento", v. 385–412.

2 amicto] o amicto a princípio se levava na cabeça: *amictu caput suum obnubit*; hoje se usa nos ombros do sacerdote. A alva é uma veste talar branca. A estola é uma fita larga que se leva por sobre a alva. No caso, em cerimônia de exorcismo. **6** Morre...servimento,] O Santo Padre morre tanto quanto o simples irmão. **10** imperador] O imperador de Constantinopla simbolizava o poder supremo no Oriente, assim como o rei de França no Ocidente. **14** Muita...convento:] São Luís.

BALADA DOS ENFORCADOS E OUTROS POEMAS

56

Ou soit de Vienne ou de Grenobles
  Ly Dauphins, ly preux, ly senez,
  Ou de Dijon, Salins et Doles,
  Ly sires et ly filz ainsnez,
5 Ou autant de leurs gens privez,
  Heraulx, trompetes, poursuivans,
  Ont ilz bien bouté soubz le nez?
  Autant en emporte ly vens.
Princes a mort sont destinez,
10 Et tous autres qui sont vivans:
  S'ilz en sont courciez n'ataynez,
  Autant en emporte ly vens.

VILLON

De Viena ou de Grenoble, nesse entanto,
 Seja o delfim, sensato e denodado;
 Ou de Dijon, Salins, Doles, conquanto
 O amo e o filho em anos mais entrado;
5 Sejam tantos de seu pessoal privado,
 Trombeta, arauto ou quem o ajuda atento,
 Onde estão? Tê-los-á alguém tragado?
 Tanto é o que leva deste mundo o vento.

Príncipe à morte é sempre destinado,
10 E os outros todos que têm vida e alento;
 Se por isso alguém fica aflito ou irado,
 Tanto é o que leva deste mundo o vento.

---

2 delfim] Luís XI, que tinha governado o Delfinado até a morte de Carlos
VII (1461). **4** O...entrado;] Filipe o Bom, pai de Carlos o Temerário.
12 Tanto...vento.] "Esse refrão se encontra numa moralidade do colégio
de Navarra (1426), e evoca a famosa lamentação de Rutebeuf: *Ce sont amis
que vent emporte*" (Michel).

LE TESTAMENT   XLII—XLVI

Puis que papes, roys, filz de roys
 Et conceus en ventres de roynes,
 Sont ensevelis mors et frois,
 En autruy mains passent leurs regnes,
5 Moy, povre mercerot de Renes,
 Mourray je pas? Oy, se Dieu plaist;
 Mais que j'aye fait mes estrenes,
 Honneste mort ne me desplaist.

Ce monde n'est pas perpetuel,
10 Quoy que pense riche pillart:
 Tous sommes soubz mortel coutel.
 Ce confort prent povre viellart,
 Lequel d'estre plaisant raillart
 Ot le bruit, lors que jeune estoit,
15 Qu'on tendroit a foi et paillart,
 Se, viel, a railler se mettoit.

Or luy convient il mendier,
 Car a ce force le contraint.
 Regrete huy sa mort et hier,
20 Tristesse son cuer si estraint;
 Se, souvent, n'estoit Dieu qu'il craint,
 Il feroit ung orrible fait;
 Et advient qu'en ce Dieu enfraint
 Et que luy mesmes se desfait.

VILLON

O TESTAMENTO XLII—XLVI

Pois que papas e reis, filhos de reis
    E os que em ventres reais foram gerados
    Mortos enterram-se, bem o sabeis,
    E a mãos alheias passam seus reinados:
5   Eu, pobre diabo em Rennes e outros lados,
    Não morrerei? Certo, se Deus quiser;
    Mas tenha eu feliz quinhão gozado,
    A morte honrada venha quando vier.
Para todos o mundo tem final,
10   Pense o que bem pensar rico ladrão:
    A espada pende sobre nós, mortal.
    O velho aceita essa consolação,
    Ele que teve a fama de burlão
    Jovial, no tempo em que era rapazola,
15   E ter-se-ia por mau e paspalhão
    Se velho usasse de fazer graçola.
Agora força é que entre a mendigar,
    Pois a tanto o constrange a precisão.
    Como ontem, põe-se a morte hoje a chamar:
20   A Tristeza lhe oprime o coração.
    Não fosse Deus e a sua punição,
    Horrível ato ele praticaria:
    Quebrando a lei de Deus com essa infração,
    Ele a si mesmo se destruiria.

---

5 diabo] *mercerot*; mercador ambulante e também pobre diabo.
5 Rennes] nada atesta que Villon haja estado lá. Talvez trocadilho
entre *Rennes* e *regnes*.

BALADA DOS ENFORCADOS E OUTROS POEMAS

60   Car s'en jeunesse il fut plaisant,
      Ores plus riens ne dit qui plaise:
      Tousjours viel cinge est desplaisant,
      Moue ne fait qui ne desplaise;
5   S'il se taist, affin qu'il complaise,
      Il est tenu pour fol recreu;
      S'il parle, on luy dit qu'il se taise
      Et qu'en son prunier n'a pas creu.
    Aussi ces povres fameletes
10   Qui vielles sont et n'ont de quoy,
      Quant ilz voient ces pucelletes
      Emprunter elles, a requoy
      Ilz demandent a Dieu pourquoy
      Si tost naquirent, n'a quel droit.
15   Nostre Seigneur se taist tout quoy,
      Car au tancer il le perdroit.

VILLON

Se ele foi, quando jovem, agradável, | **61**
   Agora não diz nada mais que agrade;
   Macaco velho é bem desagradável,
   Não faz momice que não desagrade;
5   Se se cala, e com isso não enfade,
   Levam-no à conta de perfeito idiota;
   Fala? Mandam que cale, de verdade,
   Que em sua ameixeira fruto não se nota.
Assim é que essas pobres mulherzinhas
10   Que já não têm com que, pois velhas são;
   Se vêm rogar-lhes, umas jovenzinhas,
   Que as alcovitem, pedem a razão
   Baixinho a Deus: por que motivo, oh não!
   Vieram há tantos anos para o dia?
15   Nosso Senhor se cala, quietarrão,
   Pois, caso discutisse, perderia.

---

8 Que... nota.] Isto é, ele nada mais diz que preste.   **14** Vieram... dia?]
As velhas desejavam ter nascido depois, para serem moças.

LES REGRETS DE
LA BELLE HËAULMIERE

Advis m'est que j'oy regreter
    La belle qui fut hëaulmiere,
    Soy jeune fille soushaitter
    Et parler en telle maniere:
    "Ha! viellesse felonne et fiere,
    Pourquoy m'as si tost abatue?
    Qui me tient, qui, que ne me fiere,
    Et qu'a ce coup je ne me tue?
"Tollu m'as la haulte franchise
    Que beaulté m'avait ordonné
    Sur clers, marchans et gens d'Eglise:
    Car lors il n'estoit homme né
    Qui tout le sien ne m'eust donné,
    Quoy qu'il en fust des repentailles,
    Mais que luy eusse habandonné
    Ce que reffusent truandailles.

VILLON

LAMENTAÇÕES DA BELA VENDEDORA DE ELMOS* | 63

A bela que elmos negociava,
    Acho que a ouvi se lamentar;
    Moça outra vez se desejava
    E assim se punha a discretear:
5   "Velhice cruel, sempre a atraiçoar,
    Tão cedo vieste me abater!
    Quem me impede de me golpear
    E até do golpe vir morrer?
"Levaste o poder soberano
10   Que a beleza me tinha dado
    Ou sobre clérigo ou profano:
    Não havia então homem nado
    Que seus bens não me houvesse doado
    — Bem que depois arrependido —
15   Dês que eu lhe houvesse abandonado
    O hoje não mais apetecido.

*"O Testamento", xlvii–lvi. O título da príncipe é "A Velha Lamentando o Tempo de sua Juventude". O que adotamos deve-se a Marot.

1 A bela que elmos negociava,] A *belle Heaulmière* é personagem real. Nascida por volta de 1375, em 1394 era expulsa da casa "la Queue de Renart". No auge da beleza foi amante de Nicolas d'Orgemont, oficial da Câmara de Contas, cônego de Notre-Dame, preso em Meung-sur-Loire e falecido em 1416. Se, como pensa Thuasne, a lamentação foi composta em 1456, a Vendedora de Elmos tinha mais de 80 anos.

"A maint homme l'ay reffusé,
    Qui n'estoit à moy grant sagesse,
    Pour l'amour d'ung garson rusé,
    Auquel j'en feiz grande largesse.
    A qui que je feisse finesse,
    Par mame, je l'amoye bien!
    Or ne me faisoit que rudesse,
    Et ne m'amoit que pour le mien.
"Si ne me sceut tant detrayner,
    Fouler aux piez, que ne l'aymasse,
    Et m'eust il fait les rains trayner,
    S'il m'eust dit que je le baisasse,
    Que tous mes maulx je n'oubliasse.
    Le glouton, de mal entechié,
    M'embrassoit. . . J'en suis bien plus grasse!
    Que m'en reste il? Honte et pechié.
"Or est il mort, passé trente ans,
    Et je remains vielle, chenue.
    Quant je pense, lasse! au bon temps,
    Quelle fus, quelle devenue;
    Quant me regarde toute nue,
    Et je me voy si tres changiée,
    Povre, seiche, megre, menue,
    Je suis presque toute enragiée.
"Qu'est devenu ce front poly,
    Cheveulx blons, ces sourcils voultiz,
    Grant entrœil, ce regart joly,
    Dont prenoie les plus soubtilz;
    Ce beau nez droit grant ne petiz,
    Ces petites joinctes oreilles,
    Menton fourchu, cler vis traictiz,
    Et ces belles levres vermeilles?

VILLON

"Recusei-o a muito varão | 65
   — O que não foi sabedoria —
Só por amor de um rapagão
Ao qual dei tudo em demasia.
5   Se com outros fiz coqueteria
   — Por minh'alma, eu o amava tanto! —
Ele só tinha grosseria,
Só por meus bens mostrava encanto.
"Porém ele não me espancava
10   Que eu não o amasse, até pisada;
Se por terra ele me arrastava
E eu a beijá-lo fosse instada,
Do mal mostrava-me olvidada.
O patife, de mal manchado,
15   Me abraçava... Já estou passada!
Que me resta? — Opróbrio e pecado.
"Há trinta anos morto ele está,
E eis-me velha já encanecida.
Que bom tempo aquele lá!
20   Quem fui, e a que estou reduzida!
Quando me olho toda despida
E me vejo assim tão mudada,
Magra, franzina, ressequida,
Quase que fico muito irada.
25   "Onde o louro cabelo, a clara
Fronte? E os supercílios arqueados,
Grande entreolhos, mirada rara,
Com que eu captava os mais dotados?
Nariz dos bem proporcionados,
30   Covinha em queixo, reta a orelha,
Rosto de traços delicados,
Onde, e a bela boca vermelha?

"Ces gentes espaulles menues,
   Ces bras longs et ces mains traictisses,
   Petiz tetins, hanches charnues,
   Eslevées, propres, faictisses
   A tenir amoureuses lisses;
   Ces larges rains, ce sadinet
   Assis sur grosses fermes cuisses,
   Dedens son petit jardinet?
"Le front ridé, les cheveux gris,
   Les sourcilz cheus, les yeuls estains,
   Qui faisoient regars et ris
   Dont mains marchans furent attains;
   Nez courbes de beaulté loingtains,
   Oreilles pendantes, moussues,
   Le vis pally, mort et destains,
   Menton froncé, levres peaussues:
"C'est d'umaine beaulté l'issues!
   Les bras cours et les mains contraites,
   Les espaulles toutes bossues;
   Mamelles, quoy? toutes retraites;
   Telles les hanches que les tetes;
   Du sadinet, fy! Quant des cuisses,
   Cuisses ne sont plus, mais cuissetes
   Grivelées comme saulcisses.
"Ainsi le bon temps regretons
   Entre nous, povres vielles sotes,
   Assises bas, a crouppetons,
   Tout en ung tas comme pelotes,
   A petit feu de chenevotes
   Tost allumées, tost estaintes;
   Et jadis fusmes si mignotes!...
   Ainsi en prent a mains et maintes."

VILLON

"Aquelas espáduas franzinas,
    Os braços longos e as mãos finas,
    Seios poucos, ancas maciças,
    Altas, bem feitas e submissas
5   A agüentar amorosas liças;
    Onde, e os largos rins, sexozinho
    Assentado em coxas roliças
    No interior de seu jardinzinho?
"Já grisalha a fronte e enrugada.
10   Sem sobrancelhas, sem fulgor
    De olhos que riam com a mirada
    De atingir muito mercador;
    Nariz recurvo e sem primor,
    Pendente a orelha e cabeluda,
15   Morto o rosto em sua descor,
    Queixo em nó, beiça pelancuda.
"Eis da beleza a conclusão!
    Os ombros todo corcovados,
    Braços curtos, minguada a mão;
20   Os peitos, quê! ei-los fanados,
    Também os quadris estiolados;
    Quanto às coxas – o sexo, bah! –
    Coxas não são: seios mosqueados
    Quais penas de tordo, ei-los cá.
25 "Pranto ao bom tempo sem desares!
    Choramos nós, velhas paspalhas,
    Sentadas sobre os calcanhares,
    Amontoadas como antigualhas
    Em torno a um foguinho de palhas,
30   Que logo acende, logo apaga.
    E outrora fomos tão mimalhas!
    De muitos, muitas, essa é a praga."

28 antigualhas] *lit.* bola ou novelo

BALLADE DE LA BELLE
HËAULMIERE AUX FILIES DE JOIE

Or y pensez, belle Gantiere
    Qui m'escoliere souliez estre,
    Et vous, Blanche la Savetiere,
    Or est il temps de vous congnoistre.
    Prenez a destre et a senestre;
    N'espargnez homme, je vous prie:
    Car vielles n'ont ne cours ne estre,
    Ne que monnoye qu'on descrie.
"Et vous, la gente Saulciciere
    Qui de dancier estes adestre,
    Guillemete la Tappiciere,
    Ne mesprenez vers vostre maistre:
    Tost vous fauldra clorre fenestre;
    Quant deviendrez vielle, flestrie,
    Plus ne servirez qu'ung viel prestre,
    Ne que monnoye qu'on descrie.

BALADA DA BELA
VENDEDORA DE ELMOS ÀS MOÇAS FÁCEIS*

Pensai nisto, bela Luveira,
    Que aluna minha usáveis ser;
    Também vós, Branca, a Sapateira:
    Tempo é de conhecer-se e ter.
5   À esquerda e à direita ide colher;
    Peço-vos, homem não poupeis:
    As velhas deixam de valer,
    Tal qual a moeda já sem vez.
"E vós, graciosa Salsicheira
10   Que dançais bem de dar prazer,
    E Guillemette, a Tapeceira,
    Sempre queirais o amo atender,
    Senão a loja ides perder;
    Só a um padre velho servireis
15   Ao serdes velha, a emurchecer,
    Tal qual a moeda já sem vez.

*"O Testamento", v. 533–560.

1 bela Luveira,] "Na Paris do tempo de Villon as moças galantes eram freqüentemente jovens vendedoras conhecidas pelo nome de seu comércio: a bela açougueira, a bela verdureira etc." (Michel). **11** Guillemette, a Tapeceira,] personagem real, vendia bolsas de tapeçaria e era casada com Etienne Sergent, gravador de selos. Segundo Desportes, cita-se em 1387 uma Katherine bolseira; e todos esses nomes de ofício indicam que elas eram esposas, amantes ou empregadas do dono da loja.

> "Jehanneton la Chapperonniere,
>   Gardez qu'amy ne vous empestre;
>   Et Katherine la Bourciere,
>   N'envoyez plus les hommes paistre:
>   Car qui belle n'est, ne perpetre
>   Leur male grace, mais leur rie.
>   Laide viellesse amour n'empestre,
>   Ne que monnoye qu'on descrie.
> "Filles, vueillez vous entremettre
>   D'escouter pourquoy pleure et crie:
>   Pour ce que je ne me puis mettre,
>   Ne que monnoye qu'on descrie."

VILLON

"E a vós, Joaninha, a Capuzeira,
   Não haja o amigo de empecer;
   Nada, Catarina, a Bolseira,
   De homens pôr a pastar. Sem ser
   Moça formosa, é não fazer
   Mau rosto; mas sorrir deveis.
   Velhice não atrai querer,
   Tal qual a moeda já sem vez.
"Moças, queirais vos constranger
   A ouvir meu pranto e grito: eis
   Que já não posso mais correr,
   Tal qual a moeda já sem vez."

LE TESTAMENT   LVII—LXIV

Ceste leçon icy leur baille
  La belle et bonne de jadis;
  Bien dit ou mal, vaille que vaille,
  Enregistrer j'ay faict ces dis
5 Par mon clerc Fremin l'estourdis,
  Aussi rassis que je puis estre.
  S'il me desment, je le mauldis:
  Selon le clerc est deu le maistre.

Si aperçoy le grant dangier
10 Ouquel homme amoureux se boute...
  Et qui me vouldroit laidangier
  De ce mot, en disant: "Escoute!
  Se d'amer t'estrange et reboute
  Le barat de celles nommées,
15 Tu fais une bien folle doubte,
  Car ce sont femmes diffamées.

"S'ilz n'ayment fors que pour l'argent,
  On ne les ayme que pour l'eure;
  Rondement ayment toute gent,
20 Et rient lors que bource pleure.
  De celles cy n'est qui ne queure;
  Mais en femmes d'onneur et nom
  Franc homme; 'si Dieu me sequeure,
  Se doit emploier; ailleurs, non."

O TESTAMENTO   LVII–LXIV

Com essa lição assim é que intervém
    A tão formosa e boa no passado;
    Sirva para o que sirva, mal ou bem,
    Quis tudo o que ela disse registrado
5   Pelo escrevente meu, Firmino, o avoado,
    Sensato como eu próprio penso ser;
    Se me desmente, ponho-o amaldiçoado:
    Tal o escriba, tal o amo haveis de ver.
O risco ao qual um homem amoroso
10   De todo expõe-se, assim venho a notar.
    E quem com estas palavras, animoso,
    Se abalançasse a vir-me censurar:
    "Se o ardil das que eu acabo de citar,
    Ouve! te exime de adquirir paixão,
15   Bem tolo é esse temor que vens mostrar:
    São mulheres de má reputação.
"Por dinheiro elas amam tão-somente,
    Tão-só nós as amamos pela hora;
    Sem escolha, elas amam toda gente
20   E riem quando a nossa bolsa chora.
    Não há nenhuma que não caia fora;
    Só em mulheres de honra e condição
    O homem de prol, Deus me socorra agora!
    Deve empregar-se; mas alhures não."

---

5 Firmino, o avoado,] Fremin l'estourdis. "Villon imagina prazenteiramente
ter um secretário, como os grandes. Frémin l'Étourdi foi identificado com
Frémin le May, escrivão público, cujo pai era "libraire et notaire de la Cour
à l'Official de Paris' " (Michel, com base em Thuasne).

Je prens qu'aucun dye cecy,
       Si ne me contente il en rien.
       En effect il conclut ainsy,
       Et je le cuide entendre bien,
   5   Qu'on doit amer en lieu de bien:
       Assavoir mon se ces filletes
       Qu'en parolles toute jour tien
       Ne furent ilz femmes honnestes?
Honnestes si furent vraiement,
  10   Sans avoir reproches ne blasmes.
       Si est vray qu'au commencement
       Une chascune de ces femmes
       Lors prindrent, ains qu'eussent diffames,
       L'une ung clerc, ung lay, l'autre ung moine,
  15   Pour estaindre d'amours les flammes
       Plus chauldes que feu Saint Antoine.
Or firent selon le Decret
       Leurs amys, et bien y appert;
       Ilz amoient en lieu secret,
  20   Car autre d'eulx n'y avoit part.
       Toutesfois, ceste amour se part:
       Car celle qui n'en amoit qu'un
       D'iceluy s'eslongne et despart,
       Et aime mieulx amer chascun.

VILLON

Supondo alguém me diga isso a mim, | **75**
    Não me contenta em ponto algum, porém.
    A conclusão dele é de fato assim
    (E penso que eu estou a ouvi-lo bem)
5   Só deve amar-se num lugar de bem.
    Resta saber se essas mocinhas tais,
    Cuja palestra sempre me entretém,
    Moças honradas não foram jamais?
Honestas foram verdadeiramente,
10   Sem merecer censura ou repreensão.
    É verdade que ao começar, ardente,
    Antes de ser de má reputação,
    Cada uma tomou por diversão
    Ou um leigo, ou um clérigo, ou um monge,
15   Para extinguir as chamas da paixão
    Que o ardor da erisipela deixam longe.
Segundo os mandamentos do Decreto
    Seus amigos agiram, é evidente:
    Elas amavam em lugar secreto,
20   E isso com seu amigo tão-somente;
    Mas logo o amor partiram com mais gente,
    Pois a que amava unicamente algum
    Dele se afasta, dele vai-se, em frente,
    E gosta mais de amar com cada um.

---

16 ardor da erisipela] O *feu Saint Antoine* ou *mal des ardents*, epidêmico
e temido na Idade Média, era a erisipela, o ergotismo ou a zona-zoster.
17 Decreto] obra do canonista Graciano, primeira parte do *Corpus Juris
Canonici.* **19** Elas... secreto,] "Tolerabilior est, si lateat, culpa", rezava o
Decreto.

76

Qui les meut a ce? J'ymagine,
    Sans l'onneur des dames blasmer,
    Que c'est nature femenine
    Qui tout vivement veult amer.
5   Autre chose n'y sçay rimer,
    Fors qu'on dit a Rains et a Troies,
    Voire a l'Isle et a Saint Omer,
    Que six ouvriers font plus que trois.
Or ont ces folz amans le bont,
10   Et les dames prins la vollée;
    C'est le droit loyer qu'amans ont:
    Toute foy y est viollée,
    Quelque doulx baisier n'acollée,
    "De chiens, d'oyseaulx, d'armes, d'amours",
15   Chascun le dit a la vollée,
    "Pour ung plaisir mille doulours."

VILLON

Porém que as leva a isso? Eu imagino, | 77
    Sem a honra das damas arranhar,
    Ser o temperamento feminino
    Que viva e fortemente quer amar.
5   Com isso outra coisa eu já não sei rimar,
    Senão que em Reims – e em Troyes, por sua vez –
    Se diz, e em Lille e em Saint-Omer, a par:
    Seis operários fazem mais que três.
Mas, os tolos amantes, põem-nos fora
10 (É a justa paga que os amantes têm),
    Porquanto as suas damas vão-se embora:
    Toda fé dada então se contravém,
    Malgrado abraço e algum beijar também.
    "De armas, de cães, de pássaros, de amores,"
15 Cada qual a qualquer o diz, e bem,
    "Por um prazer recolhem-se mil dores."

6–7 Senão… a par:] Reims, Saint-Omer: não importa onde.

DOUBLE BALLADE

Pour ce, amez tant que vouldrez,
　　Suyvez assemblées et festes,
　　En la fin ja mieulx n'en vauldrez
　　Et si n'y romprez que vos testes;
5　　Folles amours font les gens bestes:
　　Salmon en ydolatria,
　　Samson en perdit ses lunetes.
　　Bien est eureux qui riens n'y a!
Orpheüs, le doux menestrier,
10　　Jouant de fleustes et musetes,
　　En fut en dangier d'un murtrier
　　Chien Cerberus a quatre testes;
　　Et Narcisus, le bel honnestes,
　　En ung parfont puis se noya
15　　Pour l'amour de ses amouretes.
　　Bien est eureux qui riens n'y a!

DUPLA BALADA*

Por isso amai a bel-prazer,
   Ide a festas, ide a reuniões.
   Afinal, isto ireis obter:
   Uma série de amolações.
5 O amor louco embesta os varões:
   Foi Salomão à idolatria,
   Sansão perdeu seus lunetões.
   Feliz quem dessa se desvia.

Flautas e gaitas a tanger,
10   Orfeu, o de doces canções,
   Cérbero o teve em seu poder,
   O cão de quatro boqueirões.
   Narciso, o de belas feições,
   Afogou-se em funda água fria,
15   E isso por simples afeições.
   Feliz quem dessa se desvia.

*"O Testamento", v. 625–672.

6 Salomão]   Por amor das mulheres, *Salomão* seguiu Astarote, deusa dos sidônios e Milcom, a abominação dos amonitas; e edificou um alto a Quemós, a abominação dos moabitas, e a Moloque (I Reis, XII, 5 e 7). Isso ao tempo de sua velhice.   **7** lunetões.]   óculos. Com esse anacronismo gaiato, Villon diz que *Sansão* teve os olhos vazados pelos filisteus, depois de traído por Dalila: Juízes, XVI, 21.   **10** Orfeu]   figura Villon que Orfeu haja arrostado no inferno o cão Cérbero de três cabeças. Orfeu efetivamente desceu ao Hades em busca de Eurídice, como conta Virgílio nas *Geórgicas*, IV. As quatro cabeças de Cérbero são outra facécia de Villon (e também o "menestrier" para Orfeu, e as "musettes"), entre várias que vão surgir.   **13** Narciso] apaixonado por sua imagem refletida na água, veio a morrer disso, desses "amorios" ou "afeições" ("amouretes" diz Villon).

Sardana, le preux chevalier,
    Qui conquist le regne de Cretes,
    En voulut devenir moullier
    Et filler entre pucelletes;
    David le roy, sage prophetes,
    Crainte de Dieu en oublia,
    Voyant laver cuisses bien faites.
    Bien est eureux qui riens n'y a!
Amon en voult deshonnourer,
    Faignant de menger tarteletes,
    Sa seur Thamar et desflourer,
    Qui fut inceste deshonnestes;
    Herodes, pas ne sont sornetes,
    Saint Jehan Baptiste en decola
    Pour dances, saulx et chansonnetes.
    Bien est eureux qui riens n'y a!

VILLON

Sardana, o bravo a mais não ser, | **81**
    Conquistou Creta e seus rincões;
    Porém quis se tornar mulher,
    Ficar com as moças sem senões.
5   Davi, rei de sábias lições,
    Vendo banhar-se coxa esguia,
    Esqueceu-se de a Deus temer.
    Feliz quem dessa se desvia.
Amnon quis bem pôr a perder,
10   Fingindo comer pastelões,
    Quis a irmã Tamar conhecer,
    Num incesto dos mais vilões;
    Herodes – não são digressões –
    A degolar São João envia,
15   Por saltos, danças e canções.
    Feliz quem dessa se desvia.

---

1 Sardana, o bravo] Sardanapalo, misturado com Saturno, rei de Creta.
Sua feminilização acha-se em Orósio, 1,19: *inter scortorum greges feminae
habitu purpuram colo tractans*, e em René d'Anjou: *Amour aussi filer le
fiz/Entre femmes.* **5** Davi] É a história de *Davi* e Betsabé (II Samuel, XI
2-3). **9–10** Amnon…pastelões,] *pastelões, lit.* pasteizinhos, como consta
da Bíblia. A história de como *Amnon* violou sua irmã Tamar figura em II
Samuel, XIII. **13–15** Herodes…canções.] O relato de como Herodes fez
degolar São João Batista por causa das danças de Salomé consta de Mateus,
XIV, 3-12 e de Marcos VI 21-29.

De moy, povre, je vueil parler:
J'en fus batu comme a ru toiles,
Tout nu, ja ne le quier celer.
Qui me feist maschier ces groselles,
Fors Katherine de Vausselles?
Noel le tiers est, qui fut la,
Mitaines a ces nopces telles.
Bien est eureux qui riens n'y a!
Mais que ce jeune bacheler
Laissast ces jeunes bacheletes?
Non! et le deust on vif brusler
Comme ung chevaucheur d'escouvetes.
Plus doulces luy sont que civetes;
Mais toutesfoys fol s'y fya:
Soient blanches, soient brunetes,
Bien est eureux qui riens n'y a!

VILLON

De mim, pobre, quero dizer: | **83**
    Bateram-me qual tela em rio,
    Todo nu, não quero esconder.
    Da Vausselles pelo amorio,
5   Ramo de groselha eu sofri-o.
    Tenha Noel, que a isso assistia,
    Luvas nas bodas que enuncio.
    Feliz quem dessa se desvia.
Mas um jovem solteiro ter
10   De largar solteiros botões?
    Não! Mesmo em fogo vindo a arder,
    Qual feiticeiro nos tições.
    Mais doces são-lhe que as loções.
    Nisso, porém, tolo se fia:
15   De claras ou de morenões,
    Feliz quem dessa se desvia.

1–8 De…desvia.] *Catherine de Vaucelles* era o amor do poeta; Noel seria
o terceiro, de vigia, mas se teria descuidado, donde as desventuras do poeta.
Ou seria uma simples testemunha da sova. Outros tomam essas desventuras
como figuradas, não tendo havido efetivamente nenhuma surra com ramos
de groselha.   **7** Luvas] refere Michel o costume de nas bodas, depois da
refeição, os convivas trocarem murros, atenuados por mitenes.   **13** loções.]
lit. perfumes extraídos do gato-de-algália.

LE TESTAMENT LXV—LXXII

Se celle que jadis servoie
   De si bon cuer et loyaument,
   Dont tant de maulx et griefz j'avoie
   Et souffroie tant de torment,
5   Se dit m'eust, au commencement,
   Sa voulenté (mais nennil! las),
   J'eusse mis paine aucunement
   De moy retraire de ses las.
Quoy que je luy voulsisse dire,
10   Elle estoit preste d'escouter
   Sans m'acorder ne contredire;
   Qui plus, me souffroit acouter
   Joignant d'elle, pres m'accouter,
   Et ainsi m'aloit amusant,
15   Et me souffroit tout raconter;
   Mais ce n'estoit qu'en m'abusant.
Abusé m'a et fait entendre
   Tousjours d'ung que ce fut ung aultre,
   De farine que ce fust cendre,
20   D'ung mortier ung chappeau de faultre,
   De viel machefer que fust peaultre,
   D'ambesars que ce fussent ternes,
   (Tousjours trompeur autruy enjaultre
   Et rent vecies pour lanternes),

O TESTAMENTO LXV—LXXII

Se aquela a quem outrora eu bem servia
    De coração tão bom e com lealdade
    — De quem males e danos eu sofria,
    Como sofria tanta crueldade —:
    Se me tivesse exposto sua vontade
    No início (porém nada disso, ai! crede)
    Teria agido eu com tenacidade
    Para me retirar de sua rede.
Tudo quanto eu quisesse lhe dizer
    Ela pronta mostrava-se a escutar,
    Sem aprovar-me nem contradizer;
    E consentia em eu me aproximar
    Dela e junto ao ouvido lhe falar;
    E desse modo ia me engazopando
    E tudo permitia-me contar:
    E assim ia-me apenas enganando.
Enganando e fazendo-me entender
    Que uma coisa era outra diferente:
    A farinha por cinza fez-me ter;
    Chapéu de feltro em borla vi patente,
    Achei na escória estanho unicamente
    E dois uns eu julguei fossem dois três
    (O enganador bobeia o seu paciente,
    E assim bexigas por lanternas vês.)

---

20 borla] o original, *mortier*, é ambíguo: chapéu de magistrado e gral.
22 E...três] No jogo de dados dois ases perdem de um par de três.

Du ciel une paelle d'arain,
        Des nues une peau de veau,
        Du matin qu'estoit le serain,
        D'ung trongnon de chou ung naveau,
5   D'orde cervoise vin nouveau,
        D'une truie ung molin a vent
        Et d'une hart ung escheveau,
        D'ung gras abbé ung poursuyvant.
Ainsi m'ont Amours abusé
10   Et pourmené de l'uys au pesle.
        Je croy qu'homme n'est si rusé,
        Fust fin comme argent de cœpelle,
        Qui n'y laissast linge, drappelle,
        Mais qu'il fust ainsi manyé
15   Comme moy, qui partout m'appelle,
        L'amant remys et regnyé.
Je regnie Amours et despite
        Et deffie a feu et a sang.
        Mort par elles me precipite,
20   Et ne leur en chault pas d'ung blanc.
        Ma vïelle ay mys soubz le banc;
        Amans je ne suyvray jamais:
        Se jadis je fus de leur ranc,
        Je desclare que n'en suis mais.

VILLON

Frigideira de bronze o céu achei,
    As nuvens, uma pele de vitela;
    Que a manhã fosse noite – assim pensei,
    E que um troncho de couve, nau a vela;
5   Cerveja má por vinho bom fui tê-la;
    Um moinho vi na catapulta em frente,
    Numa corda encontrei meada bela,
    De um gordo abade fiz um pretendente.
Os Amores assim me têm burlado,
10   Levando-me da porta à fechadura.
    Creio não fosse alguém tão atilado,
    Embora fino qual a prata pura,
    Que não deixasse toda a vestidura,
    Por pouco que assim fosse manejado,
15   Como fui; e aqui sou e ali chamado
    O amante repelido e renegado.
Eu renego os Amores e os desdenho,
    E desafio a fogo e sangue franco.
    Por causa deles morto eu me despenho,
20   Nem valho para eles mais que um branco.
    Minha viola debaixo a pus do banco;
    Os amantes não seguirei jamais:
    Se outrora fui do grupo, então me arranco
    E declaro que já não o sou mais.

6 catapulta] *truie* é tanto isso como porca. 10 Levando-me... fechadura.]
A porta da amante está fechada. O recurso é espiar pela fechadura. 12 prata
pura,] *lit.* de copela (cadinho no qual se separa a prata). 20 branco.] o
blanc era uma antiga moeda de prata.

Car j'ay mys le plumail au vent,
    Or le suyve qui a attente.
    De ce me tais doresnavant,
    Car poursuivre vueil mon entente.
5   Et s'aucun m'interroge ou tente
    Comment d'Amours j'ose mesdire,
    Ceste parolle le contente:
    "Qui meurt, a ses loix de tout dire."
Je congnois approcher ma seuf;
10   Je crache, blanc comme coton,
    Jacoppins gros comme ung esteuf.
    Qu'est ce a dire? que Jehanneton
    Plus ne me tient pour valeton,
    Mais pour ung viel usé roquart:
15   De viel porte voix et le ton,
    Et ne suys qu'ung jeune coquart.

VILLON

Por isso lanço meu penacho ao vento, | **89**
    Que o siga quem tiver certa esperança.
    Eu calo-me a partir deste momento,
    Quero em minha intenção perseverança.
5   Se alguém a perguntar-me se abalança
    Como de Amores ouso maldizer,
    Esta asseveração logo o descansa:
    "Quem morre, tudo é-lhe de jus dizer."
A sede extrema, sei, para mim rola;
10   Eu lanço, da cor branca do algodão,
    Uns escarros tão grandes como bola.
    O que quer dizer? que a camponesa então
    Já à conta não me tem de um rapagão,
    Mas de um cavalo velho e nada bom:
15   Embora eu seja um moço toleirão,
    De velho tenho a voz e tenho o tom.

LE TESTAMENT   LXXVIII—LXXXIX

Somme, plus ne diray qu'ung mot,
    Car commencer vueil a tester:
    Devant mon clerc Fremin qui m'ot,
    S'il ne dort, je vueil protester
5   Que n'entens homme detester
    En ceste presente ordonnance,
    Et ne la vueil magnifester
    Si non ou royaume de France.
Je sens mon cuer qui s'affoiblit
10   Et plus je ne puis papier.
    Fremin, sié toy pres de mon lit,
    Que l'on ne me viengne espier;
    Prens ancre tost, plume et papier;
    Ce que nomme escry vistement,
15   Puys fay le partout coppier;
    Et vecy le commancement.
Ou nom de Dieu, Pere eternel,
    Et du Filz que Vierge parit,
    Dieu au Pere coeternel,
20   Ensemble et le Saint Esperit,
    Qui sauva ce qu'Adam perit
    Et du pery pare les cieulx...
    Qui bien ce croit, peu ne merit,
    Gens mors estre faiz petiz dieux.

O TESTAMENTO LXXVIII—LXXXIX

Direi agora coisa diminuta,
   Pois quero dar-me todo ao meu testar:
   Ante Firmino, o escriba que me escuta,
   Se é que não dorme, quero declarar
5 Que a ninguém eu pretendo deserdar
   Nesta presente e simples ordenança,
   E não a quero eu manifestar
   Senão ao nosso reino aqui de França.
Fraqueja o coração neste meu peito
10   E não posso nem mesmo balbuciar.
   Assenta-te, Firmino, junto ao leito,
   A fim de que ninguém me venha espiar;
   Tinta, pena e papel indo apanhar,
   O que instituo escreve prontamente;
15   Por toda parte dá-o a copiar;
   E aqui está o começo, claramente.
Pelo nome de Deus, do Pai eterno
   E do Filho que a Virgem fez nascer,
   Este, igualmente Deus, com o Pai coeterno,
20   E com o Espírito Santo a resplender;
   Salvou Ele os que Adão fez perecer
   E ornamentou o céu com os perecidos.
   Quem crê nisto tem muito merecer:
   Mortos em deusezinhos erigidos.

6–8 Nesta…França.] "Villon compara prazenteiramente seu testamento (convenção particular e secreta até o óbito) com uma ordenação real proclamada em toda a França" (Michel). **15** Por…copiar;] Como se fosse uma ordenação. **21–22** Salvou…perecidos.] *perecer*, por causa do pecado original; *perecidos*, porque Cristo, ao descer ao inferno, o despojou dos justos. Tal é a versão, p. ex., do *Speculum Humane Salvationis*, de Jean de Beauvais. **24** deusezinhos] os santos

Mors estoient, et corps et ames,
    Et dampnée perdicion,
    Corps pourris et ames en flammes,
    De quelconque condicion.
    Toutesfois, fais excepcion
    Des patriarches et prophetes;
    Car, selon ma concepcion,
    Oncques n'eurent grand chault aux fesses.

Qui me diroit: "Qui vous fait metre
    Si tres avant ceste parolle,
    Qui nestes en theologie maistre?
    A vous est presumpcion folle!"
    C'est de Jhesus la parabolle
    Touchant du Riche ensevely
    En feu, non pas en couche molle,
    Et du Ladre de dessus ly.

Se du Ladre eust veu le doit ardre,
    Ja n'en eust requis refrigere,
    N'au bout d'icelluy doit aherdre
    Pour rafreschir sa maschouëre.
    Pyons y feront mate chiere,
    Qui boyvent pourpoint et chemise,
    Puis que boiture y est si chiere.
    Dieu nous en gart, bourde jus mise!

VILLON

Mortos estavam, tanto os corpos quanto
    As almas, em danada perdição,
    Corpos podres, almas em fogo e pranto,
    Pouco importando a sua condição.
5   Faço contudo apenas a exceção
    Dos patriarcas e profetas todos,
    Porque, segundo a minha concepção,
    Nunca tiveram o traseiro ao fogo.
"Quem vos fez pôr" – se alguém me deprecia –
10   "Tão adiantada tal doutrinação,
    Vós que mestre não sois em Teologia?
    O que tendes é louca presunção."
    Pois a parábola da salvação
    Tocante ao rico em fogo sepultado
15   E não, jamais, nalgum mole colchão,
    E ao Lázaro lá em cima colocado.
Se do Lázaro vira o dedo arder,
    O refrigério não lhe suplicara
    De na ponta do dedo lhe beber,
20   Para que a própria língua refrescara.
    Lá os beberrões farão bem triste cara,
    Os que bebem camisa mais gibão,
    Uma vez que a bebida está tão cara.
    Guarde-nos Deus, à parte a gozação.

5–8 Faço… fogo.] Os profetas e patriarcas haviam escapado de ir para o inferno. **13** Pois] Respondo que **17–20** Se… refrescara.] A parábola do rico e do lázaro se encontra em Lucas, XVI, 19–24. O rico vai para o inferno, o lázaro para o seio de Abraão; o rico pede ao lázaro que interceda com Abraão para que este consinta em que lhe leve uma gota d'água na ponta do dedo, para refrigerar-lhe a língua, no meio do fogo.

Ou nom de Dieu, comme j'ay dit,
 Et de sa glorieuse Mere,
 Sans pechié soit parfait ce dit
 Par moy, plus megre que chimere;
5 Si je n'ay eu fievre eufumere,
 Ce m'a fait divine clemence;
 Mais d'autre dueil et perte amere
 Je me tais, et ainsi commence,
Premier, je donne ma povre ame
10 A la benoiste Trinité,
 Et la commande a Nostre Dame,
 Chambre de la divinité,
 Priant toute la charité
 Des dignes neuf Ordres des cieulx
15 Que par eulx soit ce don porté
 Devant le Trosne precieux.
Item, mon corps j'ordonne et laisse
 A nostre grant mere la terre;
 Les vers n'y trouveront grant gresse,
20 Trop luy a fait fain dure guerre.
 Or luy soit delivré grant erre;
 De terre vint, en terre tourne;
 Toute chose, se par trop n'erre,
 Voulentiers en son lieu retourne.

VILLON

Pelo nome de Deus, tal já foi dito, 95
    E pelo de sua Mãe, gloriosa e vera,
    Sem pecado se finde o meu escrito,
    De mim, que sou mais magro que quimera;
5   Não tive a febre efêmera, severa,
    Porque na Providência é que me fio;
    Porém de outra aflição e perda austera
    Eu me calo, e assim é que principio.
Minha pobre alma eu dou primeiramente
10   A Deus, à abençoadíssima Trindade,
    E recomendo-a à Virgem, tão clemente,
    Sublime câmara da divindade,
    Enquanto rogo a toda a caridade
    Das nove dignas Ordens lá dos céus
15   Que leve este meu dom, com boa vontade,
    Ante o precioso trono de meu Deus.
Item, meu corpo deixo, com brandura,
    A esta nossa grande mãe, a terra;
    Nele os vermes não acharão gordura,
20   Moveu-lhe muito a fome dura guerra.
    Entregai-me, que a pressa a mim se aferra;
    Da terra vim, à terra vou tornar;
    Tudo, se por demais nisso não se erra,
    De boa mente volta ao seu lugar.

---

5 febre] febre efêmera: "O célebre médico árabe Avicena (séc. XI considera que uma das causas dessa febre é a cólera. Villon deveria ter sido afetado por ela, por causa de sua ira contra Thibaut d'Aussigny, se a clemência divina não tivesse vindo em seu socorro". (Michel)   **7** perda austera] Ignora-se qual tenha sido essa "perda austera", embora os comentaristas aventurem suposições.   **14** nove dignas Ordens] São as nove Ordens da hierarquia dos anjos.

        Item, et. a mon plus que pere,
96 | Maistre Guillaume de Villon,
            Qui esté m'a plus doulx que mere
            A enfant levé de maillon:
5   Degeté m'a de maint bouillon,
            Et de cestuy pas ne s'esjoye,
            Si luy requier a genouillon
            Qu'il m'en laisse toute la joye;
        Je luy donne ma librairie,
10   Et le Rommant du Pet au Deable,
            Lequel maistre Guy Tabarie
            Grossa qui est homs veritable;
            Par cayers est soubz une table.
            Combien qu'il soit rudement fait,
15   La matiere est si tres notable
            Qu'elle amende tout le mesfait.
        Item, donne a ma povre mere
            Pour saluer Nostre Maistresse,
            Qui pour moy ot douleur amere,
20   Dieu le scet, et mainte tristesse:
            Autre chastel n'ay, ne fortresse,
            Ou me retraye corps et ame,
            Quant sur moy court malle destresse,
            Ne ma mere, la povre femme!

VILLON

Item, e a quem mais do que pai mostrou-se | 97
   A mim, Mestre Guillaume de Villon,
   Superior para mim à mãe que, doce,
   Ergue a criança dos panos de bom-tom.
5   Retirou-me de casos de destom
   E com este não o vejo se recrear.
   Assim, peço de joelhos a esse bom
   Que me deixe com isto me alegrar.
A minha biblioteca, essa eu lhe dou
10   E o Romance do "Pet au Diable", inteiro;
   O qual Mestre Guy Tabarie copiou,
   Ele que é homem muito verdadeiro.
   Em cadernos, sob mesa, está maneiro.
   Não obstante grosseiramente feito,
15   O assunto de que trata é tão primeiro
   Que resgata, afinal, qualquer defeito.
Item, à minha pobre mãe eu dou
   Com que rezar à Virgem, com presteza
   (Ela que amarga dor por mim passou,
20   Deus o sabe, e curtiu muita tristeza);
   Mas castelo não tenho, ou fortaleza,
   Onde, corpo e alma, eu vá me recolher,
   Quando a aflição cai sobre mim, acesa:
   Tampouco minha mãe, pobre mulher!

---

5 Retirou-me...destom]   Villon, que se acha em maus lençóis, fala ironicamente no v. 8 desta página.   **9–10** A...inteiro;]   Ignora-se se a biblioteca e o romance existiram.   **11–12** O...verdadeiro.]   Tabarie havia sido cúmplice de Villon e companheiros no roubo do Colégio de Navarra. Comprometeu-os depois, por falar demais. Daí o verdadeiro afigurar-se sarcástico.

BALLADE POUR PRIER NOSTRE DAME

Dame du ciel, regente terrienne,
   Emperiere des infernaux palus,
   Recevez moy, vostre humble chrestienne,
   Que comprinse soye entre vos esleus,
   Ce non obstant qu'oncques rien ne valus.
   Les biens de vous, Ma Dame et Ma Maistresse,
   Sont trop plus grans que ne suis pecheresse,
   Sans lesquelz biens ame ne peut merir
   N'avoir les cieulx. Je n'en suis jangleresse:
   En ceste foy je vueil vivre et mourir.

A vostre Filz dictes que je suis sienne;
   De luy soyent mes pechiez abolus;
   Pardonne moy comme a l'Egipcienne,
   Ou comme il feist au clerc Theophilus,
   Lequel par vous fut quitte et absolus,
   Combien qu'il eust au deable fait promesse.
   Preservez moy de faire jamais ce,
   Vierge portant, sans rompure encourir,
   Le sacrement qu'on celebre a la messe.
   En ceste foy je vueil vivre et mourir.

VILLON

BALADA PARA REZAR A NOSSA SENHORA*

Ó senhora do céu, rainha terrenal,
   Imperatriz dos charcos da infernal guarida,
   Recebei-me, que sou cristã humilde e leal;
   Mesmo jamais de méritos apercebida,
5   Entre os vossos eleitos seja eu incluída.
   Os vossos bens, minha senhora e minha ama,
   Em muito excedem o pecado que em mim clama:
   Sem esses bens a alma não pode merecer
   Nem ter o céu. Não, a mentira não me infama:
10   Na minha fé quero viver, quero morrer.
Eu lhe pertenço – ao vosso Filho dizei tal;
   Seja eu por ele dos pecados absolvida:
   À Egipcíaca assim relevou ele o mal
   E assim a Teófilo perdoou para a outra vida
15   – Por vós quitada a sua dívida, e abolida,
   Que ao diabo ele empenhara a alma, em triste trama –.
   Livrai-me de fazer tal coisa, régia dama.
   Virgem levastes, sem ruptura padecer,
   O sacramento que na missa se proclama.
20   Na minha fé quero viver, quero morrer.

---

*"O Testamento", v. 873–909. O título completo dado por Marot é: "Ballade
que Villon feist a la requeste de sa mère pour prier Nostre Dame".

---

2 charcos] Há quem veja aqui reminiscência clássica; outros pensam em
recordação obscura de velhas lendas. **13** À Egipcíaca] Santa Maria
Egipcíaca, prostituta convertida depois de uma visão que teve na basí-
lica do Santo Sepulcro em Jerusalém; viveu 47 anos no deserto (séc. IV.
14 Teófilo] Teófilo concluiu um pacto com o demônio, ao preço de sua
alma. Arrependendo-se, pediu a intercessão da Virgem, que tomou do diabo
o pacto assinado por esse antigo Fausto. A lenda alcançou celebridade na
Idade Média. **18–19** O…proclama.] Mantendo-se virgem; o sacramento
da eucaristia, logo Jesus.

BALADA DOS ENFORCADOS E OUTROS POEMAS

100

Femme je suis povrette et ancïenne,
Qui riens ne sçay; oncques lettre ne leus.
Au moustier voy dont suis paroissienne
Paradis paint, ou sont harpes et Jus,
5   Et ung enfer ou dampnez sont boullus:
L'ung me fait paour, l'autre joye et liesse.
La joye avoir me fay, haulte Deesse,
A qui pecheurs doivent tous recourir,
Comblez de foy, sans fainte ne paresse.
10   En ceste foy je vueil vivre et mourir.
Vous portastes, digne Vierge, princesse,
Jesus regnant qui n'a ne fin ne cesse.
Le Tout Puissant, prenant nostre foiblesse,
Laissa les cieulx et nous vint secourir,
15   Offrit a mort sa tres chiere jeunesse;
Nostre Seigneur tel est, tel le confesse.
En ceste foy je vueil vivre et mourir.

VILLON

Sou mulher pobrezinha e quase no final. | **101**
    Eu nada sei, jamais por mim letra foi lida.
    Vejo na igreja que freqüento, paroquial,
    Pintado o céu, onde o alaúde, a harpa é ouvida,
5   E o inferno, onde os danados fervem sem medida:
    Um me apavora, o outro alegria em mim derrama.
    Fazei-me ter a fé, alta e divina dama
    A quem os pecadores devem recorrer,
    Que aos sinceros e ativos a confiança inflama.
10   Na minha fé quero viver, quero morrer.
Vós, princesa, guardastes, digna e virginal,
    Jesus, o rei que nunca cessa, intemporal;
    Largou o onipotente, fraco a se fazer,
    Largou os céus e a nós nos veio socorrer,
15   Oferecendo a mocidade à lei mortal.
    Nosso Senhor é assim, confessa-se tal qual:
    Na minha fé quero viver, quero morrer.

3–5 Vejo… medida:] A igreja dos Celestinos, freqüentada pela mãe de
Villon, tinha efetivamente uma pintura do paraíso e do inferno.   **11–
16** Vós… qual:] A estrofe é um acróstico (Villon).

BALLADE A S'AMYE

Faulse beaulté qui tant me couste chier,
   Rude en effect, ypocrite doulceur,
   Amour dure plus que fer a maschier,
   Nommer que puis, de ma desfaçon seur,
5   Cherme felon, la mort d'ung povre cuer,
   Orgueil mussié qui gens met au mourir,
   Yeulx sans pitié, ne veult Droit de Rigueur,
   Sans empirer, ung povre secourir?
Mieulx m'eust valu avoir esté serchier
10   Ailleurs secours: c'eust esté mon onneur;
   Riens ne m'eust sceu lors de ce fait hachier.
   Trotter m'en fault en fuyte et deshonneur.
   Haro, haro, le grant et le mineur!
   Et qu'est ce cy? Mourray sans coup ferir?
15   Ou Pitié veult, selon ceste teneur,
   Sans empirer, ung povre secourir?
Ung temps viendra qui fera dessechier,
   Jaunir, flestrir vostre espanye fleur;
   Je m'en risse, se tant peusse maschier
20   Lors; mais nennil, ce seroit donc foleur:
   Viel je seray; vous, laide, sans couleur;
   Or beuvez fort, tant que ru peut courir;
   Ne donnez pas a tous ceste douleur,
   Sans empirer, ung povre secourir.

VILLON

BALADA A SUA AMIGA* |103

Falsa beleza, caro vens a me custar;
    Rude efetivamente, hipócrita dulçor,
    Amor mais duro do que ferro ao se mascar,
    Nomear-te posso irmã de minha grande dor,
5   Cessar de um pobre coração, charme traidor,
    Orgulho oculto que se põe ao perecer;
    Ímpio olhar, não quer Direito, em seu rigor,
    Se tudo vai piorar, um pobre socorrer?
Muito melhor ter-me-ia sido procurar
10   Além socorro, o que viria em meu honor;
    Rumo nenhum do amor podia me afastar.
    Trotar, tal se me impõe, em fuga e desonor.
    Heu, heu, socorro, o grande ajude-me, e o menor!
    E que é isto? Sem nem golpear hei de morrer?
15   Ou a Piedade quer, por todo este teor,
    Se tudo vai piorar, um pobre socorrer?
Tempo virá que há de fazer amarelar,
    Murchar, secar vossa desabrochada flor.
    Rir-me-ia, se pudesse a boca descerrar.
20   Mas não, não passaria isso de candor.
    Velho estarei, e estareis vós feia e sem cor.
    Bebei bastante, quanto possa em rio haver.
    Portanto não causeis a todos esta dor,
    Se tudo vai piorar, um pobre socorrer.

*"O Testamento", v. 942–969. O título é o de Marot. A primeira estrofe
traz FRANÇOIS em acróstico. A segunda, MARTHE. Tratar-se-ia de um amor
transitório.

7 Ímpio...rigor,] Direito, personificado. **15** Ou...teor,] idem

104   Prince amoureux, des amans le greigneur,
         Vostre mal gré ne vouldroye encourir,
         Mais tout franc cuer doit pour Nostre Seigneur,
         Sans empirer, ung povre secourir.

VILLON

Príncipe, que és de todos o maior no amor, |105
    Não queira em vosso desagrado eu incorrer;
    Impõe-se a um coração leal, por Deus Senhor,
    Se tudo vai piorar, um pobre socorrer.

1 Príncipe] crê-se em geral que Charles d'Orléans (1391–1465), o poeta;
mas A. Burger pensa em René d'Anjou, rei da Sicília e de Jerusalém, hipótese
em que Villon teria estado efetivamente em Angers.

LAY

Mort, j'appelle de ta rigueur,
    Qui m'as ma maistresse ravie,
    Et n'es pas encore assouvie
    Se tu ne me tiens en langueur:
5   Onc puis n'eus force ne vigueur;
    Mais que te nuysoit elle en vie,
        Mort?
Deux estions et n'avions qu'ung cueur;
    S'il est mort, force est que devie,
10   Voire, ou que je vive sans vie
    Comme les images, par cuer,
        Mort!

LAI*

| 107

Morte, apelo de teu rigor,
   Pois me levaste minha amada
   E não te mostras saciada
   Se não conservas meu langor;
5   Depois não tive mais vigor;
   Por ela em que eras perturbada,
       Morte?
Éramos dois, só um coração:
   Morto este, impõe-se-me a partida,
10   Ou então viverei, sem vida
   – Estátua –, da recordação,
       Morte!

*"O Testamento", v. 978–989. Marot deu a este "Lai" o título de "Rondó", que não segui por não ter observado as duas ordens de rimas do original. Villon, nos v. 970 e ss. de "O Testamento", deixa este poema a Ythier Marchand, segundo parece mais rico e mais feliz em amores do que ele. De acordo com Michel, Villon imagina Ythier, em cuja boca é posto o poema, lastimando em tempo futuro a morte de Catherine.

108 | BALLADE ET ORAISON

Pere Noé, qui plantastes la vigne,
    Vous aussi, Loth, qui beustes ou rochier,
    Par tel party qu'Amours, qui gens engigne,
    De vos filles si vous feits approuchier
5   (Pas ne le dy pour le vous reprouchier),
    Archetriclin, qui bien sceustes cest art,
    Tous trois vous pry qu'o vous vueillez perchier
    L'ame du bon feu maistre Jehan Cotart.
Jadis extraia il fut de vostre ligne,
10   Luy qui beuvoit du meilleur et plus chier,
    Et ne deust il avoir vaillant ung pigne;
    Certes, sur tous, c'estoit ung bon archier;
    On ne luy sceut pot des mains arrachier;
    De bien boire ne fut oncques fetart.
15   Nobles seigneurs, ne souffrez empeschier
    L'ame du bon feu maistre Jehan Cotart!

VILLON

BALADA E ORAÇÃO*

| 109

Pai Noé, que uma vez plantastes a videira,
  Vós que na gruta, Ló, tomastes bebedeira,
  De tal sorte que o Amor, adepto de enganar,
  Fez com que vossas filhas fôsseis procurar
5   (Eu não o digo para vo-lo reprovar);
  Arquitriclino, que nesta arte éreis sem par,
  Aos três vos peço que até vós queirais içar
  A alma do falecido mestre Jean Cotart!
Veio um dia de vossa estirpe verdadeira
10   O que bebia do mais caro e do exemplar,
  E já não tinha o que valesse uma peneira;
  Por certo, a todos excedia no entornar:
  Ninguém das mãos o pote pôde lhe arrancar.
  Em bem beber ele por certo quis primar.
15   Nobres senhores, não deixeis ninguém barrar
  A alma do falecido mestre Jean Cotart!

*"O Testamento", v. 1238-1265. O título é o de Marot.

1 Pai... videira,] Segundo o Gênese, IX, 20–21, Noé plantou uma vinha
e embriagou-se. **2** Vós... bebedeira] Ló, Gênese, XIX, 30–38, habitou
numa caverna; suas filhas embebedaram-no, e ele as conheceu inconsciente.
6 Arquitriclino] *Arquitriclino, architriclinus*, o mestre-sala de João, II, 9,
nas bodas de Caná, compreendido como nome próprio, do que há outros
exemplos medievais. **8** Jean Cotart] "procurador no tribunal eclesiástico
em 1455, isto é, advogado dos acusados, mas em 1460 e até sua morte em
1461, na qualidade de promotor do arcediago, era encarregado de instruir
os processos. Pode se portanto perguntar se Villon o teve como defensor ou
como acusador" (Michel). Aqui é apresentado como bêbado. **11** peneira;]
lit. pente

BALADA DOS ENFORCADOS E OUTROS POEMAS

110 | Comme homme beu qui chancelle et trepigne
L'ay veu souvent, quant il s'alloit couchier,
Et une fois il se feist une bigne,
Bien m'en souvient, a l'estal d'ung bouchier.
5   Brief, on n'eust sceu en ce monde serchier
Meilleur pyon, pour boire tost et tart.
Faictes entrer quant vous orrez huchier
L'ame du bon feu maistre Jehan Cotart!
Prince, il n'eust sceu jusqu'à terre crachier;
10   Tousjours crioit: "Haro! la gorge m'art."
Et si ne sceust oncq sa seuf estanchier
L'ame du bon feu maistre Jehan Cotart.

VILLON

Como o ébrio que vacila e de cair se abeira, |111
　　Muitas vezes o vi quando ia se deitar;
　　Fez um calombo ao dar batida bem grosseira
　　Outrora em mesa – lembro-me – de espostejar.
5　　Em suma, neste mundo não era de buscar
　　Outro que no beber pudesse-o superar.
　　Quando ouvirdes chamarem-na, fazei entrar
　　A alma do falecido mestre Jean Cotart!
Príncipe, à terra não podia cuspinhar;
10　　"Ajuda, a goela me arde" – andava ele a gritar.
　　E assim não soube nunca a sede liquidar
　　A alma do falecido mestre Jean Cotart.

112 | BALLADE A ROBERT D'ESTOUTEVILLE

Au poinct du jour, que l'esprevier se bat,
    Meu de plaisir et par noble coustume,
    Bruit la maulvis et de joye s'ésbat,
    Reçoit son per et se joingt a sa plume,
5   Offrir vous vueil, a ce desir m'alume,
    Ioyeusement ce qu'aux amans bon semble.
    Sachiez qu'Amour l'escript en son volume.
    Et c'est la fin pour quoy sommes ensemble.
Dame serez de mon cuer sans debat,
10   Entierement, jusques mort me consume.
    Lorier souef qui pour mon droit combat,
    Olivier franc, m'ostant toute amertume,
    Raison ne veult que je desacoustume,
    Et en ce vueil avec elle m'assemble,
15   De vous servir, mais que m'y acoustume;
    Et c'est la fin pour quoy sommes ensemble.

BALADA PARA ROBERT D'ESTOUTEVILLE* |113

Aurora: bate as asas o gavião,
    Movido de uso nobre e bom folgar;
    Bem pia o tordo, e em sua diversão
    Recebe e junta as penas com seu par:
5   Oferto-vos, que o impulso vem me instar,
    Jubiloso o que é bom para os amantes.
    Sabei, tudo isto o Amor quis registrar,
    E por isso é que estamos concordantes.
Dama vós me sereis do coração,
10   Em plenitude, até eu me finar.
    Louro, de meu direito campeão,
    Oliveira, o amargor a me tirar,
    Razão não quer me ver desabituar
    (E assim me ponho acorde com ela, antes)
15   De vos servir, porém me acostumar;
    E por isso é que estamos concordantes.

---

*"O Testamento", v. 1378–1405. O título desta balada-epitalâmio, dado por
Marot, é: "Balada que Villon deu a um gentil-homem recém-casado, para
ser enviada à esposa conquistada pelas armas". Foulet introduziu o nome
de Estouteville. Nas duas primeiras oitavas surge o nome de Ambroise De
Loré, filha do Barão de Ivry. Teria sido ela a recompensa de uma defesa de
passagem ou torneio entre Robert d'Estouteville e Louis de Beauvau, grande
senescal de Anjou.

1–4 Aurora...par:] *gavião* e *tordo* representam Robert e Ambroise.
9 Dama...coração,] A partir deste verso quem fala é o noivo; antes, o
poeta. 11–12 Louro...tirar,] *louro* e *oliveira*, alusões a Ambroise, a
primeira também ao seu nome Loré.

BALADA DOS ENFORCADOS E OUTROS POEMAS

114 | Et qui plus est, quant dueil sur moy s'embat,
　　　　Par Fortune qui souvent si se fume,
　　　　Vostre doulx œil sa malice rabat,
　　　　Ne mais ne moins que le vent fait la plume.
5　　　Si ne pers pas la graine que je sume
　　　　En vostre champ, quant le fruit me ressemble.
　　　　Dieu m'ordonne que le fouysse et fume;
　　　　Et c'est la fin pour quoy sommes ensemble.
　　　Princesse, oyez ce que cy vous resume:
10　　Que le mien cuer du vostre desassemble
　　　　Ja ne sera; tant de vous en presume;
　　　　Et c'est la fin pour quoy sommes ensemble.

VILLON

E quando sobre mim rui a aflição, |**115**
    Pois que a Fortuna vive a se agastar,
    Nesse mal vosso olhar dá um repelão,
    Como o vento que faz pluma dançar.
5   Assim não perco o grão de meu semear
    Em vosso campo, o fruto e eu semelhantes;
    Deus manda que eu o cave – eis-me a adubar –
    E por isso é que estamos concordantes.
Princesa, dai-me vós toda a atenção:
10   Meu coração e o vosso dissonantes?
    Não o meu; nem o vosso, é a presunção,
    E por isso é que estamos concordantes.

5—7 Assim…adubar] A mulher é o campo no qual o varão semeia, e o
filho será parecido com o pai.

LES CONTREDITZ DE FRANC GONTIER

Sur mol duvet assis, ung gras chanoine,
    Les ung brasier, en chambre bien natée,
    A son costé gisant dame Sidoine,
    Blanche, tendre, polie et attintée,
    Boire ipocras, a jour e a nuytée,
    Rire, jouer, mignonner et baisier,
    Et nu a nu, pour mieulx des corps s'aisier,
    Les vy tous deux, par ung trou de mortaise:
    Lors je congneus que, pour dueil appaisier,
    Il n'est tresor que de vivre a son aise.

Se Franc Gontier et sa compaigne Helaine
    Eussent ceste doulce vie hantée,
    D'ongnons, civotz, qui causent forte alaine,
    N'acontassent une bise tostée.
    Tout leur mathon, ne toute leur potée,
    Ne prise ung ail, je le dy sans noysier.
    S'ilz se vantent couchier soubz le rosier,
    Lequel vault mieulx? Lict costoyé de chaise?
    Qu'en dites vous? Faut il a ce musier?
    Il n'est tresor que de vivre a son aise.

CONTRA O DITO DE FRANC GONTIER*

Um gordo cônego, sentado em edredão,
    Junto a um braseiro, entre paredes bem forradas;
    Dama Sidônia, reclinada ali à mão,
    Lânguida, branca e doce, a flor das enfeitadas:
5   Vi-os aos dois, por fechaduras bem espiadas,
    Ou dia ou noite, do hipocraz bebericar,
    Brincar e acariciar-se, a rir e a se beijar,
    E nus, para melhor do corpo se valer;
    Então soube eu que para a dor exterminar
10   Não há coisa melhor que a vida a bel-prazer.
Se Franc Gontier e a companheira Helena, então,
    Horas assim passassem, tão adocicadas,
    Não gostariam de esfregar tostado pão
    Com cebolas de forte bafo acompanhadas;
15   Os seus cozidos e também suas coalhadas
    Não valem mais que um alho, digo sem burlar:
    Não é melhor um leito com cadeira ter?
    Que dizeis? Convém nisso o tempo dissipar?
    Não há coisa melhor que a vida a bel-prazer.

---

*"O Testamento", v. 1473–1506. É de Marot o título. O *dit* (composição em verso sobre assunto familiar, na Idade Média) de Franc Gontier era da autoria de Philippe de Vitry, bispo de Meaux (falecido em 1362), e celebrava a vida feliz, no campo, de Franc Gontier e de sua mulher Helaine Villon, em sua balada, contradiz isso, preferindo os confortáveis amores do gordo cônego com a dama Sidônia.

6 hipocraz] mistura afrodisíaca de vinho, açúcar, canela, cravo e gengibre. 11–16 Se... burlar:] Ferdinando Neri aproxima esses versos dos do dito que lhes deram origem: "Ilec mengeoit Gontier o dame Helaine/Fromage frais, laict, burre, fromaigee,/Craime, matton, pomme, nois, prune, poire,/Aulx et oignons, escaillongne froyee,/ Sur crouste bise, au gros sei, pour mieulx boire".

BALADA DOS ENFORCADOS E OUTROS POEMAS

118 | De gros pain bis vivent, d'orge, d'avoine,
Et boivent eaue tout au long de l'anée.
Tous les oyseaulx d'icy en Babiloine
A tel escot une seule journée
5 Ne me tendroient, non une matinée.
Or s'esbate, de par Dieu, Franc Gontier,
Helaine o luy, soubz le bel esglantier:
Se bien leur est, cause n'ay qu'il me poise;
Mais, quoy que soit du laboureux mestier,
10 Il n'est tresor que de vivre a son aise.
Prince, jugiez, pour tous nous accorder.
Quant est de moy, mais qu'a nul n'en desplaise,
Petit enfant, j'ay oy recorder:
Il n'est tresor que de vivre a son aise.

VILLON

Vivem de aveia, de cevada e rude pão, |119

E ao longo do ano de água servem-se, às canadas.
A preço tal não poderiam ter-me, não,
Por um só dia ou uma só das madrugadas,
Daqui a Babilônia, as aves encontradas.
Que Franc Gontier, por Deus, frua do seu brincar,
Helena ou ele, sob roseira de admirar:
Se lhes agrada tal, não posso me doer;
Mas seja isso embora claro trabalhar,
Não há coisa melhor que a vida a bel-prazer.

Príncipe, conciliai a todos ao julgar;

Por mim, e que a ninguém consiga desprazer,
Ainda pequenino sempre ouvi lembrar:
Não há coisa melhor que a vida a bel-prazer.

BALLADE DES FEMMES DE PARIS

Quoy qu'on tient belles langagieres
    Florentines, Veniciennes,
    Assez pour estre messagieres,
    Et mesmement les anciennes;
5   Mais, soient Lombardes, Rommaines,
    Genevoises, a mes perilz,
    Piemontoises, Savoisiennes,
    Il n'est bon bec que de Paris.
De tres beau parler tiennent chaieres,
10   Ce dit on, les Neapolitaines,
    Et sont tres bonnes caquetieres
    Allemandes et Pruciennes;
    Soient Grecques, Egipciennes,
    De Hongrie ou d'autre pays,
15   Espaignolles ou Cathelennes,
    Il n'est bon bec que de Paris.

BALADA DAS MULHERES DE PARIS*

Têm-se por ótimas discorredeiras
    As florentinas e as venezianas,
    Tanto que podem ser alcoviteiras,
    Concorrendo com as velhas mais maganas;
    Sejam porém lombardas ou romanas
    Ou genovesas – sou quem isto diz –
    Ou piemontesas, mesmo saboianas,
    Bico melhor não há que o de Paris.

Em bem falar pertencem as cadeiras,
    Muitos afirmam, às napolitanas,
    E passam por soberbas palradeiras
    Assim as alemãs como as prussianas;
    Sejam gregas ou sejam egipcianas,
    Da Hungria ou de qualquer outro país,
    Ou mesmo catalãs ou castelhanas,
    Bico melhor não há que o de Paris.

*"O Testamento", v. 1515–1542. O título é de Marot.

Brettes, Suysses, n'y sçavent guieres,
     Gasconnes, n'aussi Toulousaines:
     De Petit Pont deux harengieres
     Les concluront, et les Lorraines,
5   Engloises et Calaisiennes,
     (Ay je beaucoup de lieux compris?)
     Picardes de Valenciennes;
     Il n'est bon bec que de Paris.
Prince, aux dames Parisiennes
10   De beau parler done le pris;
     Quoy qu'on die d'Italiennes,
     Il n'est bon bec que de Paris.

VILLON

Suíças e bretãs não são primeiras,   123
   Nem as gascãs, tampouco as tolosanas;
   Do Petit Pont duas simples arengueiras
   As vencerão, junto às lorenas planas,
5   Junto às inglesas e às calaisianas
   (Já não citei quantos lugares quis?),
   Junto às picardas lá de Valencianas;
   Bico melhor não há que o de Paris.
Príncipe, dai o prêmio às parisianas
10   Que falam bem, premiai-as como juiz;
   Malgrado o que se diz das italianas,
   Bico melhor não há que o de Paris.

---

3 Petit Pont] Segundo P. Champion, o *Petit Pont* era o lugar mais vivo de Paris: vendiam-se frangos, ovos, carne de caça e sobretudo peixe de água doce. Os estudantes faziam lá as suas provisões. Lá se encontravam enfim as vendedoras de frutos do mar, as quais falavam o francês mais vivo que se pudesse ouvir.

BALLADE DE LA GROSSE MARGOT

Se j'ayme et sers la belle de bon hait,
    M'en devez vous tenir ne vil ne sot?
    Elle a en soy des biens a fin souhait.
    Pour son amour sains bouclier et passot;
5   Quant viennent gens, je cours et happe un pot,
    Au vin m'en fuis, sans demener grant bruit;
    Je leur tens eaue, frommage, pain et fruit.
    S'ilz paient bien, je leur dis: "*Bene stat;*
    Retournez cy, quand vous serez en ruit,
10   En ce bordeau ou tenons notre estat!"
Mais adoncques il y a grant deshait,
    Quant sans argent s'en vient couchier Margot;
    Veoir ne la puis, mon cuer a mort la hait.
    Sa robe prens, demy saint et surcot,
15   Si luy jure qu'il tendra pour l'escot.
    Par les costés se prent, "c'est Antecrist"
    Crie, et jure par la mort Jhesucrist
    Que non fera. Lors j'empongne ung esclat;
    Dessus son nez luy en fais ung escript,
20   En ce bordeau ou tenons nostre estat.

VILLON

BALADA DE MARGOT, A ENCORPADA* |125

Se eu amo a bela e a sirvo do maior bom grado,
    Deveis tomar-me por pateta ou por vilão?
    Tem ela bens, em si, do mais perfeito agrado.
    Por seu amor, daga e broquel medo me dão;
5   Quando vem gente, corro e a um pote levo a mão,
    Eu fujo para o vinho sem fazer rumor;
    Queijo, água, pão e vinho ponho ao seu dispor.
    "Ótimo!" eu digo-lhes se acaso pagam bem;
    "Voltai aqui, ao vos tomar do cio o ardor,
10   Neste bordel que em boa vida nos mantém."
Revelo-me, contudo, em grande desagrado
    Quando Margot se vem deitar sem um tostão;
    De morte a odeio, não a posso ver ao lado.
    Tomo-lhe a roupa, o cinto e a sobreveste, então,
15   E juro que isso valerá o meu quinhão.
    Segura os lados. "É o Anticristo!" — ergue o clamor;
    Jura pela paixão de nosso Salvador
    Que não há de deixar. Eu pego um pau, porém,
    E embaixo do nariz lhe escrevo, com rancor,
20   Neste bordel que em boa vida nos mantém.

---

*"O Testamento", v. 1591–1627. O título é de Marot. Quanto à "Grosse Margot" há os que a tomam como personagem real; outros, como o nome de uma hospedaria, à sombra de Notre-Dame; P. Champion vê a influência das "sottes ballades", nas quais se narravam amores populares e ridículos com mulheres sujas, fétidas e corcundas, mas não julga que a balada de Villon seja mero exercício literário. Na primeira estrofe, "há um Villon que abre a porta, que segura a vela, que procura a comida e a bebida do cliente" (Favier).

6 Eu…rumor;] "É o que se diz do marido complacente que deixa o quarto à companheira, quer vá ou não buscar o vinho na adega enquanto a mulher lucra ou se diverte no leito conjugal" (Favier). **16** Anticristo] ou o poeta ou Margot, conforme o editor.

BALADA DOS ENFORCADOS E OUTROS POEMAS

126 Puis paix se fait, et me fait ung gros pet
    Plus enflé qu'ung velimeux escharbot.
    Riant, m'assiet son poing sur mon sommet,
    Gogo me dit, et me fiert le jambot.
5   Tous deux yvres, dormons comme ung sabot.
    Et, au resveil, quant le ventre luy bruit,
    Monte sur moy, que ne gaste son fruit.
    Soubz elle geins, plus qu'un aiz me fait plat;
    De paillarder tout elle me destruit,
10   En ce bordeau ou tenons nostre estat.

Vente, gresle, gelle, j'ay mon pain cuit.
    Ie suis paillart, la paillarde me suit.
    Lequel vault mieulx? Chascun bien s'entresuit.
    L'ung vault l'autre; c'est a mau rat mau chat.
15   Ordure amons, ordure nous assuit;
    Nous deffuyons onneur, il nous deffuit,
    En ce bordeau ou tenons nostre estat.

VILLON

Mais do que venenoso escaravelho inflado,
    Depois que a paz é feita, ocorre-me um punzão.
    Ela ri e o cocuruto meu vejo esmurrado,
    Diz-me "Go, go", na coxa dá-me um safanão.
    Ébrios os dois, dormimos com disposição,
    E ao despertar, se tem no ventre esto, calor,
    Monta em mim, para que não perca o seu favor.
    Sob ela gemo, tábua chata no vaivém.
    Ela destrói-me todo com o lascivo humor,
    Neste bordel que em boa vida nos mantém.
Vento, granizo, gelo, está cozido o pão.
    Segue-me a dissoluta, eu sendo garanhão.
    Quem vale mais? Um e outra têm afinação.
    Valem-se os dois: mau gato a rato mau convém.
    Sujeira vem atrás, se amamos sujidão;
    À honra fugimos, foge-nos a retidão,
    Neste bordel que em boa vida nos mantém.

11–15 ...] No orig. há um acróstico, "Villon", que desta vez não pude
manter.

BELLE LEÇON AUX ENFANS PERDUZ

Beaulz enfans, vous perdez la plus
   Belle rose de vo chappeau;
   Mes clers pres prenans comme glus,
   Si vous allez a Montpipeau
   Ou a Rueil, gardez la peau;
   Car, pour s'esbatre en ces deux lieux,
   Cuidant que vaulsist le rappeau,
   La perdit Colin de Cayeux.
"Ce n'est pas ung jeu de trois mailles,
   Ou va corps, et peut estre l'ame.
   Qui pert, riens n'y sont repentailles
   Qu'on n'en meure a honte et diffame;
   Et qui gaigne n'a pas a femme
   Dido la royne de Cartage.
   L'homme est donc bien fol et infame
   Qui, pour si peu, couche tel gage.

BELA LIÇÃO AOS PERDIDOS*

|129

Belos rapazes, vós perdeis a mais
    Formosa rosa de vosso chapéu;
    Clérigos que como o visco agarrais,
    Se ides a Montpipeau, roubando ao léu,
5   A Rueil também matando, precaução!
    Por divertir-se nesses dois lugares,
    Pensando que o salvasse a apelação,
    Colin de Cayeux pagou seus azares.
"Não é partida reles, se a desdita
10   Importa ao corpo, importa à alma talvez.
    Quem perde; o arrepender-se não lhe evita
    Que pereça em vergonha e sordidez;
    E quem ganha não ganha por mulher
    Dido a rainha, de Cartago a flor.
15   Infame é pois, e um paspalhão qualquer
    Quem, por tão pouco, arrisca-se em penhor.

---

*"O Testamento" clvi–clviii. Foi Marot quem deu título a essas três estrofes de "O Testamento".

---

4 Se…léu,] *ir a Montpipeau* era roubar trapaceando; *ir a Rueil*, assaltar, matar.   **8** Colin de Cayeux] filho de um serralheiro parisiense, clérigo como Villon, goliardo que freqüentava tabernas e bordéis, envolveu-se em roubos como o de quinhentos ou seiscentos escudos e da baixela de prata dos augustinianos, e também o do Colégio de Navarra. Aprisionado na Normandia, escapou, mas capturado pelo preboste de Senlis, foi condenado à morte, tendo sido enforcado em 26 de setembro de 1460, apesar das intervenções dos bispos de Beauvais e de Paris.   **9–16** "Não…penhor.]   Não vale a pena arriscar a vida, morrendo na forca, por tão pouco, pelo fruto do roubo.   **14** Dido] rainha de Cartago, célebre por seus amores com Enéias, cantados na *Eneida*. O *Roman d'Énéas*, do séc. XII, os tinha popularizado.

130 | "Qu'ung chascun encore m'escoute!
On dit, et il est verité,
Que charterie se boit toute,
Au feu l'yver, au bois l'esté.
5 S'argent avez, il n'est enté;
Mais le despendez tost et viste.
Qui en voyez vous herité?
Jamais mal acquest ne prouffite."

VILLON

Todos ouçam-me ainda atentamente!
   Diz-se, e é verdade sem contestação,
   Que o vinho é de tomar-se totalmente,
   No inverno ao fogo, em bosque se é verão:
   Tendes dinheiro? em vós como enxertá-lo?
   Gastai-o, não deixeis para outra feita:
   Vós conheceis alguém que deva herdá-lo?
   O bem malganho nunca se aproveita.

LA LÉGENDE DE LA MORT

Quant je considere ces testes
    Entassées en ces charniers,
    Tous furent maistres des requestes,
    Au moins de la Chambre aux Deniers,
    Ou tous furent portepanniers:
    Autant puis l'ung que l'autre dire,
    Car d'evesques ou lanterniers
    Je n'y congnois rien a redire.
Et icelles qui s'enclinoient
    Unes contre autres en leurs vies,
    Desquelles les unes regnoient
    Des autres craintes et servies,
    La les voy toutes assouvies,
    Ensemble en ung tas peslemesle.
    Seigneuries leur sont ravies;
    Clerc ne maistre ne s'y appelle.
Or sont ilz mors, Dieu ait leurs ames!
    Quand est des corps, ilz sont pourris.
    Aient esté seigneurs ou dames,
    Souef et tendrement nourris
    De cresme, fromentée ou riz,
    Leurs os sont declinez en pouldre
    Auxquelz ne chault d'esbatz ne ris.
    Plaise au doulx Jhesus les absouldre!

A LEGENDA DA MORTE*

Se nas caveiras ponho-me a pensar,
   Assim amontoadas nos carneiros,
   Acho que foram de procuradores
   Junto à Câmara, ao menos, dos Dinheiros,
   Ou foram todas de carregadores:
   Citar uns e outros é igual falar,
   Pois fossem bispos, fossem lanterneiros,
   Aqui são bem iguais os cavalheiros.
E há aquelas que ficavam inclinadas
   Umas ante outras, quando em suas vidas:
   Algumas delas imperavam, sim,
   Temidas pelas outras e servidas.
   Vejo-as ali, chegadas ao seu fim,
   Todas na mesma pilha misturadas:
   Já senhorias não lhes são devidas;
   Dono e escrevente, distinções perdidas.
Mortos, Deus dessas almas tenha dó!
   Quanto aos corpos, sofreram podridão.
   Ou senhores ou damas tenham sido,
   Desses de tenra e fina refeição
   De creme, pasta e arroz apetecido,
   Os ossos deles se fizeram pó:
   Não lhes importam riso e diversão.
   Queira Jesus lhes dar absolvição.

---

*"O Testamento", clxii-clxv. Este trecho de "O Testamento" surge com título em Desportes. "No claustro em redor do Cemitério dos Inocentes, os esqueletos eram empilhados à medida que os coveiros escavavam. Como hoje nos ossuários, o espetáculo desses crânios vazios lembrava a todos as leis inexoráveis da morte. Na época de Rabelais, os mendigos lá se aqueciam contra o frio queimando ossos" (Michel).

4 Junto...Dinheiros,] A *Câmara dos Dinheiros* tinha jurisdição sobre as despesas e receitas da casa real.

Aux trespassez je fais ce laiz,
   Et icelluy je communique
   A regens, cours, sieges, palaiz,
   Hayneurs d'avarice l'inique,
5   Lesquelz pour la chose publique
   Se seichent les os et les corps:
   De Dieu et de saint Dominique
   Soient absols quant seront mors.

VILLON

Esse legado deixo aos trespassados |**135**
    E o comunico com exatidão
    Aos oficiais do rei, juízes, cortes,
    Inimigos da péssima ambição
5   E que, da vida pública suportes,
    Ficam de ossos e corpos ressecados:
    Deus queira e São Domingos: sem exceção,
    Quando morrerem, tenham salvação!

4–6 Inimigos...ressecados:]   Villon ironiza.   **7** Deus...exceção,]
Atribuía-se a São Domingos a paternidade da Inquisição.

BALLADE DE BONNE DOCTRINE
À CEUX DE MAUVAISE VIE

Car ou soies porteur de bulles,
    Pipeur ou hasardeur de dez,
    Tailleur de faulx coings et te brusles
    Comme ceulx qui sont eschaudez,
5   Traistres parjurs, de foy vuydez;
    Soies larron, ravis ou pilles,
    Ou en va l'acquest, que cuidez?
    Tout aux tavernes et aux filles.

Ryme, raille, cymballe, luttes,
10   Comme fol, fainctif, eshontez;
    Farce, broulle, joue des fleustes;
    Fais, es villes et es citez,
    Farces, jeux et moralitez;
    Gaigne au berlanc, au glic, aux quines.
15   Aussi bien va, or escoutez!
    Tout aux tavernes et aux filles.

VILLON

BALADA DE BOA DOUTRINA
AOS DE VIDA MÁ*

| 137

Quer sejas tu de bulas fraudador,
    De dados trapaceiro ou viciador,
    Moedeiro falso e ponham-te em cocção
    Como os falsários todos são fervidos,
5   Traidores e perjuros fementidos;
    Quer furtes, quer saqueies, qual ladrão,
    Aonde vai a tua aquisição?
    Para as tavernas e as mulheres, não?
Toca alaúde e pratos, zombador,
10   Qual bobo disfarçado e sem pudor;
    Flauteia, faze farsa ou palração;
    Sejam por ti, nos pousos percorridos,
    Teatro moral e sátiras servidos;
    Em cartas, dados, ganha o teu quinhão;
15   Vai-se o proveito assim, dá-me atenção!
    Para as tavernas e as mulheres, não?

*"O Testamento", v. 1692–1719. O título é o de Marot.

1 de bulas fraudador,] falsas bulas de indulgência eram vendidas por falsos peregrinos. 3–4 Moedeiro…fervidos,] Os moedeiros falsos eram fervidos em caldeiras de água em ebulição, como o foi um taverneiro de Paris, Christophe Turgis, em dezembro de 1456. 9–16 Toca…não?] Na primeira oitava da balada, como acentua Michel, Villon enumerou diversos tipos de perdidos; na segunda estrofe, vai mostrá-los jogralescamente, como músicos, atores, jogadores.

138 | De telz ordures te reculles,
　　　　Laboure, fauche champs et prez,
　　　　Sers et pense chevaux et mulles,
　　　　S'aucunement tu n'es lettrez;
5　　　Assez auras, se prens en grez.
　　　　Mais, se chanvre broyes ou tilles,
　　　　Ne tens ton labour qu'as ouvrez
　　　　Tout aux tavernes et aux filles.
　　Chausses, pourpoins esguilletez,
10　　Robes, et toutes vos drappilles,
　　　　Ains que vous fassiez pis, portez
　　　　Tout aux tavernes et aux filles.

VILLON

Afasta-te de tanto desprimor; |**139**
    Lavra, faze-te em campo ceifador,
    Cuida e trata de mula ou de quartão,
    Se não és dos em letras entendidos.
5   Contenta-te com os ganhos auferidos;
    O cânhamo não grames tu em vão,
    Nem leves o que lucras com essa mão
    Para as tavernas e as mulheres, não?
Gibões com agulhetas a primor,
10   Calças, vestes e toda a enroupação,
    Pois leva-os, antes que suceda o pior,
    Para as tavernas e as mulheres, não?

---

1 Afasta-se… desprimor;] Na terceira estrofe, aconselha a vida no campo,
pelo menos aos não letrados. Mas o "envoi" parece terminar com o inevitável
carpe diem.

140 | ÉPITAPHE

CI GIST ET DORT EN CE SOLLIER,
    QU'AMOURS OCCIST DE SON RAILLON,
    UNG POVRE PETIT ESCOLLIER,
    QUI FUT NOMMÉ FRANÇOIS VILLON.
5   ONCQUES DE TERRE N'OT SILLON.
    IL DONNA TOUT, CHASCUN LE SCET:
    TABLES, TRESTEAULX, PAIN, CORBEILLON.
    GALLANS, DICTES EN CE VERSET:

RONDEAU

REPOS ETERNEL DONNE A CIL,
10   SIRE, ET CLARTÉ PERPETUELLE,
    QUI VAILLANT PLAT NI ESCUELLE
    N'EUT ONCQUES, N'UNG BRAIN DE PERCIL.
    IL FUT REZ, CHIEF, BARBE ET SOURCIL,
    COMME UNG NAVET QU'ON RET OU PELLE.
15   REPOS ETERNEL DONNE A CIL.
    RIGUEUR LE TRANSMIT EN EXIL,
    ET LUY FRAPPA AU CUL LA PELLE,
    NON OBSTANT QU'IL DIT: "J'EN APPELLE!"
    QUI N'EST PAS TERME TROP SUBTIL.
20   REPOS ETERNEL DONNE A CIL.

VILLON

EPITÁFIO*

141

REPOUSA E DORME AQUI NESTE LUGAR
 ALGUÉM QUE COM FLECHADA O AMOR MATOU,
 UM BEM PEQUENO E MÍSERO ESCOLAR:
 FRANÇOIS VILLON FOI COMO SE CHAMOU.
5 NUNCA ELE TERRA ALGUMA DESFRUTOU.
 MESAS E CAVALETES, PÃES, CESTINHOS,
 NINGUÉM O IGNORA, TUDO ELE DOOU.
 COMPANHEIROS, DIZEI ESTES VERSINHOS:

RONDÓ

A ESTE DAI-LHE ETERNO REPOUSAR,
10 TU, RESPLENDOR PERPÉTUO, MEU SENHOR:
 PRATO, ESCUDELA, SALSA A MAIS VULGAR
 ELE NÃO TEVE, E NADA DE VALOR.
 RASPARAM-LHE O CABELO, A BARBA EM FLOR,
 QUAL NABO QUE SE RAPA OU FAZ PELAR.
15 A ESTE DAI-LHE ETERNO REPOUSAR.
 EM EXILADO O TRANSFORMOU RIGOR,
 A PELE DO TRASEIRO A LHE ESFOLAR;
 "APELO!" — EM VÃO VEIO ELE A PROCLAMAR,
 PALAVRA QUE NÃO É DE ESCURO TEOR.
20 A ESTE DAI-LHE ETERNO REPOUSAR.

*"O testamento", v. 1884–1903.

16 RIGOR,] personificado (o da justiça). **18** "Apelo!"… proclamar,] Não se sabe a quem Villon apelou da sentença de d'Aussigny.

BALLADE DE MERCY

A Chartreux et a Celestins,
 A Mendians et a Devotes,
 A musars et claquepatins,
 A servans et filles mignotes
5 Portans surcotz et justes cotes,
 A cuidereaux d'amours transsis
 Chaussans sans meshaing fauves botes,
 Je crie a toutes gens mercis.

A filletes monstrans tetins
10 Pour avoir plus largement d'ostes,
 A ribleurs, mouveurs de hutins,
 A bateleurs, traynans marmotes,
 A folz, folles, a sotz et sotes,
 Qui s'en vont siflant six a six,
15 A marmosetz et mariotes,
 Je crie a toutes gens mercis.

Sinon aux traistres chiens mastins,
 Qui m'ont fait chier dures crostes
 Maschier mains soirs et mains matins,
20 Qu'ores je ne crains pas trois crotes.
 Je feisse pour eulx petz et rotes;
 Je ne puis, car je suis assis.
 Au fort, pour eviter riotes,
 Je crie a toutes gens mercis.

VILLON

BALADA DE PERDÃO* |143

Tanto aos Cartuxos como aos Celestinos,
    Quer aos Devotos, quer aos Mendicantes,
    Até mesmo aos basbaques e aos granfinos,
    Aos suspirosos e às que usam, galantes,
5   Jaqueta e saias justas e excitantes,
    Aos jovens fátuos, mortos de paixão,
    Sem dor calçando botas elegantes,
    Clamando, a todos peço-lhes perdão.
Às que mostram mamilos libertinos
10   Para alcançarem hóspedes bastantes,
    Aos que fazem barulho e aos malandrinos,
    Aos que malas arrastam, ambulantes,
    Aos bobos, bobas e demais farsantes
    Que seis a seis assobiando vão,
15   Aos mocinhos, mocinhas vicejantes,
    Clamando, a todos peço-lhes perdão.
Não aos mastins, esses desleais caninos
    Que me fizeram roer pães humilhantes
    Em muita noite e ensejos matutinos:
20   Receio agora três titicas, antes.
    Eu lhes daria arrotos, puns flagrantes,
    Caso não me sentasse repimpão.
    Enfim, para evitar os discordantes,
    Clamando, a todos peço-lhes perdão.

*"O Testamento", v. 1968–1995. O título deve-se a Marot.

3 granfinos,] *claquepatins*: esses elegantes usavam sobre o outro um cal-
çado com sola de madeira, que faziam soar na calçada para chamar a
atenção.   7 Sem dor] ocorria o oposto, pois que essas botas eram jus-
tas.   17 Não…caninos] Seus inimigos, sem esquecer Thibaut d'Aussigny,
lembra-o Michel.

Qu'on leur froisse les quinze costes
     De gros mailletz, fors et massis,
     De plombées et telz pelotes.
     Je crie a toutes gens mercis.

Quinze costelas, fixas e flutuantes,
    Fraturem-lhes com um forte maço à mão,
    Ou com bolas de chumbo e tais variantes:
    Clamando, a todos peço-lhes perdão.

---

1 fixas e flutuantes,] a especificação não consta do original.

BALLADE FINALE

Icy se clot le testament
    Et finist du povre Villon.
    Venez a son enterrement,
    Quant vous orrez le carrillon,
    Vestus rouges com vermillon,
    Car en amours mourut martir;
    Ce jura il sur son couillon,
    Quant de ce monde voult partir.
Et je croy bien que pas n'en ment;
    Car chassié fut comme ung souillon
    De ses amours hayneusement,
    Tant que, d'icy a Roussillon,
    Brosse n'y a ne brossillon
    Qui n'eust, ce dit il sans mentir,
    Ung lambeau de son cotillon,
    Quant de ce monde voult partir.

VILLON

BALADA FINAL*

Do mísero Villon o testamento
  Aqui se encerra, aqui tem conclusão.
  Vinde todos ao seu sepultamento
  Se ouvirdes a sineta do pregão,
5 Com roupas rubras como vermelhão,
  Que ele mártir de amores sucumbiu.
  Foi isso o que jurou por seu colhão,
  Quando ele deste mundo se partiu.
E creio bem nesse esclarecimento:
10 Foi enxotado como um porcalhão
  Por seus amores, de que modo odiento!
  Tanto que, desde aqui até o Rossilhão,
  Mato não há, matinho nem matão,
  Que não tivesse, e nisso não mentiu,
15 Algum trapo tirado ao seu calção,
  Quando ele deste mundo se partiu.

*"O Testamento", v. 1996–2023. O título é o que figura em André Mary.

5 Com…vermelhão,] "As vestes rubras lembram a cor dos ornamentos litúrgicos da festa dos santos mártires, entre os quais se alinha Villon. Simbolizando o sangue das vítimas, o vermelho apela para a vingança divina" (Michel). 7 Foi…colhão,] Thuasne vê nesse juramento grotesco uma deformação do brocardo *Testis unus testis nullus* para *Testiculus, testis nullus*. De qualquer modo o *testiculus*, etimologicamente, é a "pequena testemunha".

148 Il est ainsi, et tellement,
    Quant mourut n'avoit qu'ung haillon;
    Qui plus, en mourant, mallement
    L'espoignoit d'Amours l'esguillon:
5   Plus agu que le ranguillon
    D'un baudrier luy faisoit sentir,
    C'est de quoy nous esmerveillon,
    Quant de ce monde voult partir.
Prince, gent comme esmerillon,
10   Sachiez qu'il fist au departir:
    Ung traict but de vin morillon,
    Quant de ce monde voult partir.

VILLON

Assim é, e assim sendo, em complemento,
    Quando morreu, ele era um farrapão;
    Também, quando morreu, que sofrimento!
    Do amor o trespungia o aguilhão;
5   Mais pontiagudo do que o fuzilhão
    De um talabarte, assim ele o sentiu
    (E isso nos causa grande admiração)
    Quando ele deste mundo se partiu.
Príncipe, da nobreza de um falcão,
10   Sabei o que ele fez quando caiu:
    Tomou do vinho tinto em profusão,
    Quando ele deste mundo se partiu.

LE LAIS   I—VIII

L'an quatre cens cinquante six,
    Je, François Villon, escollier,
    Considerant, de sens rassis,
    Le frain aux dens, franc au collier,
5   Qu'on doit ses œuvres conseillier,
    Comme Vegece le raconte,
    Sage Rommain, grant conseillier,
    Ou autrement on se mesconte...
En ce temps que j'ay dit devant,
10   Sur le Noel, morte saison,
    Que les loups se vivent de vent
    Et qu'on se tient en sa maison,
    Pour le frimas, pres du tison,
    Me vint ung vouloir de brisier
15   La tres amoureuse prison
    Qui souloit mon cuer debrisier.
Je le feis en telle façon,
    Voyant celle devant mes yeulx
    Consentant a ma desfaçon,
20   Sans ce que ja luy en fust mieulx;
    Dont je me dueil et plains aux cieulx,
    En requerant d'elle venjance
    A tous les dieux venerieux,
    Et du grief d'amours allejance.

VILLON

LEGADO   I—VIII |151

Neste ano de cinqüenta e seis,
    Eu, François Villon, escolar,
    Refletindo, com madurez,
    Com ardor e vontade exemplar,
5   Que para agir se há de pensar,
    Como o diz Vegécio, o romano
    Tão sábio para aconselhar,
    Porque senão se cai no engano.
Pois nesse tempo que comento,
10   Pelo Natal, morta estação,
    Quando os lobos vivem de vento
    E se fica na habitação
    – Há geada – perto do tição,
    Me veio a gana de quebrar
15   A muito amorosa prisão
    Que vivia esta alma a angustiar.
Desta maneira agi, tal qual,
    Quando eu a vi, com esta visão,
    A consentir toda em meu mal,
20   Sem lucro algum com essa lesão;
    Peço me vinguem dela, então,
    Erguendo aos céus o meu clamor,
    Os deuses todos da paixão,
    E rogo alívio ao mal de amor.

4 Com…exemplar,]   No orig., metáfora assim decodificada por Marot:
"travaillant volontiers, comme les chevaux qui franchement tirent au collier".
6 Vegécio]   Flavius Vegetius Renatus, escritor militar do fim do séc. IV,
autor de uma *Epitoma Rei Militaris*. Com essa referência a um autor antigo,
Villon quer imprimir seriedade à sua paródia, acentua Michel.

Et se j'ay prins en ma faveur
    Ces doulx regars et beaux semblans
    De tres decevante saveur
    Me trespersans jusques aux flans,
    Bien ilz ont vers moy les piez blans
    Et me faillent au grant besoing.
    Planter me fault autres complans
    Et frapper en ung autre coing.
Le regart de celle m'a prins
    Qui m'a esté felonne et dure:
    Sans ce qu'en riens aye mesprins,
    Veult et ordonne que j'endure
    La mort, et que plus je ne dure;
    Si n'y voy secours que fouïr.
    Rompre veult la vive souldure,
    Sans mes piteux regretz oïr!
Pour obvier a ces dangiers,
    Mon mieulx est, ce croy, de fouïr.
    Adieu! Je m'en vois a Angiers:
    Puisqu'el ne me veult impartir
    Sa grace, il me convient partir.
    Par elle meurs, les membres sains;
    Au fort, je suis amant martir
    Du nombre des amoureux sains.

VILLON

E se tomei em meu favor
    Doce olhar e amável feição,
    De decepcionante sabor,
    Varar-me até ao coração:
5   Pois me faltam na precisão,
    Com eles não posso contar.
    Plantarei em variado chão
    E noutro cunho vou cunhar.
Todo venceu-me o olhar daquela
10   Que se mostrou traidora e dura:
    Sem que eu haja faltado a ela,
    Quer e ordena que eu tenha escura
    Morte, e que cesse a minha dura.
    Assim só me resta fugir.
15   Quer partir nossa soldadura,
    Sem os lamentos meus ouvir.
Para esses perigos obviar,
    Creio que partir é o melhor;
    Adeus! para Angiers vou rumar:
20   Ela não quer dar-me o favor,
    Nem mesmo em parte o seu amor;
    Por ela morro, os membros sãos;
    Amante e mártir do fervor,
    Sou um dos amorosos Sãos.

4–5 Varar-me... precisão,] No orig., metáfora referente a cavalo; o de *pieds blancs* é teimoso, empacador. **7–8** Plantarei... cunhar.] Vou procurar outra amante. **19** Adeus!... rumar:] Na conclusão de Michel, a partida para Angers era uma mistificação.

154 Combien que le depart me soit
Dur, si faut il que je l'eslongne:
Comme mon povre sens conçoit,
Autre que moy est en quelongne,
5 Dont oncques soret de Boulongne
Ne fut plus alteré d'umeur.
C'est pour moy piteuse besongne:
Dieu en vueille oïr ma clameur!
Et puis que departir me fault,
10 Et du retour ne suis certain
(Je ne suis homme sans desfault
Ne qu'autre d'assier ne d'estain,
Vivre aux humains est incertain
Et après mort n'y a relaiz,
15 Je m'en vois en pays loingtain),
Si establis ces presents lais.

VILLON

Sendo a partida embora dura, |155
    A ir-me eu devo me dispor:
    Meu pobre juízo se figura
    Que a outro ela dá seu favor,
5   Do qual não tem sede maior
    Nem mesmo o arenque defumado.
    Essa empresa me causa dor;
    Deus queira ouvir-me no meu brado!
Pois de ficar não há mais jeito
10   E de voltar não estou certo
    (Eu não sou homem sem defeito;
    De aço ou de estanho não sou feito;
    Viver para os homens é incerto
    E não têm recurso os finados,
15   Vou para longe, com efeito),
    Assim eu deixo estes legados.

BALLADE DE BON CONSEIL

156

Hommes faillis, bersaudez de raison,
    Desnaturez et hors de congnoissance,
    Desmis du sens, comblez de desraison,
    Fols abusez, plains de descongnoissance,
5   Qui procurez contre vostre naissance,
    Vous soubzmettans a detestable mort
    Par lascheté, las! que ne vous remort
    L'orribleté qui a honte vous maine?
    Voyez comment maint jeunes homs est mort
10   Par offenser et prendre autruy demaine.

Chascun en soy voye sa mesprison,
    Ne nous venjons, prenons en pacience;
    Nous congnoissons que ce monde est prison:
    Aux vertueux franchis d'impacience;
15   Battre, rouiller, pour ce n'est pas science,
    Tollir, ravir, piller, meurtrir a tort.
    De Dieu ne chault, trop de verté se tort
    Qui en telz faiz sa jeunesse demaine,
    Dont a la fin ses poins doloreux tort
20   Par offenser et prendre autruy demaine.

VILLON

BALADA DO BOM CONSELHO* |157

Homens degenerados, faltos de razão,
    Desnaturados, nulos de conhecimento,
    Em senso exíguos, maiorais na sem-razão,
    Tolos bobeados, reis do desconhecimento,
5   Que agis de modo avesso ao vosso nascimento,
    Curvando-vos a detestável perecer
    Por fraqueza, ai! por que não vem vos remorder
    Esse horror que à vergonha vos irá levar?
    Notai como é que tanto moço vai morrer
10   Por atacar alguém e os bens lhe rapinar.
Sem vingança, levemos tudo em mansidão;
    Cada um de seu erro tem discernimento.
    Todos sabemos que este mundo é uma prisão
    Para o virtuoso, da impaciência sempre isento;
15   Bater, de ciência não requer nem rudimento,
    Matar, pilhar, com morte injusta acometer;
    Em Deus não pensa, da verdade a se afastar,
    Quem sua juventude assim costuma usar
    E enfim se põe de dor os pulsos a torcer,
20   Por atacar alguém e os bens lhe rapinar.

*O título foi dado por Marot. A balada seria uma das primeiras obras de Villon.

6 Curvando-se... perecer] A morte na forca.

BALADA DOS ENFORCADOS E OUTROS POEMAS

158 | Que vault piper, flater, rire en trayson,
　　　Quester, mentir, affermer sans fiance,
　　　Farcer, tromper, artifier poison,
　　　Vivre en pechié, dormir en deffiance
5　　　De son prouchain sans avoir confiance?
　　　Pour ce conclus: de bien faisons effort,
　　　Reprenons cuer, ayons en Dieu confort,
　　　Nous n'avons jour certain en la sepmaine;
　　　De nos maulx ont noz parens le ressort
10　　Par offenser et prendre autruy demaine.

　　Vivons en paix, exterminons discort;
　　　Ieunes et vieulx, soyons tous d'ung accort:
　　　La loy le veult, l'apostre le ramaine
　　　Licitement en l'epistre rommaine;
15　　Ordre nous fault, estat ou aucun port.
　　　Notons ces poins; ne laissons le vray port
　　　Par offenser et prendre autruy demaine.

VILLON

Que serve lisonjear ou rir com embromação, |159
  Esmolar ou mentir, dizer com falseamento,
  Farsantear, fabricar veneno, ser burlão,
  Em pecado viver, dormir com assombramento,
5 Sem confiar no seu próximo nem um momento!
  Concluo: esforço para o bem vamos fazer,
  Coragem e conforto em Deus queiramos ter,
  Não vamos dia certo na semana achar;
  Por nossos males os parentes vão sofrer,
10 Por atacarmos outro e os bens lhe rapinar.
Vivamos na harmonia, finda a dissensão;
  Jovens e velhos, concordemos na opinião.
  Lei há que o impõe, o apóstolo nos vem lembrar
  Licitamente: é a epístola romana olhar.
15 Ordem impõe-se, alguma norma, situação;
  Notemos isso: não percamos o céu, não,
  Por atacar alguém e os bens lhe rapinar.

---

14 epístola romana] São Paulo, Epístola aos Romanos, xii, 5 e 9–10. O *envoi* traz Villon em acróstico.

BALLADE DES PROVERBES

Tant grate chievre que mal gist,
 Tant va le pot à l'eaue qu'il brise,
 Tant chauffe on le fer qu'il rougist,
 Tant le maille on qu'il se debrise,
5 Tant vault l'homme comme on le prise,
 Tant s'eslongne il qu'il n'en souvient,
 Tant mauvais est qu'on le desprise,
 Tant crie l'on Noel qu'il vient.
Tant parle on qu'on se contredist,
10 Tant vault bon bruyt que grace acquise,
 Tant promet on qu'on s'en desdist,
 Tant prie on que chose est acquise,
 Tant plus est chiere et plus est quise,
 Tant la quiert on qu'on y parvient,
15 Tant plus commune et moins requise,
 Tant crie l'on Noel qu'il vient.
Tant ayme on chien qu'on le nourrist,
 Tant court chanson qu'elle est apprise,
 Tant garde on fruit qu'il se pourrist,
20 Tant bat on place qu'elle est prise,
 Tant tarde on que faut entreprise,
 Tant se haste on que mal advient,
 Tant embrasse on que chiet la prise,
 Tant crie l'on Noel qu'il vient.

VILLON

BALADA DOS PROVÉRBIOS*

Tanto a cabra cavouca que mau pouso sente,
    Tanto o pote vai à água que há de se quebrar,
    Tanto se esquenta o ferro que se põe candente,
    Tanto o malham que irá em pedaços terminar;
5   Tanto se afasta alguém que o deixam de lembrar,
    Tanto quanto o prezamos é o valor de alguém,
    Tanto ele é mau que muitos hão de o desprezar,
    Tanto clamamos por Natal que ele enfim vem.
Tanto alguém fala que de si mesmo dissente,
10   Tanto vale o bom nome como em graça estar,
    Tanto promete alguém que enfim desdiz o assente,
    Tanto se pede que afinal se há de ganhar,
    Tanto algo é caro, tanto é mais de procurar,
    Tanto o procuram que hão de o conseguir também,
15   Tanto é comum, é tanto menos de buscar,
    Tanto clamamos por Natal que ele enfim vem.
Tanto o cão é estimado que acha o que o alimente,
    Tanto corre a canção, que até se faz trautear,
    Tanto se guarda a fruta, que apodrece, gente!
20   Tanto a praça é forçada que há de se entregar,
    Tanto alguém tarda que se arrisca a malograr,
    Tanto se apressa que não vai sair-se bem;
    Tanto abraçamos que o abraçado há de arriar,
    Tanto clamamos por Natal que ele enfim vem.

*Deve-se o título a P.-L. Jacob (1854).

BALADA DOS ENFORCADOS E OUTROS POEMAS

162 | Tant raille on que plus on n'en rit,
  Tant despent on qu'on n'a chemise,
  Tant est on franc que tout y frit,
  Tant vault "tien" que chose promise,
5 Tant ayme on Dieu qu'on suit l'Eglise,
  Tant donne on qu'emprunter convient,
  Tant tourne vent qu'il chiet en bise,
  Tant crie l'on Noel qu'il vient.
Prince, tant vit fol qu'il s'avise,
10 Tant va il qu'après il revient,
  Tant le mate on qu'il se ravise,
  Tant crie l'on Noel qu'il vient.

VILLON

Tanto graceja alguém, que não ri finalmente,   **163**
   Tanto se gasta, que a camisa vai faltar,
   Tanto alguém dá, que não tem mais o que apresente,
   Tanto vale "aí tens" como algo a se gozar,
   Tanto alguém ama a Deus, que a Igreja há de acatar,
   Tanto se esbanja que o pedir por fim advém,
   Tanto o vento se move que há de o norte aflar,
   Tanto clamamos por Natal que ele enfim vem.
Príncipe, tanto vive que cria juízo, o alvar;
   Tanto alguém vai que a vez da volta sobrevém,
   Tanto lhe batem que até siso há de mostrar,
   Tanto clamamos por Natal que ele enfim vem.

---

5 Tanto... acatar,] "A religião de Villon também se define em um só provérbio. A fé completamente simples do filho da pobre paroquiana do mosteiro, essa fé que é tão-só amor de Deus e nada deve à inteligência dos mestres teólogos da Sorbonne, essa fé mantém o poeta no seio da Igreja, seja o que for que pense dela. Mas é preciso muito amor a Deus para seguir a Igreja naqueles tempos de lutas e de incertezas" (Favier).

BALLADE DES MENUS PROPOS

Je congnois bien mouches en let,
    Je congnois a la robe l'homme,
    Je congnois le beau temps du let,
    Je congnois au pommier la pomme,
    Je congnois l'arbre a veoir la gomme,
    Je congnois quant tout est de mesmes,
    Je congnois qui besongne ou chomme,
    Je congnois tout, fors que moy mesures.
Je congnois pourpoint au colet,
    Je congnois le moyne a la gonne,
    Je congnois le maistre au varlet,
    Je congnois au voille la nonne,
    Je congnois quant pipeur jargonne,
    Je congnois fols nourris de cresmes,
    Je congnois le vin a la tonne,
    Je congnois tout, fors que moy mesures.

VILLON

BALADA DAS PEQUENAS FALAS* |165

Moscas no leite eu as conheço bem,
    Conheço o homem pelo seu trajar,
    Conheço o tempo bom e o mau também,
    Pela macieira a fruta sei julgar,
5   Conheço a árvore se a goma espiar,
    Conheço quando tudo é claro, enfim:
    Conheço o ocioso e o que é de trabalhar,
    Tudo conheço, caso exclua a mim.
Pelo colete o gibão sei de alguém,
10   O monge sei pelo hábito que usar,
    Sei o amo pelo criado que mantém,
    A freira, pelo véu que ela ostentar,
    O trapaceiro, pelo linguajar,
    O louco, pois de creme faz festim,
15   Pelo tonel o vinho sei notar,
    Tudo conheço, caso exclua a mim.

*O título da balada foi dado por P.-L. Jacob (1854).

14 O... festim,] Segundo a tradição, os loucos se alimentavam de queijo.

BALADA DOS ENFORCADOS E OUTROS POEMAS

166 Je congnois cheval et mulet,
　　　　Je congnois leur charge et leur somme,
　　　　Je congnois Bietris et Belet,
　　　　Je congnois get qui nombre et somme,
5　　　　Je congnois vision et somme,
　　　　Je congnois la faulte des Boesmes,
　　　　Je congnois le povoir de Romme,
　　　　Je congnois tout, fors que moy mesures.
　　　Prince, je congnois tout en somme,
10　　　Je congnois coulourez et blesmes,
　　　　Je congnois Mort qui tout consomme,
　　　　Je congnois tout, fors que moy mesures.

VILLON

Sei se o mulo e o cavalo não convêm, | **167**
    Sei a carga que podem suportar,
    Isabel e Beatriz, sei qual é quem,
    Sei os tentos que servem de somar,
5   Sei a visão do sono separar,
    Sei dos boêmios a heresia ruim,
    Sei de Roma o poder transmilenar,
    Tudo conheço, caso exclua a mim.
Príncipe, eu sei, de tudo estou a par,
10   Conheço os de tez branca ou de carmim,
    Sei que a Morte vem tudo consumar,
    Tudo conheço, caso exclua a mim.

---

6 Sei...ruim,] Alusão à heresia dos hussitas na Boêmia. Condenado pelo
Concílio de Constança, João Huss foi queimado vivo em 1415. Seus partidários
encetaram rebeliões que só terminaram em 1471.

168 | BALLADE CONTRE LES ENNEMIS DE LA FRANCE

Rencontré soit de bestes feu getans,
  Que Jason vit, querant la toison d'or;
  Ou transmué d'homme en beste sept ans,
  Ainsi que fut Nabugodonosor;
5 Ou perte il ait et guerre aussi villaine
  Que les Troyens pour la prinse d'Helaine;
  Ou avallé soit avec Tantalus
  Et Proserpine aux infernaulx palus;
  Ou plus que Iob soit en griefve souffrance,
10 Tenant prison en la tour Dedalus,
  Qui mal vouldroit au royaulme de France!

BALADA CONTRA OS INIMIGOS DA FRANÇA*

Touros que expelem fogo possa deparar
  (Jasão viu dois assim, na busca do tosão),
  Ou por sete anos numa besta se mudar,
  Como Nabucodonosor, patas no chão;
  Ou pene em desbarato e guerra tão malvada
  Como os troianos quando Helena foi raptada;
  Ou com Prosérpina tragado seja, e mais
  Com Tântalo, pelos paludes infernais;
  Ou mais que Jó passe por grave padecer;
  Prenda a torre de Dédalo para jamais
  Quem ao reino de França tenha malquerer!

---

*Adotamos para a balada o título dado por Gaston Paris.

1–2 Touros...tosão,] Jasão, em sua busca do velocino de ouro, teve que pôr no jugo dois touros que bufavam fogo, o que conseguiu com o auxílio de Medéia (ver Apolônio de Rodes, *Argonáutica*, III, 1280; Apolodoro, *Biblioteca*, I.IX 23). 3–4 Ou...chão;] "Nabucodonosor, rei da Caldéia, tomou Jerusalém e tratou os judeus com crueldade, motivo por que o Altíssimo o mudou em animal que comia erva como os bois" (Daniel, v, 33). 7–8 Ou...infernais;] Prosérpina foi raptada por Hades, que a levou para o inferno; também no inferno Tântalo foi punido com os tormentos da fome e da sede (ver, respectivamente, o "Hino Homérico a Deméter" e *Odisséia*, XI, 582). 10 Prenda...jamais] A *torre de Dédalo* era o labirinto de Creta, onde o arquiteto de Minos foi preso e de onde se evadiu.

BALADA DOS ENFORCADOS E OUTROS POEMAS

170| Quatre mois soit en ung vivier chantans,
       La teste au fons, ainsi que le butor;
       Ou au Grant Turc vendu deniers contans,
       Pour estre mis au harnois comme ung tor;
5   Ou trente ans soit, comme la Magdalaine,
       Sans drap vestir de linge ne de laine;
       Ou soit noyé comme fut Narcisus,
       Ou aux cheveulx, comme Absalon, pendus.
       Ou, comme fut Judas, par Desperance;
10   Ou puist perir comme Simon Magus,
       Qui mal vouldroit au royaulme de France!

VILLON

Quatro meses no aquário veja-se a cantar,
    A cabeça na fonte, como o alcaravão;
    Ou vendido ao grão-turco por dinheiro a soar,
    Para ser posto como um touro no timão;
    Qual Madalena por trinta anos desnudada,
    De linho nem de lã possa cobrir-se nada;
    Como Narciso, afogue-se nos mananciais;
    Como a Absalão os cabelos sejam-lhe fatais;
    Como a Judas, o Desespero o vá perder;
    Veja o fim de Simão, o Mago, e o dele iguais
    Quem ao reino de França tenha malquerer!

---

2 alcaravão] ave parecida com a garça real, passava por ficar com a cabeça bastante tempo sob a água. O macho tem voz que lembra um mugido. **5** Madalena] o caso é atribuído a Santa Maria Egipcíaca. **7** Como…mananciais;] Narciso não morreu afogado; definhou junto à fonte em que contemplava sua imagem, e morreu na relva contígua (Ovídio, *Metamorfoses*, III, 502). **8** Absalão] filho de Davi, ficou com a cabeleira presa num carvalho; suspenso, Joab o matou com três dardos no coração (II Samuel, XVIII, 9 e ss.). **10** Veja…iguais] Segundo a *Legenda Dourada*, Simão, o Mago, cai das alturas, aonde os demônios o haviam levado quando Pedro, rezando, afugenta os anjos caídos.

172 D'Octovien puist revenir le tems:
C'est qu'on luy coule au ventre son tresor;
Ou qu'il soit mis entre meules flotans
En ung moulin, comme fut Saint Victor;
5 Ou transglouty en la mer, sans aleine,
Pis que Jonas au corps de la baleine;
Ou soit banny de la clarté Phebus,
Des biens Juno et du soulas Venus,
Et du dieu Mars soit pugny a oultrance,
10 Ainsy que fut roy Sardanapalus,
Qui mal vouldroit au royaulme de France!
Prince, porté soit des serfs Eolus
En la forest ou domine Glaucus;
Ou privé soit de paix et d'esperance:
15 Car digne n'est de posseder vertus
Qui mal vouldroit au royaulme de France!

VILLON

Pudesse o tempo de Otaviano retornar: |173
    Seu ouro derretido a deglutir lhe dão;
    Ou que entre mós suspensas veja-se esmagar
    Num moinho (assim o foi São Vítor, como grão);
    Sem ar, tragado seja na amplidão salgada,
    Pior que Jonas no ventre da baleia arqueada;
    De Febo privem-no e de seus clarões cabais,
    Dos dons de Juno, ou dos de Vênus, tão sensuais;
    Na extrema punição Marte o haja de abater,
    Como a Sardanapalo, em lances funerais,
    Quem ao reino de França tenha malquerer!
Príncipe, os servos de Éolo hajam de o levar
    À floresta onde Glauco ostenta-se a reinar;
    Ou a paz e a esperança venha a não mais ter,
    Pois não é digno de virtudes patentear
    Quem ao reino de França tenha malquerer!

1–2 Pudesse... dão;] Segundo o *Roman des Sept Sages de Rome*, o imperador morreu dessa forma fabulosa. **6–7** Febo] o Sol **10** Sardanapalo] rei da Assíria, vencido, deixou-se queimar com suas mulheres e tesouros. **12** servos de Éolo] os ventos **13** floresta de Glauco] o mar

BALLADE DU CONCOURS DE BLOIS

Je meurs de seuf auprès de la fontaine,
    Chault comme feu, et tremble dent a dent;
    En mon païs suis en terre loingtaine;
    Lez ung brasier frissonne tout ardent;
    Nu comme ung ver, vestu en president,
    Je ris en pleurs et attens sans espoir;
    Confort reprens en triste desespoir;
    Je m'esjouys et n'ay plaisir aucun;
    Puissant je suis sans force et sans povoir,
    Bien recueully, debouté de chascun.
Rien ne m'est seur que la chose incertaine;
    Obscur, fors ce qui est tout evident;
    Doubte ne fais, fors en chose certaine;
    Science tiens a soudain accident;
    Je gaigne tout et demeure perdent;
    Au point du jour dis: "Dieu vous doint bon soir!"
    Gisant envers, j'ay grant paour de cheoir;
    J'ay bien de quoy et si n'en ay pas ung;
    Eschoitte attens et d'omme ne suis hoir,
    Bien recueully, debouté de chascun.

VILLON

BALADA DO CONCURSO DE BLOIS* |175

Morro de sede junto à fonte desejada,
    Tenho um calor de fogo e tremo dente a dente;
    Em meu país, sinto-me em terra distanciada;
    Junto a um braseiro eu me arrepio, embora ardente;
5   Nu como um verme, em trajos vou de presidente,
    Rio chorando; e aguardo isento de esperança,
    E reconforto-me em cruel desesperança;
    Eu regozijo-me, prazer nenhum gozado;
    Possante sou, sem ter poder nem ter pujança,
10   Bem acolhido, mas por todos rejeitado.
Exceto coisa incerta, certo não me é nada,
    Nada é obscuro, a não ser o que é em tudo evidente;
    Não duvido, a não ser de coisa ultra-assentada,
    E tomo a ciência como súbito acidente;
15   Eu ganho tudo e estou perdendo unicamente;
    "Deus vos dê boa-noite!" – digo ao dia criança;
    Deitado firme, o medo de cair me alcança;
    Tenho com que, sem ter porém tostão furado;
    De ninguém sou herdeiro, mas aguardo herança,
20   Bem acolhido, mas por todos rejeitado.

*O título deve-se a Longnon (1892). O concurso de Blois, na corte de Charles
d'Orléans, também poeta e provavelmente com base nos versos do mesmo
Charles: "Je meurs de soif en cousté la fontaine / Tremblant de froit ou feu
des amoureux", deve ter ocorrido entre 1458 e 1460. Não foi propriamente
um concurso, mas sobre o tema foi composta uma série de baladas. A de
Villon figura no ms. La Vallière das poesias de Charles d'Orléans junto com
outras. A curiosidade do poema é que é todo composto em antilogias.

176 | De riens n'ay soing, si mectz toute ma paine
    D'acquerir biens et n'y suis pretendent;
    Qui mieulx me dit, c'est cil qui plus m'attaine,
    Et qui plus vray, lors plus me va bourdent;
5   Mon amy est, qui me fait entendent
    D'ung cigne blanc que c'est ung corbeau noir;
    Et qui me nuyst, croy qu'il m'ayde a povoir;
    Bourde, verté, au jour d'uy m'est tout un;
    Je retiens tout, rien ne sçay concepvoir,
10   Bien recueully, debouté de chascun.

  Prince clement, or vous plaise sçavoir
    Que j'entens moult et n'ay sens ne sçavoir:
    Parcial suis, a toutes loy commun.
    Que sais je plus? Quoy? Les gaiges ravoir,
15   Bien recueully, debouté de chascun.

VILLON

Sem cuidados, minha energia é toda usada   **177**
    Em lograr bens dos quais não sou nem pretendente;
    Quem diz melhor de mim é o que me desagrada,
    O que me diz verdade é aquele que mais mente;
5   Meu amigo é qualquer que firma em minha mente
    Que um cisne branco é um corvo negro – tal me afiança,
    E quem me lesa, em que me ajuda tem confiança;
    Erro ou verdade, ambos me são igual achado;
    Retenho tudo, conceber não me é de usança,
10   Bem acolhido, mas por todos rejeitado.
Agrade-vos saber, ó Príncipe clemente,
    Que entendo muito, sem ter senso nem ser ciente;
    As leis obedecendo, acato só o meu lado.
    Que faço? Meu penhor quero reaver contente,
15   Bem acolhido, mas por todos rejeitado.

EPISTRE A SES AMIS

Aiez pitié, aiez pitié de moy,
　　A tout le moins, si vous plaist, mes amis!
　　En fosse gis, non pas soubz houx ne may,
　　En cest exil ouquel je suis transmis
5　　Par Fortune, comme Dieu l'a permis.
　　Filles, amans, jeunes gens et nouveaulx,
　　Danceurs, saulteurs, faisans les piez de veaux,
　　Vifz comme dars, agus comme aguillon,
　　Gousiers tintans cler comme cascaveaux,
10　　Le lesserez la, le povre Villon?

Chantres chantans a plaisance, sans loy,
　　Galans, rians, plaisans en fais et dis,
　　Courens, alans, francs de faulx or, d'aloy,
　　Gens d'esperit, ung petit estourdis,
15　　Trop demourez, car il meurt entandis.
　　Faiseurs de laiz, de motetz et rondeaux,
　　Quant mort sera, vous lui ferez chaudeaux!
　　Ou gist, il n'entre escler ne tourbillon:
　　De murs espoix on lui a fait bandeaux.
20　　Le lesserez la, le povre Villon?

VILLON

CARTA A SEUS AMIGOS*

|179

Apiedai-vos ao menos, tende compaixão,
   Condoei-vos de mim, amigos, por favor!
   Não me divirto em festa, estou é na prisão;
   Aqui é que me encontro, aqui neste amargor,
5   Por obra da Fortuna – e Deus por anuidor;
   Moças, amantes, dançarinos a viçar,
   Cambalhotas fazendo e dando saltos no ar,
   Vivos e agudos como os dardos e o aguilhão,
   Gargantas claras como guisos a soar,
10   Aqui o pobre Villon esquecereis então?
Cantores que cantais sem lei, por diversão,
   E que agradais dizendo e agindo com primor,
   Vós que correis sem ouro bom nem falso à mão,
   Gentes de espírito, porém de avoado teor,
15   Tardais: morrerá ele no ínterim que for.
   Vós que motetes, lais, rondós sabeis armar,
   Depois de morto caldos quentes lhe ireis dar!
   Onde ele está, não entra corisco ou turbilhão:
   Atrás de espessos muros foram-no encerrar.
20   Aqui o pobre Villon esquecereis então?

*O título original, "Epistre", foi completado por Longnon: "à ses amis". O poema parece ter sido composto por Villon durante sua prisão em Meung--sur-Loire, em 1461. Não se sabe por que foi preso. A. Burger supõe que por fazer parte de um bando de goliardos ou de uma companhia de atores ambulantes.

3 Não... prisão;] O original traz: "En fosse gis, non pas *soubz houx* ne may", o que quer dizer "deito-me em calabouço, não sob azevinho nem árvore de maio". Seria agradável deitar-se à sombra dessas árvores que se plantavam no dia 1º de maio diante da casa da pessoa que se queria honrar (Michel); ou o azevinho podia ornamentar o terraço de uma taverna campestre (Desportes). 7 Cambalhotas... ar,] passo de dança no qual se punham os dois pés à frente; 18 Onde... turbilhão:] Estava no escuro.

BALADA DOS ENFORCADOS E OUTROS POEMAS

180

Venez le veoir en ce piteux arroy,
    Nobles hommes, francs de quart et de dix,
    Qui ne tenez d'empereur ne de roy,
    Mais seulement de Dieu de Paradis:
    Jeuner lui fault dimenches et merdis,
    Dont les dens a plus longues que ratteaux;
    Après pain sec, non pas après gasteaux,
    En ses boyaulx verse eaue a gros bouillon;
    Bas en terre, table n'a ne tresteaulx.
    Le lesserez la, le povre Villon?
Princes nommez, ancïens, jouvenceaux,
    Impetrez moy graces et royaulx seaux,
    Et me montez en quelque corbillon.
    Ainsi le font, l'un a l'autre, pourceaux,
    Car, ou l'un brait, ils fuyent a monceaux.
    Le lesserez la, le povre Villon?

VILLON

Clérigos, vede-o em apiedante situação,
    Vós que não dependeis de rei nem imperador,
    Mas só a Deus do céu estais em sujeição
    E não sofreis de quarto e dízimo o rigor:
5   Fazem-no às terças e domingos jejuador,
    Donde dentes de ancinho, longos, vir mostrar;
    As suas tripas água em jorro ei-lo a mandar,
    Não após comer bolo, mas mirrado pão;
    Sem cavalete ou mesa, em terra vai sentar.
10   Aqui o pobre Villon esquecereis então?
Chamam-vos príncipes, jovens e anciães a par:
    Graças e selos reais ide-mos alcançar;
    Fazei que eu suba num cestinho, a repuxão.
    Assim os porcos usam de se entreajudar,
15   Pois onde um grunhe os outros vão se atropelar.
    Aqui o pobre Villon esquecereis então?

4 E... rigor:] Os nobres e clérigos estavam isentos do dízimo e do direito
de quarto em proveito do rei, notadamente sobre a venda de vinho a varejo,
antes de Luís XI. Os clérigos não respondiam perante a justiça secular.
13 Fazei... repuxão.] Os prisioneiros eram descidos à masmorra por meio
de roldana.

REQUESTE A MONSEIGNEUR DE BOURBON

Le mien seigneur et prince redoubté,
    Fleuron de lys, royalle geniture,
    Françoys Villon, que Travail a dompté
    A coups orbes, par force de bature,
    Vous supplie par ceste humble escripture
    Que lui faciez quelque gracieux prest.
    De s'obliger en toutes cours est prest,
    Si ne doubtez que bien ne vous contente:
    Sans y avoir dommaige n'interest,
    Vous n'y perdrez seulement que l'attente.
A prince n'a ung denier emprunté,
    Fors a vous seul, vostre humble creature.
    De six escus que luy avez presté,
    Cela pieça il meist en nourriture.
    Tout se paiera ensemble, c'est droiture,
    Mais ce sera legierement et prest;
    Car, si du glan rencontre en la forest
    D'entour Patay, et chastaignes ont vente,
    Paié serez sans delay ny arrest:
    Vous n'y perdrez seulement que l'attente.

VILLON

PEDIDO AO SENHOR DUQUE DE BOURBON* |183

Vós que sois meu senhor e príncipe temido,
   E sois florão de lis e real progenitura,
   François Villon, pela tortura convencido,
   Por tantas contusões, tanta machucadura,
5   Suplica-vos, enviando esta húmile escritura,
   Que lhe façais algum empréstimo jeitoso.
   De se obrigar ante a justiça está cioso:
   Não receeis, assim, que falhe em vos pagar.
   Sem ter prejuízo nem ter sombras de lucroso,
10   Vós nada perdereis, nada, por esperar.
Dinheiro a príncipe nenhum terá pedido
   — Além de a vós — a vossa humilde criatura.
   Seis escudos de empréstimo lhe haveis cedido,
   E há muito que os gastou em mesa sem fartura.
15   Junto reembolsarei tudo isso, com lisura,
   Ressarcirei rapidamente e pressuroso;
   Na mata de Patay se eu acho, venturoso,
   Bolotas; e se lá castanhas eu mercar,
   Pago sereis sem coisa alguma de moroso:
20   Vós nada perdereis, nada, por esperar.

---

*O título completo é: "La requeste que le dit Villon bailla a monseigneur de
Bourbon". Pensa-se que a balada foi escrita depois da libertação da prisão de
Meung (1461).

1–2 Vós...progenitura,] Jean II, duque de Bourbon. *Senhor*, porque
Montcorbier, terra natal do pai de Villon, situa-se no Bourbonnais. 17–
18 Na...mercar,] Villon promete não pagar, pois em redor de Patay,
assinalava-o Marot, não há floresta alguma e lá não se vendiam castanhas.

BALADA DOS ENFORCADOS E OUTROS POEMAS

184 Se je peusse vendre de ma santé
A ung Lombart, usurier par nature,
Faulte d'argent m'a si fort enchanté
Que j'en prendroie, ce cuide, l'adventure.
5 Argent ne pens a gippon n'a sainture;
Beau sire Dieux! je m'esbaïs que c'est
Que devant moy croix ne se comparoist,
Si non de bois ou pierre, que ne mente;
Mais s'une fois la vraye m'apparoist,
10 Vous n'y perdrez seulement que l'attente.
Prince du lys, qui a tout bien complaist,
Que cuidez vous comment il me desplaist,
Quant je ne puis venir a mon entente?
Bien entendez; aidez moy, s'il vous plaist:
15 Vous n'y perdrez seulement que l'attente.

VILLON

Minha saúde se eu pudesse ter vendido   **185**
    A um lombardo, parcial, por índole, da usura:
    Tal é a falta de moeda que me tem ferido,
    Que eu tomaria, penso, o risco da aventura.
5   Moeda não trago em túnica, nem na cintura.
    Pergunto-me espantado o que é que – Deus bondoso! –
    Faz que não surja cruz ao meu olhar ansioso
    Nem de madeira nem de pedra, sem intrujar;
    Se a verdadeira surge ao meu olhar gostoso,
10   Vós nada perdereis, nada, por esperar.
Ó príncipe do lis, com o bem sempre ditoso,
    Soubésseis vós quanto me torna desgostoso
    O fim dos meus desejos eu não alcançar!
    Pois que me ouvis, logo auxiliai-me, generoso:
15   Vós nada perdereis, nada, por esperar.

---

2 A... usura:] Os lombardos, parciais da usura, tinham bancos em toda a
Europa. **6–7** Pergunto-me... ansioso] A cruz das encruzilhadas e também
a que havia nas moedas, como no v. 98 de "O Testamento". **9** verdadeira]
a "verdadeira cruz" é a da moeda.

LE DEBAT DU CUER ET
DU CORPS DE VILLON

Qu'est ce que j'oy? – Ce suis je! – Qui? – Ton cuer,
    Qui ne tient mais qu'a ung petit filet:
    Force n'ay plus, substance ne liqueur,
    Quant je te voy retraict ainsi seulet,
    Com povre chien tapy en reculet –.
    Pour quoy est-ce? – Pour ta folle plaisance –.
    Que t'en chault il? – J'en ay la desplaisance –.
    Laisse m'en paix! – Pour quoy? – J'y penserai –.
    Quant sera ce? – Quant seray hors d'enfance –.
    Plus ne t'en dis. – Et je m'en passeray.
Que penses tu? – Estre homme de valeur.
    Tu as trente ans: c'est l'aage d'un mullet:
    Est ce enfance? – Nennil. – C'est donc folleur
    Qui te saisist? – Par ou? Par le collet?
    Rien ne congnois. – Si fais. – Quoy? – Mouche en let;
    L'ung est blanc, l'autre noir, c'est la distance –.
    Est ce donc tout? – Que veulx tu que je tance?
    Se n'est assez, je recommenceray –.
    Tu es perdu! – J'y mettray resistance –.
    Plus ne t'en dis. – Et je m'en passeray. –

O DEBATE DO CORAÇÃO
E DO CORPO DE VILLON*

— Quem escuto? — Sou eu. — Eu quem? — Teu coração,
   Que está preso somente por um fiozinho:
   Sangue não tenho, nem substância ou fortidão,
   Quando te vejo retirado e assim sozinho,
   Qual pobre cão todo agachado num cantinho.
   — Por que isso? — Por tua teimosia aluada.
   — E que te importa isso? — É que me desagrada.
   — Deixa-me em paz! — Por quê? — Eu nisso vou pensar.
   — E quando? — Quando a minha infância ultrapassada.
   — Eu não te digo mais. — Já é de contentar.
— Que pensas vir a ser? — Um homem de eleição.
   — Tens trinta anos. — De um mulo é a idade, e tal sublinho.
   — Estás na infância? — Nunca. — É pois a confusão
   Que te empolga? — Por onde? Pelo colarinho?
   — Nada conheces. — Ora! — O quê? — A mosca em vinho.
   Um é branco, a outra é preta, é a distinção azada.
   — Isso é tudo? — E que coisa queres ajuntada?
   Se o que eu disse não basta, vou recomeçar —.
   — Perdido estás! — Resistirei a essa enrascada —.
   — Eu não te digo mais. — Já é de contentar —.

*Alguns comentadores têm assinalado que, se o debate ou altercação entre corpo e alma não era novo na Idade Média, que os conhecia comumente no ponto de a alma deixar o corpo, a novidade de Villon está no tom pessoal que lhe imprimiu, longe do puro exercício verbal. Julga-se que o diálogo não é propriamente entre o coração e o corpo, mas o coração e o poeta inteiro, corpo e alma. O coração exprime a censura da consciência e a exprobração coletiva dos conselheiros de Villon, verificando-se um impasse. Segundo Michel, esta balada foi composta na prisão de Meung, provavelmente em 1461, ou então pouco depois.

15 vinho] O original traz *leite*, e não *vinho*, que usei para efeito de rima; mas a mosca é bem visível no vinho branco.

BALADA DOS ENFORCADOS E OUTROS POEMAS

188 J'en ay le dueil; toy, le mal et douleur.
Se feusses ung povre ydiot et folet,
Encore eusses de t'excuser couleur:
Si n'as tu soing, tout t'est ung, bel ou let.
5 Ou la teste as plus dure qu'ung jalet,
Ou mieulx te plaist qu'onneur ceste meschance!
Que respondras a ceste consequence? —
J'en seray hors quant je trespasseray —.
Dieu, quel confort! Quelle sage eloquence!
10 Plus ne t'en dis. — Et je m'en passeray —.
Dont vient ce mal? — Il vient de mon maleur.
Quant Saturne me feist mon fardelet,
Ces maulx y meist, je le croy. — C'est foleur:
Son seigneur es, et te tiens son varlet.
15 Voy que Salmon escript en son rolet:
"Homme sage, ce dit il, a puissance
Sur planetes et sur leur influence." —
Je n'en croy riens; tel qu'ilz m'ont fait seray —.
Que dis tu? — Dea! certes, c'est ma creance —.
20 Plus ne t'en dis. — Et je m'en passeray.

VILLON

— Tenho desgosto; tens o mal, tens a aflição.

Se fosses algum pobre idiota, um simplesinho,

Terias o pretexto para excusa, então;

Belo e feio são um, se vês, mas sem carinho.

5   Fronte mais dura tens que as pedras do caminho,

Ou mais que a honra a decadência é que te agrada!

Como será, esta conseqüência, contestada!

— Estarei fora dela, quando trespassar.

— Que conforto, meu Deus! Que eloqüência avisada!

10   Eu não te digo mais. — Já é de contentar.

— Donde vem este mal? — De meu ruim quinhão.

Quando Saturno fez o fado em que caminho

Esses males pôs nele, eu creio. — Aberração!

És o senhor, e crês-te o servo pequeninho.

15   Salomão escreveu, observa, o que ora alinho:

"O homem de siso tem poder", é o que ele brada,

"Sobre os planetas e a influência que há em cada".

— Não creio; assim fui feito, assim vou continuar.

— Que dizes? — Bah, é minha crença, sem mais nada.

20   — Eu não te digo mais. — Já é de contentar.

15–17 Salomão…cada.] O livro da *Sabedoria de Salomão* dá Deus como a
fonte da ciência (VII, 17 e ss.). Michel acentua que a citação é de Ptolomeu:
"O homem de bem dominará os astros, e que na Idade Média era corrente a
oposição entre Salomão (a sabedoria) e Saturno (a superstição)".

190 Veulx tu vivre? – Dieu m'en doint la puissance! –
Il te fault... – Quoy? – Remors de conscience,
Lire sans fin. – En quoy? – Lire en science,
Laisser les folz! – Bien j'y adviseray –.
5 Or le retien! – J'en ay bien souvenance –.
N'atens pas tant que tourne a desplaisance –.
Plus ne t'en dis. – Et je m'en passeray.

VILLON

— Viver tu queres? — Deus me dê tamanha alçada! —
  — Impõe-se… — O quê? — Teres consciência esquadrinhada,
  Ler sem fim…— Sobre o quê? — Ler ciência bem firmada,
  Largar os tolos! — Eu vou nisso meditar.
  — Ora, guarda a lição! — Estou com ela guardada.
  — Não receies que a sorte haja de ser malvada.
  Eu não te digo mais. — Já é de contentar.

BALLADE DE LA FORTUNE

Fortune fus par clers jadis nommée,
    Que toy, Françoys, crie et nomme murtriere,
    Qui n'es homme d'aucune renommée.
    Meilleur que toy fais user en plastriere,
    Par povreté, et fouyr en carriere;
    S'a honte vis, te dois tu doncques plaindre?
    Tu n'es pas seul; si ne te dois complaindre.
    Regarde et voy de mes fais de jadis,
    Mains vaillans homs par moy mors et roidis;
    Et n'es, ce sçais, envers eulx ung souillon.
    Appaise toy, et mets fin en tes dis.
    Par mon conseil prens tout en gré, Villon!

VILLON

BALADA DA FORTUNA*

Por doutos eu Fortuna há tempos fui chamada,
    Eu que, François, gritas e dizes carniceira,
    Tu que nem homem és de alguma nomeada.
    Gente melhor que tu acabo-a na gesseira,
5   Por pobreza, ou então faço-a cavar pedreira;
    Se vives em vergonha, deves te queixar?
    Não és só tu; não deves pois te lamentar.
    Contempla e nota bem pelos meus feitos idos
    Muitos bravos por mim mortos e enrijecidos;
10 E não és, junto deles, de cozinha um criado.
    Acalma-te e põe fim a esses alaridos:
    Villon, antes recebas tudo de bom grado!

---

*Quem fala é a Fortuna, divindade em Roma (atribui-se a introdução de seu
culto a Sérvio Túlio). Assinala Desportes que Villon a cristianiza de certo
modo. A divulgação da figura da deusa, cega, a manejar uma roda com a qual
eleva uns e abaixa outros sem preocupação com a justiça deve-se a Boécio.

---

4 Gente... gesseira,] O trabalho em gesseira (havia várias nos arredores de
Paris) era especialmente duro, assinala Michel.

194
> Contre grans roys me suis bien anymée,
> Le temps qui est passé ça en arriere:
> Priam occis et toute son armée,
> Ne luy valut tour, donjon, ne barriere;
> Et Hannibal demoura il derriere?
> En Cartaige par Mort le feis attaindre;
> Et Scypion l'Affriquan feis estaindre;
> Julles Cesar au senat je vendis;
> En Egipte Pompée je perdis;
> En mer noyé Jason en ung bouillon;
> Et une fois Romme et Rommains ardis.
> Par mon conseil prens tout en gré, Villon!

VILLON

Contra reis poderosos vi-me encarniçada, **195**
    Durante todo o tempo que ficou à esteira:
    Fiz Príamo cair com sua gente armada,
    Torre não lhe valeu, baluarte nem barreira;
    Foi Aníbal, talvez, deixado na traseira?
    Em Cartago eu com a Morte fi-lo fulminar;
    Dei no Senado Júlio César a imolar,
    E Cipião, o Africano, incluí entre os destruídos;
    Pompeu, no Egito, foi mais um dos abatidos;
    Em voragem no mar Jasão pus afogado,
    Roma e romanos certa vez quis incendidos.
    Villon, antes recebas tudo de bom grado!

---

3 Príamo] foi morto por Pirro Neoptólemo no fim da guerra de Tróia, quando pereceu todo o seu povo, com escassas exceções. **5–6** Foi…fulminar;] Aníbal não morreu em Cartago, mas na Bitínia, onde se envenenou. **7** Dei…imolar,] Públio Cornélio Cipião Emiliano, o Scipio Africanus Minor, morreu em circunstâncias que sugerem assassínio. **8** E Cipião…destruídos;] César foi assassinado em pleno Senado, por Bruto e cúmplices. **9** Pompeu…abatidos;] Pompeu, vencido em Farsália, refugiou-se no Egito, onde foi morto por ordem do rei Ptolomeu. **10** Jasão] segundo a lenda, morreu de modo diverso, esmagado por uma trave de seu navio Argo. **11** Roma…incendidos.] Alusão ao incêndio de Roma por Nero, no ano de 64.

BALADA DOS ENFORCADOS E OUTROS POEMAS

196 | Alixandre, qui tant feist de hemée,
　　　Qui voulut veoir l'estoille pouciniere,
　　　Sa personne par moy fut envlimée;
　　　Alphasar roy, en champ, sur sa baniere
5 　　Rué jus mort, cela est ma maniere.
　　　Ainsi l'ay fait, ainsi le maintendray:
　　　Autre cause ne raison n'en rendray.
　　　Holofernes l'ydolastre mauldis,
　　　Qu'occist Judith (et dormoit entandis!)
10 　De son poignart, dedens son pavillon;
　　　Absalon, quoy? en fuyant le pendis.
　　　Par mon conseil prens tout en gré, Villon!
　　Pour ce, Françoys, escoute que te dis:
　　　Se riens peusse sans Dieu de Paradis,
15 　A toy n'autre ne demourroit haillon,
　　　Car, pour ung mal, lors j'en feroye dix.
　　　Par mon conseil prens tout en gré, Villon!

VILLON

Alexandre, que fez carnagem dilatada, | **197**
    E ao Setestrelo quis ir ter, lá na cimeira.
    Sua pessoa foi por mim envenenada;
    Alfasar rei, em campo, sobre sua bandeira
5   Joguei por terra, morto. Esta é a minha maneira,
    Assim o faço, é assim que vou continuar,
    Outra razão para os meus atos não vou dar.
    Eu maldisse Holofernes, de ídolos vencidos,
    E Judite o matou, na calma dos dormidos,
10   Com seu punhal, na tenda em que ela havia entrado;
    Absalão enforquei nos cabelos compridos.
    Villon, antes recebas tudo de bom grado!
François, ouve por isso o que te vou confiar:
    Sem Deus do céu pudesse eu algo consumar,
15   Em ti nem em ninguém seria um trapo achado,
    Pois em dez eu faria um mal se avolumar.
    Villon, antes recebas tudo de bom grado!

1–3 Alexandre… envenenada;] Acreditou-se na Idade Média que *Alexandre* fora envenenado, e a essa tradição ainda se referia Eustache Deschamps. Considerado o topo do céu na Idade Média, o Setestrelo ou as Plêiades fora alvo da desejada escalada de Alexandre, segundo o *Roman d'Alexandre*, do séc. XIII. **4** Alfasar] segundo o livro de Judite, Arphaxad, rei dos medas, foi derrotado por Nabucodonosor, que o matou nas montanhas de Ragau. **8–10** Eu… entrado;] Holofernes foi decapitado por Judite com a própria cimitarra desse general de Nabucodonosor (livro de Judite, XIII). **11** Absalão] ver a nota à Balada contra os Inimigos da França, na p. 171.

LOUENGE A LA COURT

Tous mes cinq sens: yeux, oreilles et bouche,
    Le nez, et vous, le sensitif aussi;
    Tous mes membres ou il y a reprouche,
    En son endroit ung chascun die ainsi:
5   "Souvraine Court, par qui sommes icy,
    Vous nous avez gardé de desconfire.
    Or la langue seule ne peut souffire
    A vous rendre souffisantes louenges;
    Si parlons tous, fille du souvrain Sire,
10   Mere des bons et seur des benois anges!"
Cuer, fendez vous, ou percez d'une broche,
    Et ne soyez, au moins, plus endurcy
    Qu'au desert fut la forte bise roche
    Dont le peuple des juifs fut adoulcy:
15   Fondez lermes et venez a mercy;
    Comme humble cuer qui tendrement souspire,
    Louez la Court, conjointe au Saint Empire,
    L'eur des Françoys, le confort des estranges,
    Procreée lassus ou ciel empire,
20   Mere des bons et seur des benois anges!

LOUVOR À CORTE*

Os meus sentidos: vista, ouvido, paladar,
  O olfato e vós também, o tacto, por igual;
  Meus membros todos, os quais são de censurar,
  Por sua parte assim discorre cada qual:
  "Se inda estamos em vida, sumo Tribunal,
  Vós nos guardastes de na infâmia terminar.
  Agora, a língua só, não pode nos bastar
  A vos render, Corte, louvores adequados:
  Todos, filha do Rei, nos pomos a falar:
  Ó mãe dos bons e irmã dos anjos abençoados!"
Rasga-te, coração, ou faze-te espetar,
  E que não sejas tu mais duro, nem igual
  Ao que foi no deserto a rocha singular
  Que o povo hebreu saciou, jorrando em manancial:
  Derrama lágrimas, pede perdão cabal;
  Qual coração humilde e terno a suspirar,
  Gêmea no Santo Império, a corte vem louvar,
  Ventura do francês, conforto de imigrados,
  Criada no empíreo celestial para julgar:
  Ó mãe dos bons e irmã dos anjos abençoados!

---

*O título do ms. F é o seguinte: "O louvor que Villon fez à Corte quando foi dito que ele não morreria, e depois requereu três dias de prazo". Marot: "O pedido de Villon apresentado à Corte do Parlamento, em forma de balada". Adotamos o título de Michel.

13–14 Ao...manancial:] Moisés feriu com a vara a rocha de Horeb, e dela saiu a água que o povo reclamava no deserto (Êxodo, XVII, 6). **16** Qual...suspirar,] Thuasne dá desse verso controverso a seguinte inteligência: pensa ele que Villon louva a antiguidade do Parlamento, fazendo remontar sua origem ao império de Carlos Magno, tendo o Parlamento saído da *Curia Regis* (Michel).

BALADA DOS ENFORCADOS E OUTROS POEMAS

200 | Et vous, mes dens, chascune si s'esloche;
Saillez avant, rendez toutes mercy,
Plus hautement qu'orgue, trompe, ne cloche,
Et de maschier n'ayez ores soussy;
5 Considerez que je feusse transsy,
Foye, pommon et rate, qui respire;
Et vous, mon corps, qui vil estes et pire
Qu'ours ne pourceau qui fait son nyt es fanges,
Louez la Court, avant qu'il vous empire,
10 Mere des bons et seur des benois anges!
Prince, trois jours ne vueillez m'escondire,
Pour moy pourveoir et aux miens a Dieu dire;
Sans eulx argent je n'ay, icy n'aux changes.
Court triumphant, *fiat*, sans me desdire,
15 Mere des bons et seur des benois anges!

VILLON

E vós, meus dentes, cada um a se agitar, |201
　　Saí à frente e rendei graças, em geral,
　　Mais alto que órgão, ou que sino a badalar,
　　Nem mais vos inquieteis com mascar, bem ou mal;
5　　Ponderai que estaria morto eu, afinal,
　　Pulmão, fígado, baço, quanto respirar;
　　E vós, meu corpo, que sois pior − vil e vulgar −
　　Que urso ou que porcos de refúgios enlameados,
　　Louvai a Corte, antes de tudo piorar:
10　　Ó mãe dos bons e irmã dos anjos abençoados!
Três dias, Príncipe, não heis de me negar,
　　Para eu me despedir dos meus e me ajustar;
　　Nem aqui nem nos bancos tenho alguns contados.
　　Triunfante Corte, dizei *fiat*, sem negar,
15　　O mãe dos bons e irmã dos anjos celestiais!

6 respirar]　viver　　14 *fiat*]　seja feito, seria o despacho na petição.

BALLADE DE L'APPEL

Que vous semble de mon appel,
  Garnier? Feis je sens ou folie?
  Toute beste garde sa pel;
  Qui la contraint, efforce ou lie,
5 S'elle peult, elle se deslie.
  Quant donc par plaisir voluntaire
  Chantée me fut ceste omelie,
  Estoit il lors temps de moy taire?
Se feusse des hoirs Hue Cappel,
10 Qui fut extrait de boucherie,
  On ne m'eust, parmy ce drappel,
  Fait boire en ceste escorcherie.
  Vous entendez bien joncherie?
  Mais quant ceste paine arbitraire
15 On me jugea par tricherie,
  Estoit il lors temps de moy taire?

VILLON

BALADA DA APELAÇÃO*

Que é que pensais de minha apelação,
  Garnier? Loucura foi, coisa ajuizada?
  Todo animal preserva a pele, não?
  Se o constrangem ou prendem com laçada,
5 Podendo, ele se livra da enrascada.
  Quando por arbitrária decisão
  Essa homília foi-me a mim cantada,
  De eu me calar aquela era a ocasião?

De Hugo Capeto fosse eu geração
10 — Ele, de um açougueiro prole alteada —,
  Não me haveriam, cá nesta prisão,
  Feito beber de em pano água filtrada.
  Esta gíria entendeis, por mim falada?
  Mas quando, com infundada punição,
15 Sentença deram-me por tratantada,
  De eu me calar aquela era a ocasião?

*O título é o de Marot, simplificado.

1–2 Que... ajuizada?] A apelação de Villon à Corte do Parlamento, contra a
sentença de morte que lhe fora passada pelo preboste, fora provida, mudando-
se a pena de morte em desterro de Paris por dez anos. Étienne Garnier era
personagem real, desde 1459 empregado da prisão do Châtelet, onde cuidava
do registro das entradas de presos. 7 homília] metáfora por sentença de
morte. 9 De... geração] Corria no século XV a lenda de que o primeiro
dos Capetos descendia de açougueiros. 11–12 Não... filtrada.] Na questão
da água o líquido era filtrado por um pano de fibra vegetal.

BALADA DOS ENFORCADOS E OUTROS POEMAS

204 | Cuidiez vous que soubz mon cappel
    N'y eust tant de philosophie
    Comme de dire: "J'en appel?"
    Si avoit, je vous certiffie,
5   Combien que point trop ne m'y fie.
    Quant on me dist, present notaire:
    "Pendu serez!" je vous affie,
    Estoit il lors temps de moy taire?
   Prince, se j'eusse eu la pepie,
10   Pieça je feusse ou est Clotaire,
    Aux champs debout comme une espie.
    Estoit il lors temps de moy taire?

VILLON

Pensais que sob o meu chapéu pimpão
    Filosofia não me fosse dada
    Que eu não dissesse: "Oponho apelação".
    Fora sim, é questão determinada,
    Embora para mim não tão firmada;
    Quando me dizem, diante do escrivão:
    "A forca irás!" – minha palavra eis dada:
    De eu me calar aquela era a ocasião?
Príncipe, não tivesse eu dito nada,
    Junto a Clotário eu estaria então,
    Como espantalho em pé numa lavrada.
    De eu me calar aquela era a ocasião?

---

10 Clotário] filho de Clóvis, rei de Soissons e depois dos francos (497-561).
Desportes imagina que Villon pendesse na estrada para Saint-Denis, onde
Clotário está sepultado.

TÍTULOS PUBLICADOS

1. *Iracema*, Alencar

2. *Don Juan*, Molière

3. *Contos indianos*, Mallarmé

4. *Auto da barca do Inferno*, Gil Vicente

5. *Poemas completos de Alberto Caeiro*, Pessoa

6. *Triunfos*, Petrarca

7. *A cidade e as serras*, Eça

8. *O retrato de Dorian Gray*, Wilde

9. *A história trágica do Doutor Fausto*, Marlowe

10. *Os sofrimentos do jovem Werther*, Goethe

11. *Dos novos sistemas na arte*, Maliévitch

12. *Mensagem*, Pessoa

13. *Metamorfoses*, Ovídio

14. *Micromegas e outros contos*, Voltaire

15. *O sobrinho de Rameau*, Diderot

16. *Carta sobre a tolerância*, Locke

17. *O príncipe*, Maquiavel

18. *Dao De Jing*, Laozi

19. *O fim do ciúme e outros contos*, Proust

20. *Pequenos poemas em prosa*, Baudelaire

21. *Fé e saber*, Hegel

22. *Joana d'Arc*, Michelet

23. *Livro dos mandamentos: 248 preceitos positivos*, Maimônides

24. *Livro dos mandamentos: 248 preceitos positivos*, Maimônides

25. *O indivíduo, a sociedade e o Estado, e outros ensaios*, Emma Goldman

26. *Eu acuso!*, Zola | *O processo do capitão Dreyfus*, Rui Barbosa

27. *Apologia de Galileu*, Campanella

28. *Sobre verdade e mentira*, Nietzsche

29. *O princípio anarquista e outros ensaios*, Kropotkin

30. *Os sovietes traídos pelos bolcheviques*, Rocker

31. *Poemas*, Byron

32. *Sonetos*, Shakespeare

33. *A vida é sonho*, Calderón

34. *Escritos revolucionários*, Malatesta

35. *Sagas*, Strindberg

36. *O mundo ou tratado da luz*, Descartes

37. *O Ateneu*, Raul Pompéia

38. *Fábula de Polifemo e Galatéia e outros poemas*, Góngora

39. *A vênus das peles*, Sacher-Masoch

40. *Escritos sobre arte*, Baudelaire

41. *Cântico dos cânticos*, [Salomão]

42. *Americanismo e fordismo*, Gramsci

43. *O princípio do Estado e outros ensaios*, Bakunin

44. *O gato preto e outros contos*, Poe

45. *História da província Santa Cruz*, Gandavo

46. *Balada dos enforcados e outros poemas*, Villon

47. *Sátiras, fábulas, aforismos e profecias*, Da Vinci

48. *O cego e outros contos*, D.H. Lawrence

49. *Rashômon e outros contos*, Akutagawa

Edição _	Jorge Sallum
Co-edição _	André Fernandes e Bruno Costa
Capa e projeto gráfico _	Júlio Dui e Renan Costa Lima
Programação em LaTeX _	Marcelo Freitas
Imagem de capa _	kevinrosseel
Revisão _	Hedra
Colofão _	Adverte-se aos curiosos que se imprimiu esta obra nas oficinas da gráfica Vida & Consciência em 3 de junho de 2008, em papel off-set 90 gramas, composta em tipologia Walbaum Monotype de corpo oito a treze e Courier de corpo sete, em plataforma Linux (Gentoo, Ubuntu), com os softwares livres LaTeX, DeTeX, SVN e TRAC.

Autor _ DOSTOIÉVSKI
Título _ O LADRÃO HONESTO
E OUTROS CONTOS
Organização e tradução _ CECÍLIA ROSAS
São Paulo _ 2013

hedra

Fiódor Mikháilovitch Dostoiévski (1821–1881) é possivelmente o nome mais emblemático da literatura russa. Nascido em Moscou, desde cedo demonstra interesse pelos livros, lendo não apenas os autores russos, mas ingleses, alemães e franceses. Abatido com a morte súbita da mãe, em 1837, abandona pouco depois a escola e ingressa no Instituto de Engenharia Militar de Nikolayev, onde se forma e passa a trabalhar como engenheiro. Para complementar a renda, começa a traduzir nas horas vagas. O grande sucesso de seu romance de estreia, *Gente pobre*, de 1844, permite-lhe participar dos círculos literários de Moscou. Em 1849, foi preso e condenado à morte por sua participação no Círculo de Petrashevsky, espécie de sociedade secreta de aspirações utópicas e liberais, onde se discutia literatura também. A prisão revelou-se uma farsa destinada a assustar os integrantes do círculo e sua pena foi comutada para trabalhos forçados na Sibéria. Durante esse período, seus surtos de epilepsia se tornam cada vez mais frequentes. Ao retornar do exílio, foi aos poucos reconstruindo sua reputação de grande escritor, consolidada com a publicação dos romances *Crime e castigo*, *O idiota* e *Os irmãos Karamázov*. O legado de sua obra, marcado por um exame minucioso da condição humana e dos recessos mais sombrios da alma, é composto por romances, novelas, contos e ensaios. Faleceu em São Petersburgo, a 28 de janeiro de 1881.

O ladrão honesto e outros contos reúne algumas das incursões de Fiódor Dostoiévski pela narrativa curta na primeira fase de sua carreira literária. Escritos entre 1846 e 1849, os quatro contos reunidos neste volume revelam um autor ousado e, em certos aspectos, experimental, mas já atento a temas e procedimentos que se tornariam marcantes em sua obra tardia. Imerso no ambiente revolucionário da São Petersburgo da época, o autor nos apresenta um panorama de personagens que buscam resistir às ameaças da vida na capital.

Cecília Rosas é tradutora e mestre em Literatura e Cultura Russa pela Universidade de São Paulo. De Púchkin, traduziu a "Viagem a Arzrum", para a *Nova antologia do conto russo* (Editora 34, 2011), *O conto maravilhoso do tsar Saltan* (Cosac Naify, 2013) e *Noites egípcias e outros contos* (Hedra, 2010).

SUMÁRIO

Introdução, por Cecília Rosas 9

O LADRÃO HONESTO E OUTROS CONTOS **17**

Uma árvore de Natal e um casamento 19

O ladrão honesto 31

O pequeno herói 53

Um coração fraco 103

INTRODUÇÃO

O PERÍODO ENTRE 1846 e sua prisão, em 1849, constitui a primeira fase da obra de Dostoiévski, quando ainda se delineavam os principais traços de sua prosa. Os quatro contos que integram este volume revelam uma faceta menos conhecida ao leitor de seus grandes romances.

A entrada de Dostoiévski no mundo literário de São Petersburgo aconteceu logo depois que seu primeiro romance, *Gente pobre*, foi aclamado por Vissarion Bielínski, maior crítico da época. Bielínski era um grande impulsor da "escola natural", criada com base na obra de Gógol. Segundo seus preceitos, uma obra de arte devia retratar com objetividade a vida da camada pobre da Rússia, sempre como uma forma de crítica à sociedade. A denominação "escola natural" foi inicialmente usada de forma pejorativa, mas a partir de 1846 passou a ser adotada pelo crítico como símbolo da nova literatura progressista.[1] Seu gênero mais característico era o *ensaio fisiológico* que se desenvolveu nos anos 1840 e procurava criar "daguerreótipos" da realidade da população pobre urbana.[2]

Nesse contexto, a publicação de *Gente pobre* no começo de 1846 foi recebida com entusiasmo como o primeiro romance social da Rússia, e Dostoiévski saudado

[1] BIANCHI, Fátima. *O "sonhador" de A senhoria, de Dostoiévski: "um homem supérfluo"*. Tese de Doutorado — Faculdade de Letras, Filosofia e Ciências Humanas da Universidade de São Paulo, São Paulo, 2006, p. 98.

[2] SCHNAIDERMAN, Boris. *Dostoiévski prosa poesia*. São Paulo: Perspectiva, 1982, p. 62.

INTRODUÇÃO

10 como o primeiro escritor a ultrapassar os limites do ensaio fisiológico e constituir uma obra de fato seguindo as diretrizes de Bielínski. Assim, jovem, já teve um breve período de glória literária.[3]

Suas obras seguintes, no entanto, não tiveram a mesma recepção. Um mês depois, sua novela *O duplo* recebeu uma resenha desfavorável do crítico. A partir de então, Bielínski passou a ser cada vez mais duro com o antigo protegido, até que ambos romperam relações definitivamente em 1847. Com novelas como *A senhoria*, Dostoiévski se aproximava de uma estética romântica, justo no momento em que Bielínski estava mais disposto a combatê-la em defesa de uma literatura voltada à "veracidade" e que tivesse "um efeito moral"[4] de protesto e crítica social. O rompimento teve efeito profundo sobre o jovem Dostoiévski e a recepção de sua produção da época: em pouco tempo ele passou de talento promissor a grande decepção do círculo literário mais influente. Até ser mandado para a Sibéria, Dostoiévski foi considerado um escritor que, depois de uma boa obra de estreia, não conseguira produzir nada à altura. Nos anos entre 1846 e 1848 foram publicadas grandes obras de outros novos autores: vários contos de *Memórias de um caçador*, de Turguêniev, *Quem é o culpado?*, de Herzen e *Uma história comum*, de Gontchárov, entre outros.[5] Como resultado, a produção de Dostoiévski acabou ofuscada.

Dostoiévski chegou a ser chamado de "rebuscado" e

---

[3] FRANK, Joseph. *Dostoiévski: as sementes da revolta, 1821-1849*. Tradução de Vera Pereira. 2. ed. rev. São Paulo: Edusp, 2008, p. 186-7.

[4] Joseph Frank, op. cit., p. 238. Fátima Bianchi analisa esse momento em sua tese de doutorado, *O "sonhador" de* A senhoria, *de Dostoiévski: um "homem supérfluo"*.

[5] Joseph Frank, op. cit., p. 380.

CECÍLIA ROSAS

"repassado de maneirismo" por Bielínski na resenha de *O duplo*.[6] De fato, o autor às vezes usa uma linguagem que soa desarticulada e cheia de repetições. No livro *Dostoiévski prosa poesia*, Boris Schnaiderman faz uma interessante análise dos procedimentos do autor russo que, com frequência, se aproximam de uma linguagem poética e revelam uma busca por uma expressão própria. Dostoiévski chegou a usar a palavra "poema" para se referir a algumas de suas obras.[7] Encontramos em seus contos e novelas da época experimentos com temas e formas de expressão que viriam a ser frequentes em sua obra da maturidade.

O crítico Victor Terras aponta uma característica muito comum a vários contos do primeiro Dostoiévski: as personagens e os ambientes com frequência são típicos da escola natural, mas são submetidos a um tema romântico para que o choque crie algum tipo de síntese, ou seja, as personagens terminam sendo como atores escalados para um papel incompatível com sua personalidade e posição na sociedade. Assim, esses contos eram como uma espécie de laboratório para "fazer experiências com problemas específicos da existência humana ou da natureza humana".[8]

UMA ÁRVORE DE NATAL E UM CASAMENTO

Segundo Joseph Frank, biógrafo do autor, vários contos escritos em 1847 e 1848 têm uma estrutura comum:

[6]Boris Schnaiderman, op. cit., p. 63.

[7]Boris Schnaiderman, op. cit., p. 108 e 128.

[8]TERRAS, Victor. Problems of Human Existence in the Works of the Young Dostoevsky. *Slavic Review*, v. 23, n. 1, p. 79-91, mar. 1964. Disponível em: www.jstor.org/stable/2492377. Acesso em: abr. 2011. p. 79-80.

INTRODUÇÃO

12 | a forma de *skaz* e uma introdução. Alguns, como "O ladrão honesto", foram depois reelaborados, mas mantiveram vestígios da estrutura original. "Uma árvore de Natal e um casamento" fazia parte de um ciclo com outros dois contos que foram unidos e receberam o título de "A mulher alheia ou o marido debaixo da cama". Em tom irônico, o narrador descreve as disputas de poder veladas da sociedade petersburguês em uma festa infantil e nos apresenta Iulian Mastákovitch, personagem que depois volta a aparecer no conto "Um coração fraco". A estrutura se filia à narrativa francesa de alcova e já se pode identificar nele, ainda em estado bruto, alguns traços marcantes da obra madura de Dostoiévski, como o humor e os diálogos ágeis.[9]

O LADRÃO HONESTO

No conto "O ladrão honesto" temos um narrador que aluga um quarto a um pobre soldado reformado, agora trabalhando como alfaiate. Ele lhe conta como, anos antes, havia tomado sob sua proteção um vagabundo alcoólico. Trata-se de um bom exemplo da teoria de Victor Terras: Emelian, o mendigo, parece não saber desempenhar bem seu papel de ladrão.

Emelian é um tipo bastante comum nessa fase de Dostoiévski: o "coração fraco". Exemplificado por Vássia Chumkov, do conto de mesmo título, e algumas outras personagens dessa época, como Dievushkin, de *Gente pobre*, a categoria denomina aqueles que não aguentam viver com o fardo dos papéis que lhes é dado

---

[9]Joseph Frank, op. cit., p. 414-5 e 419-20.

CECÍLIA ROSAS

e encaram a existência com extrema dificuldade. "O destino final do 'coração fraco' é [...] uma queda na não existência."[10]

Outro tema que seria caro a Dostoiévski no futuro já se delineia aí: a questão da responsabilidade individual em meio a condições de vida degradantes. Frank encontra nas obras dessa fase "uma enigmática ambiguidade de tom", fruto do choque entre as condições de opressão sofridas pela personagem e uma espécie de censura do narrador à sua fraqueza moral.[11]

O PEQUENO HERÓI

Escrito na prisão em 1849, "O pequeno herói" conta uma história de amor a partir do ponto de vista de uma criança. O narrador, já adulto, relembra um incidente do fim de sua infância em tom carinhoso. O conto foi publicado anonimamente oito anos depois de terminado na revista *Otetchestvennie Zapiski*.

O crítico Pierre Hart afirma que o conto dialoga com a obra de Schiller. O narrador, um jovem apaixonado por uma mulher mais velha e inacessível, assume para si a posição de seu pajem e dedica a ela um amor cortês, baseado em tradições cavaleirescas. A experiência tem para o garoto o valor de uma iniciação. Ao colocar-se à disposição de sua dama, o pequeno herói enfrenta um teste em defesa de sua honra e recebe sua recompensa ao fim.[12]

---

[10]Victor Terras, op. cit., p. 90.

[11]Joseph Frank, op. cit., p. 393.

[12]HART, Pierre R. Schillerean Themes in Dostoevskij's "Malen kij geroj". *Slavic and East European Journal*, v. 15, n. 3, p. 305-315, Autumn 1971. Disponível em: www.jstor.org/stable/306825. Acesso em: abr. 2011, p. 310.

UM CORAÇÃO FRACO

Ao lado de "Uma árvore de Natal e um casamento" e "O ladrão honesto", o conto "Um coração fraco" está entre os chamados *contos grotescos de Petersburgo*. A personagem principal, Vássia Chumkov, é um rapaz frágil que, apesar de contar com a compreensão de todos ao seu redor — chefe, amigos, noiva —, é incapaz de lidar com a própria felicidade.

Assim como Emelian de "Um ladrão honesto", Vássia é um coração fraco, incapaz de sentir-se à vontade no papel que lhe cabe na trama: o de "queridinho de todos", nas palavras de Victor Terras. A tragédia nessa história consiste exatamente na banalidade do drama de Vássia; nenhuma grande desgraça se abate sobre ele, mas, ainda assim, vemos o herói se esforçar ao máximo para cumprir sua parte, sem o menor sucesso.[13]

A relação entre a estrutura burocrática de São Petersburgo e a crise de Vássia não é tão óbvia em comparação a outros contos do mesmo período. Vemos nesse conto a reaparição de Iulian Mastákovitch, personagem central de "Uma árvore de Natal e um casamento", agora na condição de chefe e benfeitor de Vássia. Por uma intervenção sua, o rapaz conseguira se livrar de fazer o serviço militar, mas o fantasma da obrigação ainda o aterrorizava. O que pesa no coração fraco de Vássia não é sua condição atual, e sim o sofrimento por que passou antes da (modesta) ascenção social do presente.[14]

As experiências que Dostoiévski faz com o ensaio fisiológico não se restringem a tramas e personagens, mas também se revelam na percepção da realidade. Segundo Boris Schnaiderman:

[13] Victor Terras, op. cit., p. 87 e 89.
[14] Joseph Frank, op. cit., p. 406-7.

CECÍLIA ROSAS

o real empírico mistura-se em Dostoiévski ao simbólico, a realidade chã é muitas vezes paródia, estilização de uma outra realidade, [...] num jogo de máscaras, de duplicação do mundo, de fragmentação da imagem numa oposição de "espelhos", enfim, na inserção da novela ou romance numa totalidade múltipla e variada ao infinito, dinâmica e fluida, em que o real é a máscara de outro real, em que nada é definitivo ou estratificado.[15]

Essa outra realidade imediatamente faz lembrar dos parágrafos finais de "Um coração fraco", em que uma segunda cidade emana a partir das chaminés de São Petersburgo.

A prosa da juventude de Dostoiévski revela um autor sob forte influência de Gógol e da escola natural, mas em busca de formas de expressão próprias. Vemos uma preocupação com a linguagem e uma aproximação de procedimentos poéticos que depois se tornariam menos evidentes em sua obra; além disso, já se revelam algumas questões sobre moralidade que se tornariam obsessões particulares do autor. Em 1849, essa fase da carreira de Dostoiévski chegaria ao fim: o autor foi preso por participar de um grupo de jovens revolucionários. Condenado à pena de morte, teve depois a sentença comutada e foi enviado à Sibéria para trabalhos forçados.

BIBLIOGRAFIA

BIANCHI, Fátima. *O "sonhador" de* A senhoria, *de Dostoiévski: "um homem supérfluo"*. Tese de Doutorado – Faculdade de Letras, Filosofia e Ciências Humanas da Universidade de São Paulo, São Paulo, 2006.

_____. O herói do tempo de Dostoiévski. In: DOSTOIÉVSKI, Fiódor. *A senhoria*. São Paulo: Editora 34, 2006.

FRANK, Joseph. *Dostoiévski: as sementes da revolta, 1821-1849*. Tradução de Vera Pereira. 2. ed. rev. São Paulo: Edusp, 2008.

[15]Boris Schnaiderman, op. cit., p. 67.

INTRODUÇÃO

HART, Pierre R. Schillerean Themes in Dostoevskij's "Malen kij geroj". *Slavic and East European Journal*, v. 15, n. 3, p. 305-315, Autumn, 1971. Disponível em: http://www.jstor.org/stable/306825.

SCHNAIDERMAN, Boris. *Dostoiévski prosa poesia*. São Paulo: Perspectiva, 1982.

TERRAS, Victor. Problems of Human Existence in the Works of the Young Dostoevsky. *Slavic Review*, v. 23, n. 1, p. 79-91, mar. 1964. Disponível em: http://www.jstor.org/stable/2492377. Acesso em: abr. 2011.

O LADRÃO HONESTO
E OUTROS CONTOS

UMA ÁRVORE DE NATAL E UM CASAMENTO

ESSES DIAS VI UM CASAMENTO... mas não! É melhor que lhes conte a respeito de uma árvore de Natal. O casamento foi bom; gostei muito dele, mas outro acontecimento foi melhor. Não sei como me lembrei dessa festa ao assistir ao casamento. Eis como aconteceu. Há exatamente cinco anos, fui convidado para uma festa infantil na véspera do ano-novo. O respeitável cidadão que nos convidara era um famoso homem de negócios com contatos, conhecidos e chegado a intrigas, de tal forma que se podia pensar que a festa infantil era um pretexto para que os pais se reunissem em grupo e conversassem sobre seus outros assuntos interessantes de forma inocente, casual e imprevista. Eu era um estranho; não tinha nenhuma matéria ali e, por isso, passei a noite de maneira bastante independente. Lá também havia mais um senhor, aparentemente sem eira nem beira, mas que, como eu, foi parar no seio da felicidade doméstica... Ele me saltou aos olhos em primeiro lugar. Era um homem alto e magrelo, extremamente sério, extremamente bem vestido. Porém era evidente que não estava para as alegrias e a felicidade da vida familiar: quando se afastava para algum lugar no canto, logo parava de sorrir e franzia suas grossas sobrancelhas negras. Na festa, além do anfitrião, ele não conhecia vivalma. Era claro que estava morto de tédio, mas resistia com bravura, até o fim, no papel de pessoa completamente entretida e feliz. Soube

UMA ÁRVORE DE NATAL E UM CASAMENTO

depois que esse senhor vinha da província, que tinha algum assunto decisivo e de quebrar a cabeça na capital, que trouxe a nosso anfitrião uma carta de recomendação, que não era apadrinhado *con amore* por nosso anfitrião e que fora convidado por educação para a festa infantil. Não jogavam cartas com ele, não lhe ofereciam cigarros, ninguém se punha a conversar com ele, talvez por reconhecer de longe o pássaro por suas plumas, e por isso meu senhor foi forçado, só para ter com que ocupar as mãos, a afagar suas suíças por toda a noite. As suíças eram de fato belíssimas, mas as afagava com tanto zelo que, olhando para ele, decididamente era possível pensar que primeiro foram geradas somente as suíças, e só depois foi designado o cavalheiro para acariciá-las.

Além desse indivíduo, que assim participava da felicidade doméstica do anfitrião — pai de cinco meninos bem nutridos —, gostei de mais um senhor. Tratava-se, porém, de um tipo completamente diferente. Esse, sim, era uma figura de vulto. Chamava-se Iulian Mastákovitch. Ao primeiro olhar, era possível ver que ele era o convidado de honra e que estava, em relação ao anfitrião, em situação similar à desse com o senhor que afagava as suíças. O anfitrião e sua esposa lhe diziam uma infinidade de gentilezas, cuidavam dele, serviam-lhe bebidas, mimavam-no, conduziam até ele seus convidados para recomendações, mas, quanto a ele próprio, não o levavam até ninguém. Reparei que uma lágrima cintilou nos olhos do dono da casa quando Iulian Mastákovitch disse, referindo-se à noite, que raras vezes passara o tempo de forma tão agradável. Senti-me um pouco assustado na presença de tal indivíduo e por isso, depois de contemplar um pouco as crianças, retirei-me para uma pequena sala que estava completamente vazia

DOSTOIÉVSKI

e me refugiei no florido caramanchão da dona da casa, | 21
que ocupava quase metade de todo o cômodo.

As crianças todas eram inacreditavelmente amáveis
e de fato não queriam parecer com os *grandes*, apesar
de todos os sermões das governantas e mães. Os peque-
nos desmontaram toda a árvore de Natal num instante,
até o último doce, e conseguiram até quebrar metade dos
brinquedos antes de saber qual estava destinado a quem.
Gostei em particular de um menino de olhos negros e
cabelos cacheadinhos que queria a todo custo me matar
com sua espingarda de madeira. Mas, acima de tudo, me
chamou a atenção sua irmã, menina de uns onze anos,
encantadora como um pequeno Cupido, quietinha, pen-
sativa, pálida e com uns olhos grandes, saltados e so-
nhadores. Ela de alguma forma havia brigado com as
crianças, por isso veio embora para a mesma sala onde
eu estava sentado e se ocupou num cantinho com uma
boneca. Os convidados apontavam com respeito um rico
rentista, seu pai, e alguns observavam cochichando que
já estava reservado para ela um dote de trezentos mil ru-
blos. Voltei-me para olhar os interessados nessa questão
e meu olhar caiu sobre Iulian Mastákovitch, que, com
as mãos lançadas para trás das costas e a cabeça um
pouquinho inclinada, de uma maneira excessivamente
atenta, tentava escutar a vaniloquência desses senhores.
Depois, não pude deixar de admirar-me com a sabedo-
ria dos anfitriões no tocante à distribuição dos presen-
tes das crianças. A menina que já possuía trezentos
mil rublos de dote havia recebido uma boneca caríssima.
Em seguida, os presentes foram diminuindo, de acordo
com a descida dos cargos dos pais de todas essas feli-
zes crianças. Por fim, a última criança, um menino de
uns dez anos, magrinho, pequeno, sardento, ruivinho, re-

UMA ÁRVORE DE NATAL E UM CASAMENTO

cebeu somente um livrinho de novelas sobre a grandeza da natureza, as lágrimas de emoção etc., sem ilustrações e até mesmo sem nenhuma vinheta. Era filho da governanta da casa, uma pobre viúva: menino extremamente retraído e assustado. Estava vestido com uma jaquetinha miserável de algodão grosso. Depois de receber seu livrinho, passou muito tempo andando perto de outros brinquedos; estava louco de vontade de brincar com as outras crianças, mas não se atrevia; estava evidente que ele já sentia e entendia sua posição. Gosto muito de observar as crianças. É extraordinariamente curioso ver sua primeira manifestação independente na vida. Observei que, de tanto deixar-se tentar pelos brinquedos caros das outras crianças — sobretudo pelo teatrinho no qual queria sem falta pegar certo papel —, o menino ruivinho decidiu cometer uma pequena infâmia. Sorria e bajulava as outras crianças, deu sua maçã para um pirralho inchado que tinha um lenço amarrado cheio de doces e até decidiu-se a levar um deles nas costas só para que não o enxotassem do teatro. Mas em um minuto um traquinas lhe deu uma bela surra. O menino não ousou chorar. Então apareceu a governanta, sua mãe, e mandou que não atrapalhasse a brincadeira das outras crianças. Ele entrou na mesma sala onde estava a menina. Ela permitiu que ele entrasse e ambos, com extremo zelo, puseram-se a vestir a boneca cara.

Estava sentado já havia meia hora no caramanchão de hera e quase cochilei escutando a conversinha do menino ruivo e da bela com trezentos mil rublos de dote, que cuidavam da boneca, quando de repente entrou no cômodo Iulian Mastákovitch. Ele aproveitara a escandalosa cena da briga entre as crianças e saíra caladinho da sala. Notei que um minuto antes ele falava com bastante

DOSTOIÉVSKI

ardor com o pai da futura noiva rica, a quem acabara de conhecer, sobre a vantagem de certo serviço sobre outro. Agora, refletia como se calculasse algo nos dedos.

— Trezentos... trezentos — murmurava. — Onze... doze... treze... e assim por diante. Dezesseis — cinco anos! Suponhamos que a quatro por cento — 12, vezes cinco = 60, ainda por cima sobre esses 60... bem, suponhamos que em cinco anos será quatrocentos. É, bem... Mas ele não cobra quatro por cento, o vigarista! Talvez leve oito ou dez por cento. Então, quinhentos, vamos supor, quinhentos mil, no mínimo, isso com certeza; ah, e mais uns trapos, hum...

Ele terminou sua meditação, assoou-se e já queria sair do quarto quando de repente pousou o olhar sobre a menina e parou. Não me viu atrás dos vasos com plantas. Pareceu-me que estava extremamente agitado. Ou a conta fez efeito nele, ou alguma outra coisa, mas esfregava as mãos e não conseguia parar no lugar. Essa agitação aumentou até *nec plus ultra* quando ele parou e lançou outro olhar decidido sobre a futura noiva. Quis ir para a frente, mas antes disso olhou em volta. Depois, na ponta dos pés, como se sentisse culpado, começou a aproximar-se da criança. Chegou com um sorrisinho, curvou-se e lhe deu um beijo na cabeça. Ela, não esperando tal ataque, gritou de susto.

— O que a senhorita está fazendo, querida menina? — perguntou em um sussurro, olhando ao seu redor e apertando as bochechas da menina.

— Estamos brincando...

— Ah, é? Com ele? — Iulian Mastákovitch olhou de soslaio para o menino. — E você, queridinho, não quer ir para o salão? — disse para ele.

O menino estava calado e olhava para ele com os

UMA ÁRVORE DE NATAL E UM CASAMENTO

olhos arregalados. Iulian Mastákovitch mais uma vez olhou em redor e de novo se curvou na direção da menina.

— E o que tem aí, uma bonequinha, querida menina? — perguntou.

— Uma bonequinha — respondeu a garota, franzindo o rosto e se acanhando um pouco.

— Uma bonequinha... E a senhorita sabe, querida menina, de que é feita sua bonequinha?

— Não sei... — respondeu a garota sussurrando e abaixando a cabeça por completo.

— De trapos, meu bem. Não dá para ir embora, menino? Vá para o salão, onde estão os da sua idade — ordenou Iulian Mastákovitch, olhando com severidade para a criança. A menina e o menino franziram o rosto e se agarraram um ao outro. Não queriam separar-se.

— E a senhorita sabe por que lhe deram essa bonequinha? — perguntou Iulian Mastákovitch, abaixando mais e mais a voz.

— Não sei.

— Porque você foi uma menina bem-comportada e gentil por toda a semana.

Então, Iulian Mastákovitch, emocionado a não mais poder, olhou em volta e, baixando ainda mais a voz, perguntou por fim, de forma quase inaudível, com a voz quase absolutamente extinta de tanta emoção e impaciência.

— E a senhorita me amará, querida menina, quando eu for visitar seus pais?

Depois de falar isso, Iulian Mastákovitch quis beijar ainda mais uma vez a querida criança, mas o menino ruivo, vendo que ela já estava a ponto chorar, agarrou-

DOSTOIÉVSKI

-a pelas mãos e pôs-se a choramingar de pura compaixão pela garota. Iulian Mastákovitch se zangou a sério.

— Saia, saia daqui, saia! — dizia ele para o garoto. — Vá para o salão! Vá para lá, brincar com os da sua idade!

— Não, não precisa, não precisa! Vá o senhor embora — protestou a menina. — Deixe-o, deixe-o! — pediu ela, já a ponto de desfazer-se em lágrimas.

Alguém fez barulho nas portas, e Iulian Mastákovitch tomou um susto e levantou seu corpo majestoso. Mas o menino ruivinho se assustou ainda mais que Iulian Mastákovitch, deixou a menina e, em silêncio, apoiando-se na parede, saiu para a sala de jantar. Para não levantar suspeitas, Iulian Mastákovitch foi também à sala de jantar. Estava vermelho como uma lagosta e, ao olhar-se no espelho, parecia que tinha vergonha de si mesmo. Provavelmente se sentiu aborrecido por sua agitação e impaciência. Pode ser que tenha ficado tão estupefato com a conta nos dedos ao princípio, tão tentado e entusiasmado que, apesar de toda a seriedade e importância, decidiu proceder como um fedelho e abordar diretamente seu objeto, ainda que o objeto só pudesse sê-lo de fato passados no mínimo cinco anos. Saí atrás do honrado cavalheiro para a sala de jantar e vi um estranho espetáculo. Iulian Mastákovitch, todo vermelho de irritação e raiva, ameaçava o garoto ruivo, que, afastando-se cada vez mais dele, não sabia para onde correr de pavor.

— Saia, o que está fazendo aqui? Saia, tratante, saia! Veio surrupiar frutas aqui, é? Está roubando frutas? Saia, tratante, saia, pirralho, vá embora, vá brincar com os da sua idade!

O menino aterrorizado escolheu a alternativa do de-

UMA ÁRVORE DE NATAL E UM CASAMENTO

sespero e tentou meter-se embaixo da mesa. Então, seu perseguidor, enfurecido a não mais poder, puxou seu longo lenço de cambraia e começou a bater por debaixo da mesa no garoto, imóvel até o último grau. É preciso observar que Iulian Mastákovitch era um pouco rechonchudo. Tratava-se de um homem bem nutrido, corado, reforçado, barrigudo, com coxas gordas, em suma, o que se chama de pessoa parruda e gorducha como uma noz. Ele suava, resfolegava e corava terrivelmente. Por fim, quase se enfureceu, tão grande era nele o sentimento de indignação e, talvez (quem sabe?), de ciúmes. Soltei uma gargalhada incontida. Iulian Mastákovitch se virou e, apesar de toda sua importância, ficou completamente desconcertado. Nessa hora apareceu o anfitrião da porta oposta. O pirralho saiu por debaixo da mesa limpando joelhos e cotovelos. Iulian Mastákovitch se apressou a levar ao nariz o lenço que segurava por uma pontinha.

O dono da casa olhou para nós três um pouco perplexo, mas, como homem que conhecia a vida e a encarava com seriedade, aproveitou imediatamente o fato de ter encontrado seu convidado a sós.

— Eis aqui o menino, senhor — disse, mostrando o ruivinho — sobre o qual tive a honra de pedir...

— O quê? — respondeu Iulian Mastákovitch, ainda não totalmente recomposto.

— O filho da governanta das crianças — continuou o anfitrião em tom suplicante. — Ela é uma mulher pobre, viúva, esposa de um funcionário honesto, e por isso... Iulian Mastákovitch, se for possível...

— Ah, não, não — gritou apressado Iulian Mastákovitch. — Não, perdoe-me, Filipp Alekséievitch, impossível. Me informei: não há vagas, e, se houvesse,

DOSTOIÉVSKI

tem já dez candidatos com muito mais direito que ele... | 27
É uma pena, é uma pena.

— Uma pena, senhor — respondeu o anfitrião. — É um menino discreto, calminho...

— Um grande traquinas, pelo que estou vendo... — respondeu Iulian Mastákovitch, com a boca histericamente crispada. — Vá embora, menino, por que está parado? Vá lá com os da sua idade! — ordenou ele, dirigindo-se para a criança.

Neste ponto parece que ele não conseguiu se conter e se voltou para mim com um olho. Também não consegui me conter e comecei a gargalhar bem à sua vista. Iulian Mastákovitch se virou rápido e, com bastante clareza na minha frente, perguntou ao dono da casa quem era aquele jovem estranho. Eles começaram a cochichar e saíram do cômodo. Vi depois como Iulian Mastákovitch, escutando o anfitrião, balançava a cabeça desconfiado.

Depois de gargalhar à vontade, voltei para o salão. Lá, o grande homem, rodeado de pais e mães de família, do dono e dona da casa, explicava com ardor algo para uma dama a quem o haviam conduzido fazia pouco. A dama segurava pela mão a menina com quem, dez minutos antes, Iulian Mastákovitch tivera a cena na sala. Agora, se desfazia em elogios e admiração pela beleza, os talentos, a graça e a boa educação da querida menininha. Ele visivelmente a bajulava diante da mãe. A mãe o escutava quase com lágrimas de enlevo. Os lábios do pai formavam um sorriso. O anfitrião regozijava-se com essa efusão de alegria geral. Todos os convidados a compartilhavam, e até as crianças pararam suas brincadeiras para não atrapalhar a conversa. Todo o ar estava embebido de veneração. Escutei depois como a mãe daquela menina interessante, tocada no fundo do coração,

UMA ÁRVORE DE NATAL E UM CASAMENTO

pedia a Iulian Mastákovitch com frases elaboradas que lhes fizesse a especial honra de presentear a casa com sua preciosa visita; escutei com que autêntico êxtase Iulian Mastákovitch aceitou o convite e como depois os convidados, dispersando-se todos para diferentes lados, como exigia o bom-tom, derramavam-se em elogios enternecedores ao rentista, à sua mulher, à menina e sobretudo a Iulian Mastákovitch.

— Esse senhor é casado? — perguntei, quase em voz alta, a um de meus conhecidos, que estava mais perto de Iulian Mastákovitch.

Iulian Mastákovitch lançou sobre mim um olhar penetrante e raivoso.

— Não! — respondeu meu conhecido, desgostoso do fundo do coração pela gafe que eu cometera de propósito...

....

Há pouco tempo passei na frente da igreja ***; fui surpreendido por uma multidão e várias carruagens. Ao redor, falava-se sobre o casamento. O dia estava nublado, uma garoa começava; me infiltrei atrás da multidão dentro da igreja e vi o noivo. Era um homem pequenino, rechonchudinho, bem nutrido, barrigudo, extremamente enfeitado. Ele corria, atarefado, e dava ordens. Por fim, ressoaram murmúrios de que haviam trazido a noiva. Abri caminho entre a multidão e vi uma estupenda beldade, para quem mal chegara à primeira primavera, mas a moça estava pálida e triste. Olhava distraída; pareceu-me até que seu olhos estavam vermelhos de lágrimas recentes. O rigor clássico de cada traço de seu rosto dava certa importância e solenidade à sua beleza. Porém, por trás desse rigor e dessa importância, por

DOSTOIÉVSKI

trás dessa tristeza, aparecia um semblante ainda inocente da primeira infância; manifestava-se algo extremamente ingênuo, ainda não fixo, jovem, e que parecia, sem dizê-lo, por si só implorar por clemência.

Diziam que ela mal completara dezesseis anos. Ao olhar com atenção o noivo, de repente reconheci Iulian Mastákovitch, a quem não via fazia exatos cinco anos. Olhei para ela... Meu Deus! Pus-me a abrir caminho mais rápido, saindo da igreja. Entre a multidão diziam que a noiva era rica, que tinha quinhentos mil de dote... e um tanto mais em trapinhos...

"Mas veja só que conta certa!" — pensei, depois de abrir caminho para a rua...

O LADRÃO HONESTO 31

UMA MANHÃ, quando eu já estava pronto para ir para o trabalho, entrou em meu quarto Agrafiena, minha cozinheira, lavadeira e governanta e, para minha surpresa, ela começou a conversar comigo.

Tratava-se até aquele momento de uma mulher tão simples e calada que, afora umas duas palavras por dia sobre o que preparar para o almoço, durante uns seis anos quase não falara comigo. Eu, ao menos, não escutara mais nada vindo dela.

— Senhor, vim dizer — começou ela de repente — que podia colocar o quartinho para alugar.

— Que quartinho?

— Ora, aquele ao lado da cozinha. Todos sabem qual é.

— Para quê?

— Para quê! Porque as pessoas costumam ter inquilinos. Todos sabem para quê.

— Mas quem vai alugar?

— Quem vai alugar! Um inquilino vai alugar. Todos sabem quem.

— Mas, minha boa senhora, lá não se pode colocar nem uma cama; vai ficar apertado. Quem é que vai morar lá?

— E para que morar lá? É só um lugar onde dormir; ele vai viver na janela.

— Em que janela?

— Todos sabem em qual, como se o senhor não sou-

O LADRÃO HONESTO

besse! Naquela da antessala. Pode ficar lá costurando ou fazendo alguma coisa. Talvez até fique sentado numa cadeira. Ele tem uma cadeira; e uma mesa, também; tem tudo.

— E quem é ele, afinal?

— É um homem bom, vivido. Vou preparar algo para ele comer. E vou cobrar só três rublos de prata por mês pelo apartamento e pela mesa...

Por fim, depois de árduo esforço, descobri que um tal homem de idade tinha convencido ou de alguma forma induzido Agrafiena a deixá-lo ficar na cozinha como inquilino e papa-jantares. E o que Agrafiena metia na cabeça precisava ser feito; caso contrário, eu sabia que ela não me daria sossego. Nesses casos em que algo não acontecia à sua maneira, ela logo se punha pensativa, caía em profunda melancolia e esse estado se prolongava por umas duas ou três semanas. Nesse período, a comida piorava, faltava roupa branca, o chão não ficava limpo — em uma palavra, aconteciam diversos aborrecimentos. Havia tempos eu observara que essa mulher calada não era capaz de tomar uma decisão e fixar-se em uma ideia propriamente sua. Mas, se em seu cérebro fraco por acaso se formava algo parecido com uma ideia, ou com um empreendimento, recusar a ela sua execução significava matá-la moralmente por certo tempo. Como eu amava minha tranquilidade mais que tudo, concordei na hora.

— Ele ao menos tem algum documento, passaporte ou algo?

— Mas como não? Todos sabem que tem. É um bom homem, vivido; prometeu dar três rublos.

Já no dia seguinte, o novo inquilino apareceu no meu modesto apartamento de solteiro, mas não me incomo-

DOSTOIÉVSKI

dei, até fiquei feliz internamente. Vivo solitário em geral, um completo eremita. Quase não tenho conhecidos, quase nunca saio. Depois de viver dez anos entocado, eu, claro, me acostumei à solidão. Mas outros dez, quinze anos, talvez mais, nessa mesma solidão, com a mesma Agrafiena, no mesmo apartamento de solteiro era, claro, uma perspectiva bastante cinzenta! Por isso, mais uma uma pessoa serena nessa ordem das coisas era uma bênção dos céus.

Agrafiena não havia mentido; meu inquilino era uma dessas pessoas vividas. Constava no passaporte que era soldado reformado, mas percebi isso ao primeiro olhar em seu rosto, antes mesmo de ver o documento. É fácil perceber. Astafi Ivánovitch, meu inquilino, era dos bons entre os seus. Começamos uma boa convivência. Mas o melhor de tudo era que vez por outra Astafi Ivánovitch contava histórias, casos de sua vida. Diante do tédio habitual de minha vidinha cotidiana, um contador de histórias era simplesmente um tesouro. Certa vez, um desses casos produziu em mim efeito considerável. Eis o incidente que deu origem ao relato.

Um dia, eu estava sozinho no apartamento: tanto Astafi como Agrafiena tinham saído para cuidar de seus afazeres. De repente, do segundo quarto escutei que alguém havia entrado; um estranho, segundo me pareceu. Saí: de fato, na antessala havia um homem desconhecido, um sujeito de baixa estatura que vestia apenas uma sobrecasaca, apesar do tempo frio de outono.

— O que você quer?

— O funcionário Aleksándrov; ele mora aqui?

— Aqui não, irmão; adeus.

— Mas como? O zelador disse que era aqui — falou o visitante, retirando-se em direção à porta com cuidado.

O LADRÃO HONESTO

— Para fora, para fora, irmão; saia daqui.

No dia seguinte, depois do almoço, quando Astafi Ivánovitch provava em mim uma sobrecasaca que estava com ele para ajustar, outra vez entrou alguém na antessala. Entreabri a porta.

O senhor do dia anterior, bem diante dos meus olhos, retirou meu capote do cabide com toda tranquilidade, enfiou-o debaixo do braço e lá se foi correndo para fora do apartamento. Agrafiena passou todo esse tempo olhando para ele, boquiaberta de surpresa, e nada fez para proteger o capote. Astafi Ivánovitch se precipitou atrás do vigarista e voltou dez minutos depois, completamente ofegante e de mãos vazias. O homem sumira sem deixar rastros!

— Mas que azar, Astafi Ivánovitch. Ainda bem que nos sobrou a capa! Senão, esse vigarista nos deixava sem nada!

Porém Astafi Ivánovitch ficou tão estupefato com tudo isso que, olhando para ele, até me esqueci do roubo. Ele não conseguia se recompor. A todo instante largava o trabalho que estava fazendo e começava a contar outra vez como tudo havia acontecido, como ele estava parado e eis que, bem diante de seus olhos, a dois passos, tinham levado o capote e nem teve jeito de apanhar o ladrão. Depois, sentava-se para trabalhar de novo; logo largava tudo outra vez e, por fim, vi que foi até o zelador para contar a história e repreendê-lo por deixar acontecer uma coisa dessas em seu pátio. Em seguida, voltou e começou a ralhar com Agrafiena. Então, sentou-se para trabalhar mais uma vez e por um longo tempo ainda resmungou para si como tudo acontecera, ele estava aqui e eu lá e, bem diante de nossos olhos, a dois passos, levaram o capote e assim por diante. Em suma, apesar de ser bom no

DOSTOIÉVSKI

seu trabalho, Astafi Ivánovitch era dado a escândalos e um grande embromador.

— Nos fizeram de bobos, Astafi Ivánitch — falei para ele naquela noite, servindo-lhe um copo de chá e desejando por puro tédio suscitar outra vez a história do capote perdido que, pela repetição frequente e pela profunda sinceridade do narrador, começava a ficar bastante cômica.

— De bobos, senhor! Olhando de fora dá raiva, mesmo que não fosse minha a roupa que sumiu. Para mim, não há no mundo canalha pior do que um ladrão. Outros podem levar algo de graça, mas o ladrão leva seu trabalho, o suor derramado, rouba seu tempo... Que porcaria, arre! Nem dá vontade de falar, tanta é a raiva. Como é que o senhor não lamenta por suas coisas?

— É bem verdade, Astafi Ivánitch; é melhor até que uma coisa se queime, mas perdê-la para um ladrão é um desgosto, não quero, não.

— E como ia querer? Mas é claro que há ladrões e ladrões... Uma vez, senhor, apareceu na minha vida um ladrão honesto.

— Mas como, honesto? E como um ladrão pode ser honesto, Astafi Ivánitch?

— Isso é verdade, senhor. Um ladrão não pode ser honesto. Só quis dizer que o homem parecia honesto, mas roubou. Eu tinha muita pena dele.

— E como aconteceu, Astafi Ivánitch?

— Foi há uns dois anos, senhor. Naquela época fiquei quase um ano sem trabalho, mas antes disso, quando ainda me restavam os últimos dias no serviço, fiz amizade com um homem totalmente perdido. Nos conhecemos na taverna. Um beberrão, libertino, vagabundo; antes era funcionário em algum lugar, mas tinham demi-

O LADRÃO HONESTO

tido o homem havia tempo por sua vida de bêbado. Um traste! Vestia só Deus sabe o quê. Algumas vezes era de se perguntar se ele estava com camisa sob o capote; tudo o que conseguia, ele gastava em bebida. Mas não era arruaceiro; tinha personalidade humilde, era doce, bom; não pedia, tinha vergonha: e a gente mesmo via que o pobre coitado queria beber e comprava uma dose para ele. Pois bem, assim ficamos amigos, quer dizer, ele se apegou a mim... por mim, tanto faz. E como era esse homem! Afeiçoou-se a mim como um cachorrinho, eu ia para um lado e ele ia atrás; e só tínhamos nos visto uma vez na vida, que tonto! No começo, pediu para passar a noite — bem, deixei; vi que o passaporte estava em ordem, e era um bom homem. Depois, no dia seguinte, pediu de novo para passar a noite, e veio uma terceira vez, esteve o dia inteiro sentado no parapeito da janela; também ficou para dormir. Ah, pensei, o homem se impôs sobre mim: agora tenho de dar de comer e de beber a ele, e ainda deixar passar a noite aqui — já sou pobre, e aparece um parasita para viver às minhas custas. Mas antes também, assim como fez comigo, costumava ir à casa de um funcionário, se apegou a ele e, juntos, só faziam embriagar-se. Mas aí o outro danou-se a beber e morreu por alguma desgraça. E esse chamava-se Emelia, Emelian Ilitch. Pensei, pensei: o que fazer com ele? Expulsá-lo seria uma vergonha, dava pena: uma pessoa tão miserável, tão perdida, meu Deus do céu! E era calado, não pedia nada, ficava sozinho sentado, somente olhava bem nos seus olhos como um cachorrinho. Quer dizer, é assim que a bebedeira arruina um homem! Pensei comigo mesmo como ia dizer para ele: vá embora daqui, Emeliánuchka, rua; você não tem nada o que fazer aqui; veio bater na casa errada; eu mesmo em breve

DOSTOIÉVSKI

não terei o que comer, como vou lhe dar da minha comida? Perguntei com meus botões: o que ele vai fazer se eu lhe digo uma coisa dessas? Bem, e imaginei que, ao escutar meu discurso, olharia longamente para mim, passaria um tempo sentado sem entender uma palavra e depois, quando percebesse, levantaria da janela, pegaria sua trouxinha — é como se eu a visse agora mesmo, xadrez, vermelha, esburacada, sabe lá Deus o que embrulhava ali, levava aquilo consigo para todos os lados — e então ajeitaria bem seu capote para ficar decente e aquecido, e também para esconder os buracos; era um homem fino! Depois, abriria a porta e iria rumo à escada com uma lágrima. Ah, não podia deixá-lo na completa desgraça... tive pena. Depois pensei, e quanto a mim? Espere, Emeliánuchka, matutei sozinho, não passará muito tempo banqueteando-se na minha casa; logo me mudo e você não me encontra mais. Bem, senhor, nos mudamos; Aleksandr Filimonovitch, que naquela época, ainda era meu senhor (falecido agora, que Deus o tenha), disse: Astafi, estou muito satisfeito com seus serviços, vou chamá-lo de novo quando voltar do interior, não nos esqueceremos de você. Eu vivia em sua casa como mordomo — o senhor era bom, mas morreu naquele mesmo ano. Então, assim que me despedi deles, peguei minhas coisas e um dinheirinho que eu tinha; pensei em aquietar um pouco e me mudei para a casa de uma velhinha, aluguei um canto por ali. E lá só havia vaga para uma pessoa. Ela tinha sido babá em algum lugar e agora vivia sozinha, recebia uma pensão. Pensei, adeus, Emeliánuchka, meu caro, agora você não me encontra! Qual nada, o senhor acha? Voltei pela noite (tinha ido ver um conhecido) e o primeiro que vejo é Emelia sentado no meu baú, em cima da trouxa xadrez, me

O LADRÃO HONESTO

esperando com o capotezinho... por tédio, ainda tinha apanhado um livro religioso da velhinha e o segurava de cabeça para baixo. Me encontrou, mesmo assim! Até perdi o ânimo. Bem, pensei, fazer o quê? Por que não o expulsei desde o começo? E perguntei diretamente: "Trouxe o passaporte, Emelia?".

Aí, senhor, sentei e comecei a pensar: afinal, que grande estorvo me causa esse andarilho? E, pensando assim, me veio à cabeça que ele não me custaria muito. Precisa comer, pensei. Bem, um pedacinho de pão pela manhã e, como tempero, compro um tantinho de cebola. Aí, ao meio dia também dou para ele um pão com um pouco de cebola; para jantar, de novo uma cebolazinha com kvas,[1] com pão se ele quiser. E se aparece alguma sopa de repolho, nós dois já ficamos empanturrados. Comer, não como muito, e os bêbados, como se sabe, não comem nada: só precisam de um licorzinho ou de um vinho verde. Ele vai gastar todo meu dinheiro na taverna, pensei, mas aí algo mais me veio à cabeça, senhor, e tomou conta de mim. Era que, se Emelia fosse embora, eu não teria nenhuma alegria na vida... Decidi então ser para ele um pai benfeitor. Pensei, evito essa morte terrível e vou desacostumando o homem a ser amigo do copo. Espere; tudo bem, Emelia, pode ficar, só que aqui vai ter de se comportar e me obedecer!

E pensei comigo: começo a acostumá-lo a algum trabalho, mas não agora; deixe que ele passeie um pouco primeiro, enquanto isso fico de olho, tento encontrar um talento em Emelia. Porque, para qualquer ofício, é preciso, antes de tudo, um talento. E passei a observá-lo

---

[1]Bebida fermentada, de baixo teor alcoólico, obtida a partir do pão, a qual se acrescentam às vezes frutas para realçar o sabor. [Todas as notas são da tradutora exceto quando indicadas.]

DOSTOIÉVSKI

discretamente. Vi que Emeliánuchka era um homem perdido. Comecei com um agrado, senhor. Disse: "Escute, Emelian Ilitch, você precisa olhar para si mesmo e se endireitar. Chega de farra! Veja com que molambos você se veste; esse seu capote, desculpe falar, parece uma peneira; assim não está bem! Acho que chegou a hora de entrar na linha".

Sentado, meu Emeliánuchka escutava com a cabeça baixa. É, senhor! Já estava a ponto de perder a língua de tanto beber, não conseguia falar uma palavra útil. Você começava a falar de pepino e ele respondia com feijão! Me escutava, ouvia por um tempo e depois soltava um suspiro.

— Por que tanto suspira, Emelian Ilitch? — perguntei.

— Por nada, Astafi Ivánitch, não se preocupe. Hoje duas mulheres brigaram na rua, Astafi Ivánitch, porque uma sem querer derrubou a cesta de mirtilos da outra.

— E o que tem isso?

— Por isso, a outra espalhou o cesto com mirtilos da primeira de propósito, e ainda começou a pisotear.

— Bem, e daí, Emelian Ilitch?

— E nada, não, Astafi Ivánitch, só estava falando.

"Nada, não, só estava falando. Ê!" pensei, "Emelia, Emêliuchka! Gastou toda essa cabecinha em bebida e farras!"

— Outra vez, um senhor deixou cair uma nota na calçada da rua Gorokhovaia, quer dizer, da Sadovaia. Um mujique viu e disse: que sorte tive! E um outro viu e disse: "Não, a sorte é minha. Eu vi primeiro".

— Sim, Emelian Ilitch.

— E os mujiques começaram a brigar, Astafi Ivánitch. Então veio um policial, levantou a nota e a

O LADRÃO HONESTO

entregou para o senhor, depois ameaçou trancar os dois mujiques na prisão.

— Bem, e então? O que há de tão edificante nisso, Emeliánuchka?

— Nada, não, senhor. O povo estava rindo, Astafi Ivánitch.

— Ê, Emeliánuchka! Que povo, o quê? Vendeu sua alma por três copeques. Mas sabe o que vou lhe dizer, Emelian Ilitch?

— O quê, Astafi Ivánitch?

— Arrume algum trabalho, de verdade, arrume. Já lhe falei cem vezes, tenha dó de si mesmo!

— O que é que vou arranjar, Astafi Ivánitch? Nem sei o que arrumar; e ninguém vai me dar emprego, Astafi Ivánitch.

— Foi por isso que mandaram você embora do serviço, seu beberrão!

— Hoje chamaram Vlas, o garçom do bar, para o escritório, Astafi Ivánitch.

— Mas para que o chamaram? — falei.

— Nem sei para quê, Astafi Ivánitch. Acho que precisavam dele por lá, e por isso o chamaram...

"Ê!", pensei, "estamos os dois perdidos, Emeliánuchka! Nosso Senhor está nos castigando por nossos pecados!" Diga, senhor, o que posso fazer com uma pessoas dessas?

Só que o rapaz era esperto! Ele escutava, escutava e depois, pelo visto, se cansava; logo que via que eu estava bravo, pegava o capote e escapulia — tomava chá de sumiço! Passava o dia vagabundeando por aí, chegava de noitinha, meio alegre. Quem dava de beber a ele, de onde tirava dinheiro, só quem sabe é Deus, nisso não tenho culpa alguma.

DOSTOIÉVSKI

— Não — falei. — Emelian Ilitch, você está com dias contados. Chega de beber, está escutando? Chega! Se voltar bêbado outra vez, vai passar a noite na escada. Não deixo você entrar!

Depois de escutar essa ordem, meu Emelian ficou quieto por um ou dois dias; no terceiro, escapuliu de novo. Esperei, esperei, ele não voltava. Eu, para falar a verdade, já estava com medo e até com pena. "O que fiz com ele?", pensava. Intimidei o coitado. E então, para onde ele foi agora, o pobre diabo? Pode morrer desse jeito, meu santo Deus! Veio a noite, ele não apareceu. Na manhã seguinte saí para a entrada, olhei, e ele tinha dormido lá. Apoiou a cabeça no degrau e ficou deitado ali, duro de frio.

— O que há com você, Emelia? Deus o ajude! Por onde esteve?

— É que há uns dias, Astafi Ivánitch, o senhor ficou zangado e prometeu que eu dormiria na porta, então não me atrevi a entrar, Astafi Ivánitch, deitei por aqui...

Senti raiva e pena ao mesmo tempo.

— Podia ter escolhido algum outro trabalho, Emelian. Para que ser vigia da escada?

— Mas que outro trabalho, Astafi Ivánitch?

— Ah, sua alma perdida — falei (tanta raiva me deu). — Você bem podia aprender o ofício de alfaiate. Veja só como está seu capote! Não basta estar esburacado, você ainda varre a escada com ele. Podia pegar uma agulha e remendar esses furos, como pede a honra. Seu bêbado!

Pois, senhor, ele pegou mesmo uma agulha! É verdade que falei de brincadeira, mas o homem se intimidou. Tirou o capote e começou a tentar passar a linha na agulha. Olhei para ele; bem, já se sabe como ficam os olhos nesses casos, estavam inchados e vermelhos; as

O LADRÃO HONESTO

42 | mãos tremiam. Tentava, tentava e não conseguia passar a linha; como franzia a testa; molhava o fio com saliva, torcia entre os dedos — e nada! Largou-o e olhou para mim...

— Emelia, você entendeu mal. Se tivesse mais alguém aqui, eu cortaria sua cabeça! Homem tolo, falei de brincadeira, para ralhar com você... Agora vá, deixe isso para lá e saia da minha vista! Vamos, tome jeito e deixe de pouca-vergonha. Não passe a noite na escada e não me faça passar ridículo.

— Mas o que vou fazer, Astafi Ivánitch? É verdade, eu mesmo sei que estou sempre meio bêbado e não sirvo para nada! Só sirvo para deixar o senhor, meu benf... benfeitor, zangado...

De repente, seus lábios azuis começaram a tremer e uma pequena lágrima correu por sua bochecha pálida; então, essa lagrimazinha começou a tremer em sua barbicha malfeita e de repente meu Emelian explodiu em choro... Meu Deus! Senti que me cravavam uma faca no coração.

"Ê, você é um homem sensível, nunca imaginei. Quem poderia saber, quem adivinharia? Não", pensei, "Emelia, desisto totalmente de você, pode sumir como um trapo!"

Bem, senhor, o que há para continuar contando? Toda essa história é tão sem valor, tão miserável, nem vale a pena contar; digo que o senhor, para dar um exemplo, não daria dois tostões furados por ela, mas eu, se tivesse, daria muito só para que nada disso tivesse acontecido.

Eu tinha umas calças de baixo feitas de lã, senhor, que o diabo as carregue, boas, eram umas ceroulas bem razoáveis, azuis, quadriculadas, encomendadas por um

DOSTOIÉVSKI

senhor de terras que tinha vindo aqui, mas que depois desistiu delas, disse que estavam apertadas; então, ficaram para mim. Pensei: "coisa valiosa!" Posso conseguir uns cinco rublos no mercado de pulgas, ou senão tiro do tecido duas calçolas para senhores de Petersburgo e ainda me sobra um restinho para um colete. Sabe, para um homem pobre, alguém como eu, tudo se aproveita! Quanto a Emeliánuchka, nessa época estava passando por tempos duros, tristes. Vi que não bebeu um dia, não bebeu outro, no terceiro sem tocar uma gota ficou totalmente abobalhado, dava até pena vê-lo tão triste. Ah, pensei: meu rapaz, ou você está sem um tostão ou resolveu dar um basta, escutar a razão e entrar sozinho no caminho de Deus. Veja, senhor, como estavam as coisas; por aquela época houve um grande feriado. Fui para as Vésperas;[2] quando voltei, Emelia estava sentado na janela, meio bêbado, balançando o corpo. "Ê!", pensei, "então foi isso o que você andou fazendo, rapaz!" e fui pegar algo no baú. Vi que as calças não estavam lá! Procurei aqui e acolá, mas tinham sumido. Remexi tudo, olhei e, quando vi que não estavam, senti um peso no coração. Corri até a velhota e comecei a interrogá-la, que pecado. Mas, apesar da bebedeira do sujeito, de Emelia nem suspeita tive! "Não", disse a velhinha, "Deus o acompanhe, cavalheiro, para que me servem essas calças, para vestir? Outro dia mesmo uma saia minha desapareceu nas mãos de um de vocês. Ou seja, não sei de nada", disse.

— Quem esteve aqui? — falei. — Quem veio para cá?

— Cavalheiro — contou ela —, não veio ninguém; fiquei o tempo todo aqui. Emelian Ilitch saiu e depois voltou; está aí! Vá perguntar a ele!

---

[2]Missa de Páscoa que dura a noite inteira.

O LADRÃO HONESTO

— Emelia, por acaso você não pegou — sugeri —, por alguma necessidade, minhas calças novas, lembra? As que fiz para aquele senhor.

— Não — disse ele. — Astafi Ivánitch, eu, quer dizer, não peguei essas calças, não.

Mas que diabos! Fui atrás delas de novo, procurei, procurei — e nada! E Emelia continuava sentado, balançando. Eu estava de cócoras, senhor, inclinado sobre o baú diante dele, de repente olhei para ele com o rabo de olho... Ê, pensei: e meu coração ardeu no peito; até fiquei vermelho. De repente, Emelia olhou para mim.

— Não — ele começou. — Astafi Ivánitch, as suas calças, é que eu... o senhor talvez ache que fui eu, mas não peguei as calças, senhor.

— E onde é que foram parar, Emelian Ilitch?

— Não sei — disse ele. — Astafi Ivánitch, não as vi de modo algum.

— O quê, Emelian Ilitch? Quer dizer que elas, sabe--se lá como, sumiram sozinhas?

— Pode ser que tenham sumido sozinhas, Astafi Ivánitch.

Quando o escutei, levantei-me, fui até a janela, acendi uma vela e me sentei para costurar. Estava consertando o colete de um funcionário que vivia no andar de baixo. Mas alguma coisa queimava dentro de mim, me doía o peito. Acho que teria sido mais fácil se eu tivesse jogado todo o guarda-roupas no forno. E Emelia, pelo visto, farejou a maldade que agarrou meu coração. Ah, senhor, uma pessoa que comunga com o mal pressente a desgraça de longe, tal qual o pássaro no céu sente a tempestade.

— Veja, Astafi Ivánovitch — começou Emêliuchka (sua vozinha estava tremendo) —, Antip Prókhoritch, o

DOSTOIÉVSKI

enfermeiro, casou hoje com a mulher do cocheiro que morreu faz uns dias...

Então olhei para ele de um jeito, devo ter olhado com tanta raiva... Emelia entendeu. Vi que se levantou, foi até a cama e começou a procurar alguma coisa ali por perto. Esperei — passou bastante tempo remexendo, repetindo para si mesmo: "Não estão, sumiram de vez, para onde foram essas pestes, sumiram!". Esperei para ver o que acontecia; vi que Emelia meteu-se embaixo da cama de cócoras. Aí não aguentei.

— Para que o senhor está se arrastando de cócoras, Emelian Ilitch? — quis saber.

— Para ver se acho as calças, Astafi Ivánitch. Estou vendo se não caíram em algum lugar por aqui.

— E para que o senhor, cavalheiro — disse (chamei-o assim por pura irritação) — para que o senhor, cavalheiro, está ajudando um homem pobre e simples como eu? Está arrastando os joelhos por nada!

— Não é nada, Astafi Ivánitch, por nada, não. É que talvez eu ache, se procuro bem.

— Hum, escute bem, Emelian Ilitch! — falei.

— O quê, Astafi Ivánitch? — disse ele.

— Será que não foi você — falei — que simplesmente as roubou de mim, como um ladrão e vigarista, em troca do teto e do pão que lhe dou de favor? — Fiquei assim, senhor, de tanta raiva que me deu quando ele pôs-se a arrastar-se de joelhos pelo chão na minha frente.

— Não, senhor. Astafi Ivánovitch...

E continuou assim como estava, de bruços embaixo da cama. Passou um longo tempo ali; depois, se arrastou para fora. Olhei para ele: o homem estava totalmente pálido, como um lençol. Levantou-se, sentou perto de mim na janela e assim ficou uns dez minutos.

O LADRÃO HONESTO

— Não, Astafi Ivánitch — disse ele e de repente se levantou e se aproximou de mim. — É como se eu o estivesse vendo agora, feio como o pecado.

— Não — repetiu —, Astafi Ivánitch, eu, as calças, não peguei...

Ele tremia por inteiro, fincando um dedo contra o peito, e sua vozinha oscilava tanto, senhor, que eu mesmo me assustei e fiquei colado à janela.

— Bem — falei —, Emelian Ilitch, como queira, sou um homem tolo, desculpe se acusei você injustamente. Que sumam, essas calças; não vamos morrer sem elas. Temos mãos, graças a Deus, não vamos roubar nem pedir esmolas a outros pobres; trabalharemos por nosso pão...

Emelia escutou, ficou parado diante de mim e depois se sentou. E assim passou a noite inteira, sem se mexer; fui dormir e Emelia continuava sentado no mesmo lugar. De manhã vi que estava deitado no chão descoberto, encolhido com seu capote; rebaixou-se tanto que nem foi deitar na cama. Bem, senhor, desde esse momento tomei aversão por ele, quer dizer, nos primeiros dias tive ódio. Era como se o meu filho tivesse me roubado, por exemplo, e me ofendido mortalmente. "Ah", pensava, "Emelia, Emelia!" E Emelia, senhor, passou umas duas semanas bebendo sem parar. Perdeu o juízo de tanto beber. Ia embora de manhã, voltava tarde da noite e por duas semanas não ouvi sequer uma palavra dele. Por certo estava se roendo com seus desgostos ou queria se destruir de alguma forma. Por fim deu um basta, deve ter bebido tudo o que podia, e sentou na janela outra vez. Lembro que ficou três dias sentado em silêncio; de repente, olho para ele e o homem está chorando. Quer dizer, senhor, sentado ali chorando, e como! Um verdadeiro poço de lágrimas, mas parecia que ele próprio não as sentia. É

DOSTOIÉVSKI

difícil ver um homem adulto, ainda mais um velho como | 47
Emelia, largar-se a chorar de amargura e tristeza.

— O que você tem, Emelia? — falei.

E começou a tremer-se todo. Até convulsionava. Era a primeira vez que dirigia a palavra a ele durante esse tempo.

— Nada... Astafi Ivánitch.

— Não importa, Emelia, que vá tudo para o diabo. Por que está sentado aí feito uma coruja? — Me dava pena dele.

— Bem, Astafi Ivánitch, não sei... Queria arrumar algum trabalho, Astafi Ivánovitch.

— E que trabalho seria esse, Emelian Ilitch?

— Ah, algum, senhor. Talvez ache algum cargo como antes; até fui pedir a Fedosei Ivánitch... Não está bem magoar o senhor. Pode ser que encontre um trabalho, Astafi Ivánitch, e então devolvo tudo ao senhor e pago de volta pela comida.

— Chega, Emelia, chega; está bem, aconteceu uma desgraça, mas passou. Está morto e enterrado! Vamos viver como antes.

— Não, Astafi Ivánitch, o senhor talvez ainda pense... mas não me dignei a pegar suas calças...

— Bem, como queira; deixe isso de lado, Emeliánuchka!

— Não, senhor, Astafi Ivánitch. Pelo visto não posso mais ser seu inquilino. O senhor vai me perdoar, Astafi Ivánitch.

— Pois deixe para lá, Emelian Ilitch. Quem aqui está ofendendo-o e mandando para fora? Por acaso sou eu?

— Não, não fica bem continuar morando com o senhor assim... Então é melhor eu ir embora...

O homem ficou ressentido, repetia-se. Olhei para ele e estava já de pé, levando o capote aos ombros.

O LADRÃO HONESTO

— Vai para onde, Emelian Ilitch? Ouça a razão, o que você tem? Para onde vai?

— Não, o senhor vai me desculpar, Astafi Ivánitch, não me segure aqui (ele choramingava de novo); é melhor ir para longe, Astafi Ivánovitch. O senhor já não não é mais o mesmo.

— Como não sou o mesmo? Claro que sou! Você é como uma criança pequena e tola, vai morrer se ficar sozinho, Emelian Ilitch.

— Não, o senhor agora tranca o baú quando sai, e eu, Astafi Ivánitch, vejo isso e choro... Não, é melhor o senhor me deixar ir e perdão por todas as ofensas que cometi morando com o senhor.

E o que o senhor acha? O homem foi embora. Esperei um dia, pensei, "ele volta de noite" — mas não! Outro dia não veio, o terceiro — e nada. Me assustei, uma tristeza me afligia; não bebi, não comi, não dormi. O homem me desarmou completamente! No quarto dia saí para andar, dei uma olhada em todas as tabernas, perguntei e nada, Emeliánuchka tinha sumido! "Será que chegou sua hora?" — pensei. — "Talvez partido desta para uma melhor de tanto beber e agora está deitado na sarjeta como um tronco podre." Voltei para casa nem vivo nem morto. Decidi procurar no dia seguinte também. E me amaldiçoei por deixar esse homem tolo se afastar de mim por vontade própria. Só que no quinto dia (era feriado), quando mal amanhecera, ouvi a porta ranger. Olho e entra Emelia: estava azul, com os cabelos cheios de lama, como se tivesse dormido na rua, magro como um palito; tirou o capote, sentou sobre o baú, olhou para mim. Eu me alegrei, mas uma tristeza ainda maior me tomou a alma. Veja como são as coisas, senhor: se eu tivesse cometido um pecado desses, verdade seja dita, preferia

DOSTOIÉVSKI

morrer como um cachorro a voltar. E Emelia voltou! **49**
Mas, naturalmente, é difícil ver alguém num estado daqueles. Comecei a mimá-lo, afagá-lo, consolá-lo.

— Bem — eu disse —, Emeliánuchka, estou feliz por sua volta. Se demorasse mais um pouquinho, ia hoje de novo às tabernas procurar por você. Comeu?

— Comi, Astafi Ivánitch.

— Mas comeu mesmo? Veja, irmão, sobrou um pouquinho da sopa de repolho de ontem; tinha carne, não estava rala; e aqui tem uma cebolazinha com pão. Coma — falei — faz bem para a saúde.

Servi a comida e então notei que, pelo visto, o homem não comia havia três dias inteiros — tanto apetite tinha. Foi a fome que trouxe Emelian até mim. Olhando para ele, senti carinho, coitado. Espere um pouco, pensei, vou correr até a taberna. Trago alguma coisa para ele aliviar a alma e acabamos com isso, basta! Não tenho mais rancor de você, Emeliánuchka! Trouxe uma bebidazinha. — Veja, Emelian Ilitch, vamos tomar algo para comemorar o feriado. Quer beber? É bom.

Ele fez menção de estender a mão com avidez, e quase tocou o copo, mas parou; esperou um pouquinho; vi que pegou a bebida, levou-a em direção à boca derramando um pouco na manga. Não, quando chegou perto da boca colocou o copo de volta na mesa imediatamente.

— O que foi, Emeliánuchka?

— Nada, não; é que... Astafi Ivánitch.

— Não vai beber, por acaso?

— É que eu, Astafi Ivánitch, vou recusar... Não vou mais beber, Astafi Ivánitch.

— O quê, vai parar de vez, Emêliuchka, ou é só por hoje?

O LADRÃO HONESTO

Não respondeu. Depois de um minuto, apoiou a cabeça na mão.

— O que foi, será que está doente, Emelia?

— Não é nada, não me sinto bem, Astafi Ivánitch.

Coloquei-o na cama. Vi que estava mal de verdade: a cabeça ardia e o corpo tremia de febre. Passei um dia ao lado dele; à noite, piorou. Misturei para ele kvas com manteiga e cebola, juntei um pãozinho. Falei: tome essa *tiuria*,[3] quem sabe você fica melhor! Sacudiu a cabeça. "Não", disse ele, "acho não vou almoçar hoje, Astafi Ivánitch." Preparei chá para ele, cansei a velhinha e não vi nenhuma melhora. Pensei: "isso vai mal!" Na terceira manhã, fui chamar um médico. Perto de mim morava um conhecido, doutor Kostopravov. Nos conhecemos antes disso, quando eu estava na casa dos senhores Bossomiáguin; ele me tratou. Veio o médico, examinou. "Ah, não", disse, "não tem jeito. Não precisava nem ter me chamado. Pensando bem, pode dar uns pós para ele." Bem, não dei os tais pós; achei que eram travessura do médico; e nisso começou o quinto dia.

Ele estava deitado diante de mim, senhor, agonizando. Eu trabalhava junto à janela. A velhinha estava acendendo o fogão. Estávamos todos calados. Meu coração estava partido por esse beberrão: era como se estivesse enterrando o meu filho. Sabia que Emelia estava olhando para mim, ainda de manhã vi que o homem queria me dizer alguma coisa, mas estava claro que não se atrevia. Finalmente olhei para ele; vi tamanha tristeza nos olhos do pobre diabo, não desviava a vista de mim; mas, quando viu que eu olhava para ele, na mesma hora baixou o olhar.

— Astafi Ivánitch!

---

[3] Sopa feita com pão e água ou kvas.

DOSTOIÉVSKI

— O quê, Emêliuchka? | 51

— E se, por exemplo, alguém levasse meu capote ao mercado de pulgas... Dariam muito por ele, Astafi Ivánitch?

— Não faço ideia se dariam muito. Talvez uma nota de três rublos, Emelian Ilitch.

Se alguém levasse de verdade, não dariam nada e, além disso, ririam na sua cara por tentar vender algo tão imprestável. Ele era um homem ingênuo, falei só por falar, porque conhecia seu caráter simplório, para consolá-lo.

— Acho que dariam três rublos de prata por ele; é uma peça de pano, Astafi Ivánitch. Como não pagam três rublos por uma peça de pano?

— Não sei, Emelian Ilitch — falei. — Se quiser levar, claro, tem de pedir três rublos desde o começo.

Emelia calou-se um pouco; depois chamou de novo:

— Astafi Ivánitch!

— O que foi, Emeliánuchka? — perguntei.

— Venda o capotezinho assim que eu me for, não o enterre comigo. Vou ficar bem sem ele; tem seu valor, talvez seja útil.

Nessa hora senti um aperto no coração, senhor, que nem dá para contar. Vi que a dor dos últimos minutos se aproximava daquele homem. Nos calamos outra vez. Uma hora se passou assim. Olhei para ele outra vez: ainda me fitava, mas, quando seu olhar cruzou com o meu, abaixou a vista de novo.

— Por acaso não quer beber um pouco de água, Emelian Ilitch? — falei.

— Sim, que Deus o abençoe, Astafi Ivánitch. — Dei a água para ele. Tomou um gole.

— Agradecido, Astafi Ivánitch — falou.

O LADRÃO HONESTO

— Não precisa de mais nada, Emeliánuchka?

— Não, Astafi Ivánitch; não preciso de mais nada; mas eu, assim...

— O quê?

— É que...

— O que foi, Emêliuchka?

— As calças... É que... Quem pegou suas calças aquela vez fui eu... Astafi Ivánitch...

— Mas Nosso Senhor vai perdoá-lo, Emeliánuchka, seu pobre-diabo. Vá em paz... — Eu mal conseguia respirar, senhor, e começaram a correr lágrimas dos meus olhos; tentei me virar por um minuto.

— Astafi Ivánitch...

Vi que Emelia queria me dizer alguma coisa; estava um pouco levantado, fazia força, mexia os lábios... De repente ficou todo vermelho, olhava para mim... E de súbito ficou pálido de novo, cada vez mais, murchou por completo em um instante; jogou a cabeça para trás, suspirou uma vez e então entregou a alma a Deus.

....

O PEQUENO HERÓI

NAQUELA ÉPOCA eu tinha pouco menos de onze anos. Em julho haviam permitido que eu visitasse um povoado nos arredores de Moscou, a casa de meu parente, Tv, lugar onde se reuniam nessa época uns cinquenta convidados, ou talvez até mais... não me lembro, não contei. Tudo era barulhento e alegre. Parecia um feriado que começara com o firme propósito de nunca terminar. Sentíamos que nosso anfitrião prometera a si próprio esbanjar toda sua imensa fortuna o mais rápido possível, e havia pouco conseguira fazer jus a esse intento, ou seja, esbanjar tudo, por completo e até o fim, até a última migalha. A todo instante chegavam novos convidados, pois Moscou estava ali a dois passos, bem à vista, e assim quem partia apenas cedia lugar a outros e a festa seguia seu rumo. As diversões se sucediam e os passatempos não tinham fim. Ora era uma cavalgada com comitivas inteiras pelos arredores, ora eram passeios na floresta ou pelo rio; piqueniques e almoços no campo; jantares no grande terraço da casa, rodeada por três fileiras de flores preciosas, que inundavam de aromas o ar fresco da noite, sob a iluminação brilhante que deixava nossas damas, já sem isso todas mimosas, ainda mais encantadoras com o rosto animado pelas impressões do dia, seus olhos cintilantes e seus discursos vivos e intercalados, que vibravam como uma campainha por causa de suas risadas sonoras; danças, músicas, canto; se o céu ficasse nublado, inventavam quadros vivos, charadas e provérbios; orga-

O PEQUENO HERÓI

nizavam um teatro doméstico. Apareciam contadores de histórias, narradores, gente de *bon mot*.

Alguns indivíduos sobressaíam. Naturalmente, a maledicência e os mexericos corriam como de hábito, pois, sem eles, não apenas o mundo seria incapaz de manter-se de pé, como milhões de pessoas morreriam como moscas de puro tédio. Mas, como eu tinha onze anos, não reparava então nessas pessoas, distraído com coisas completamente diferentes, e, mesmo que tenha notado alguma coisa, não entendi tudo. Somente depois acabei lembrando alguns detalhes. Só conseguia saltar aos meus olhos infantis o lado brilhante da cena, e toda essa animação generalizada, o resplendor, o barulho — tudo isso, até então nunca visto nem escutado por mim, deixou-me tão admirado que nos primeiros dias perdi o rumo por completo e minha cabecinha pôs-se a girar.

Porém repito que eu tinha onze anos e, claro, era uma criança, nada mais que uma criança. Várias dessas belas mulheres, ao afagar-me, ainda não pensavam na minha idade. Mas — fato estranho! — eu já era dominado por certa sensação incompreensível até para mim mesmo; algo até então desconhecido e ignorado já me sussurrava ao coração; mas, por que motivo ele às vezes ardia e palpitava, como se estivesse assustado, e meu rosto com frequência se cobria de um rubor repentino? Às vezes eu me sentia envergonhado e até mesmo ofendido por meus diversos privilégios infantis. Em outras ocasiões, uma espécie de surpresa me invadia e eu saía para algum lugar onde não pudessem ver-me, como se precisasse recuperar o fôlego e lembrar-me de algo que, segundo pensava, até aquele momento me recordava muito bem, e que agora de repente esquecera, mas sem

DOSTOIÉVSKI

o quê, no entanto, não podia aparecer em público nem viver.

Ou, por fim, achava que estava escondendo algo de todos e por nada no mundo contaria a alguém o que fazia com que eu, uma pessoa pequena, sentisse vergonha até as lágrimas. Logo, em meio ao turbilhão que me rodeava, senti certa solidão. Havia também outras crianças ali, mas eram todas ou bem mais novas, ou bem mais velhas que eu; mas, pensando bem, eu não me importava com elas. Claro, nada disso teria acontecido comigo se eu não estivesse em uma situação excepcional. Aos olhos de todas essas belas damas, eu ainda era uma criatura pequena e indefinida a quem elas às vezes gostavam de afagar e com quem podiam brincar como se fosse um pequeno boneco. Especialmente uma delas, uma moça loira encantadora com cabelos macios e tão espessos como eu nunca tinha visto e, talvez, nunca mais verei, parecia ter jurado não me dar sossego. As risadas ao nosso redor me desconcertavam, mas deixavam-na alegre, e a todo instante ela as provocava com brincadeiras cortantes e amalucadas, o que parecia proporcionar-lhe enorme prazer. Nos internatos, era provável que a apelidariam de "colegial". Ela era maravilhosa e bonita e havia algo em sua beleza que saltava aos olhos à primeira vista. E, é claro, era diferente daquelas loiras pequenas e acanhadas, branquinhas como plumas e delicadas como camundongos ou pastorinhas. Era não muito alta e um pouco roliça, mas com um rosto delicado e de linhas finas, encantadoramente desenhado. Havia algo como o brilho de um relâmpago nesse rosto, e ela era como fogo — viva, veloz, leve. Parecia que de seus grandes olhos azuis caíam faíscas; eles cintilavam como diamantes, e nunca troco olhos azuis faiscantes assim por nenhum par de olhos negros, ainda que

O PEQUENO HERÓI

sejam mais escuros que o mais negro olhar andaluz, e minha loira, na verdade, valia tanto quanto a famosa morena celebrada pelo grande e célebre poeta em cujos versos magníficos jurou por toda Castela ser capaz de quebrar os próprios ossos se lhe permitissem roçar somente com a ponta do dedo a mantilha de sua bela.[1] Acrescento a isso que *minha* bela era a mais alegre de todas as beldades do mundo, a mais risonha e excêntrica, vivaz como uma criança, apesar de já ser casada havia uns cinco anos. As risadas não abandonavam seus lábios, frescos como a rosa da manhã bem a tempo de abrir ao primeiro raio de sol seu botão escarlate e perfumado, onde ainda não secaram pesadas gotas frias de orvalho.

Lembro que no segundo dia depois da minha chegada foi organizado um teatro amador. A sala estava, como se diz, abarrotada; não havia um só lugar livre; como eu tinha chegado tarde por algum motivo, fui forçado a apreciar o espetáculo de pé.

Porém a alegre interpretação me puxava mais e mais para frente, e fui me dirigindo às primeiras filas sem perceber, onde terminei, por fim, apoiando os cotovelos nas costas da poltrona onde se sentava uma dama. Era a minha bela loira, mas ainda não nos conhecíamos. Então, por acaso, me perdi olhando seus ombros sedutores e lindos, arredondados, corpulentos, brancos como espuma de leite, ainda que para mim definitivamente não fazia diferença olhar para encantadores ombros femininos ou para a touca com fitas cor de fogo que escondia os cabelos grisalhos de uma honrada senhora na primeira fileira. Ao lado da loira estava sentada uma donzela madura, uma dessas que, como me aconteceu de observar depois,

---

[1] Do poema "A andaluza", de Alfred de Musset.

DOSTOIÉVSKI

sempre se abrigam o mais perto possível de mulheres jovens e bonitas, escolhendo aquelas que não gostam de espantar outros jovens. Mas isso não vem ao caso; assim que essa senhora reparou em minha atenção, inclinou-se para a vizinha e, dando risadinhas, sussurrou-lhe algo. A amiga se voltou de repente e lembro que seus olhos de fogo brilharam tanto na penumbra que eu, ainda nada pronto para o encontro, estremeci como se tivesse me queimado. A bela sorriu.

— O senhor gosta do que estão interpretando? — perguntou, olhando-me nos olhos de maneira ardilosa e zombeteira.

— Sim — respondi, ainda olhando para ela com uma espécie de assombro, o que, por sua vez, parecia agradar-lhe.

— E por que o senhor está de pé? Assim vai se cansar; por acaso não tem lugar?

— Isso mesmo, não tem — respondi, dessa vez mais entretido por meu problema do que pelos olhos faiscantes da beldade e francamente alegre de por fim encontrar um bom coração a quem pudesse revelar minha desgraça. — Já procurei, mas todas as cadeiras estão ocupadas — acrescentei, como se me queixasse por não haver cadeiras livres.

— Venha aqui — disse ela, vivaz, rápida em decisões e em todas as ideias extravagantes que poderiam relampejar por sua cabeça amalucada, — venha cá e sente-se no meu colo.

— No colo? — repeti, desconcertado.

Já disse que meus privilégios começavam a me ofender e me envergonhar seriamente. Ela, como se quisesse zombar, foi bem mais longe que os outros. Eu, que mesmo sem isso sempre fora um menino tímido e enver-

O PEQUENO HERÓI

gonhado, agora começava a me acanhar sobretudo diante de mulheres, e por isso fiquei terrivelmente confuso.

— Sim, no colo! Por que não quer sentar-se no meu colo? — insistiu ela, começando a rir cada vez mais forte, a ponto de por fim já gargalhar, sabe Deus de quê, provavelmente de sua invenção ou por achar graça em toda a minha confusão. Mas era disso mesmo que ela precisava.

Eu corei e olhei perplexo ao meu redor, procurando um lugar para onde fugir; ela, porém, já se antecipara a mim e de alguma maneira conseguira pegar minha mão exatamente para que eu não saísse e, puxando-a para si de repente, para minha enorme surpresa, de forma inesperada apertou-a dolorosamente entre seus dedos quentes e travessos e começou a esmagar meu dedinho, mas tão forte que eu fazia tremendo esforço para não gritar, e ainda fazia caretas muito engraçadas. Além disso, eu estava bastante surpreso, perplexo, aterrorizado até, ao descobrir que existiam damas tão engraçadas e cruéis, que falavam com meninos sobre tais bobagens enquanto aplicavam beliscões tão doloridos, sabe lá Deus por que motivo e na frente de todos. É bem provável que meu rosto infeliz expressava toda minha perplexidade, porque a sabida gargalhava como louca bem na minha vista e enquanto isso beliscava e esmagava cada vez mais forte meus pobres dedos. Ela estava fora de si de êxtase por ter conseguido de alguma forma fazer uma travessura, desconcertar um coitado de um menino e reduzi-lo a pó. Minha situação era desesperadora. Em primeiro lugar, eu ardia de vergonha porque quase todos ao redor tinham se virado na nossa direção, uns com perplexidade, outros rindo, já entendendo que a moça aprontava das suas com alguém. Além disso, eu morria de vontade de gri-

DOSTOIÉVSKI

tar, pois ela apertava meus dedos com certa obstinação justamente porque eu não gritava; e eu, como um espartano, decidira suportar a dor, temendo causar confusão com meus gritos, depois do quais nem sei o que seria de mim. Num acesso de completo desespero enfim comecei a lutar e pus-me a puxar minha mão com toda a força, mas minha tirana era muito mais forte que eu. Finalmente, não aguentei e gritei — era só o que ela estava esperando! Em um instante me soltou e se voltou como se nada tivesse acontecido, como se não fosse ela que tivesse feito uma estrepolia, mas outra pessoa, tal e qual uma colegial que, assim que o professor dá as costas, já teve tempo de aprontar pela vizinhança, beliscar algum menino miúdo e mais fraco, e dar-lhe um piparote, um pontapé, uma cotovelada e num abrir e fechar de olhos se vira de novo, se corrige, enfurnada no livro, começa a rever sua lição e, dessa forma, deixa com a cara no chão o enfurecido senhor professor, que, ao ouvir um barulho, se volta como um gavião.

Porém, para minha sorte, a atenção geral estava voltada nesse momento para a magistral apresentação do nosso anfitrião, que interpretava o papel principal no teatrinho, alguma comédia de Scribe. Todos começaram a aplaudir; eu, na surdina, deslizei para fora da fileira e corri para o final da sala, no canto oposto, de onde olhava aterrorizado para o lugar onde se sentava a pérfida beldade, escondendo-me atrás de uma coluna. Ela ainda gargalhava, cobrindo seus lábios com o lenço. Por muito tempo ela se voltou para trás, procurando-me por todos os cantos, — provavelmente, lamentando muito que nosso extravagante embate tenha terminado tão cedo e já inventando outra estrepolia.

Assim travamos conhecimento, e desde essa noite ela

O PEQUENO HERÓI

já não me largava. Perseguia-me sem limites nem vergonha e passou a ser minha opressora e tirana. Toda a graça das peças que me pregava consistia em fingir estar perdidamente apaixonada por mim e me humilhar diante de todos. É claro que para mim, um verdadeiro selvagem, tudo isso era difícil e irritante, tanto que eu já estivera algumas vezes em uma situação tão grave e crítica que estava prestes a bater na minha pérfida adoradora. Parecia que minha ingênua aflição e minha angústia desesperada a encorajavam a perseguir-me até o fim. Ela não conhecia a piedade, e eu não conhecia um bom lugar para esconder-me dela. O riso que ressoava à nossa volta e que ela conseguia provocar só a incendiavam para a próxima travessura. Por fim suas brincadeiras começaram a ir um pouco longe demais. Na verdade, como acabei de lembrar, ela até permitiu-se ir além com uma criança como eu.

Porém esse era seu caráter: era uma brincalhona em todas as formas, no sentido mais amplo. Escutei depois que quem mais a mimava era o próprio marido, homem bem rechonchudo, bem baixinho e bem vermelho, bastante rico e prático, ao menos em aparência: inquieto e solícito, não conseguia passar duas horas no mesmo lugar. Todo dia ia para Moscou, ocasionalmente duas vezes, e sempre, como ele próprio assegurava, a negócios. Era difícil encontrar uma fisionomia mais alegre, bondosa e cômica, e, no entanto, sempre honesta. Não só amava a mulher perdidamente, a ponto de provocar piedade — ele simplesmente a idolatrava como uma deusa.

Ele não a limitava em nada. Ela tinha amigos e amigas aos montes. Em primeiro lugar, eram poucos os que não gostavam dela e, em segundo — a própria cabeça de vento não era muito exigente na escolha de amigos,

DOSTOIÉVSKI

ainda que nos fundamentos de sua personalidade existisse muito mais seriedade do que seria possível supor, a julgar pelo que acabei de contar. De todas suas amigas, a que ela mais amava e preferia era uma jovem dama, sua parente distante, que agora também estava em nossa companhia. Entre elas havia uma afinidade tão carinhosa e delicada, uma dessas ligações que às vezes nascem do encontro entre duas personalidades muitas vezes totalmente opostas, mas entre quais uma é mais rigorosa, profunda e pura, enquanto a outra, com grande humildade e nobre sentimento de amor-próprio, carinhosamente se submete a ela, sentindo toda a superioridade do outro sobre si e guardando sua amizade no coração como uma felicidade. É aí que começa uma carinhosa e bondosa delicadeza na relação entre esses caráteres: amor e benevolência até o fim, de um lado — e do outro, amor e um respeito que chega a ser uma espécie de medo, de temor de si aos olhos de quem se estima tanto e até um desejo ávido de aproximar-se a cada passo do coração do outro. Ambas as amigas tinham a mesma idade, mas entre elas havia uma diferença incomensurável em tudo, começando pela beleza. Mme. M* também era muito bem-apessoada, mas havia algo especial em sua beleza que a distinguia nitidamente de uma multidão de mulheres bonitas; havia algo em seu rosto que atraía irresistivelmente para si toda simpatia ou, melhor dizendo, que despertava uma nobre e elevada benevolência naqueles que a encontravam. Existem alguns rostos afortunados dessa maneira. Ao lado dela todos ficavam melhores de alguma forma, mais livres, mais calorosos e, no entanto, seus grandes olhos tristes, cheios de fogo e força, olhavam tímidos e inquietos, como se estivessem sob o medo incessante de algo hostil e ameaçador, e essa estranha timidez às vezes recobria com tanta melancolia seus traços serenos e doces, evocativos dos rostos iluminados das Madonas italianas, que, olhando para ela, logo você mesmo ficava triste como se sofresse uma dor própria. Por entre a beleza impecável de suas linhas puras e regulares e da melancólica severidade de alguma tristeza velada e secreta, esse rosto pálido e emagrecido com frequência transluzia o claro semblante original de criança — a imagem de anos ainda recentes e ingênuos e, talvez, de uma felicidade inocente; esse sorriso silencioso, mas indeciso e oscilante — tudo isso surpreendia tal simpatia inconsciente em relação a essa mulher, que no coração de cada um nascia sem querer uma preocupação doce e cálida que a protegia, e que fazia que você sentisse próximo a ela ainda de longe e de fora. Mas a bela parecia de alguma maneira calada, reservada, apesar de, claro, não existir criatura mais atenciosa e amorosa quando alguém precisava da sua compaixão. Há mulheres que parecem ser enfermeiras na vida. É possível não esconder nada delas, pelo menos nada que seja dor e ferida na alma. O sofredor vai a elas sem hesitar, esperançoso, e não teme ser um peso, pois raros entre nós sabem até que ponto pode ser paciente e infinito o amor, a compaixão e o completo perdão em alguns corações femininos. Esses corações puros guardam em si um verdadeiro tesouro de amor, consolo e esperança, e muitas vezes também são ofendidos, pois um coração que ama muito se entristece muito, mas quando a ferida é cuidadosamente escondida de um olhar curioso, é porque uma desgraça profunda costuma estar calada e oculta. Já elas não se assustam nem com a profundidade das feridas, nem com o pus, nem com o mau cheiro: quem se aproxima delas já é digno; além disso, é como se elas só tives-

DOSTOIÉVSKI

sem nascido para uma proeza... Mme. M* era alta, ágil e esbelta, mas um pouco frágil. Todos seus movimentos eram de alguma maneira desiguais, ora lentos, suaves, e até de alguma forma imponentes, ora rápidos como de uma criança, e com isso certa humildade tímida transparecia em seus gestos, algo como se fosse trêmulo e indefeso, mas sem pedir nem rogar a ninguém por proteção.

Já falei que as condenáveis pretensões da pérfida loira me envergonhavam, feriam e insultavam ao extremo. Porém havia outro motivo secreto, estranho e tolo que eu dissimulava e me fazia tremer como Koschei até mesmo ao pensar nela a sós, com minha cabeça pendente em algum canto secreto e escuro, aonde não chegava nenhum olhar inquisidor e e brincalhão de uma certa astuciosa de olhos azuis; a um só pensamento a respeito disso eu quase sufocava de confusão, vergonha e medo — em suma, eu estava apaixonado, quer dizer, vamos supor que eu tenha dito um absurdo: que isso não podia ser verdade; mas por que entre todos os rostos que me rodeavam só um atraía minha atenção? Por que só a ela eu gostava de seguir com o olhar, apesar de certamente não me importar naquela época em olhar as damas e travar conhecimento com elas? Isso acontecia com mais frequência à noite, quando o mau tempo trancava a todos nos quartos e eu, escondido sozinho em algum canto da sala, olhava sem objetivo pelos lados, sem achar definitivamente alguma outra ocupação, pois, exceto por minhas perseguidoras, raramente alguém falava comigo e nessas noites eu ficava insuportavelmente entediado. Nesses momentos, eu olhava atento os rostos ao meu redor, escutava concentrado as conversas de que muitas vezes não entendia uma palavra sequer e eis que nesse período os olhares silenciosos, o sorriso dócil e o

O PEQUENO HERÓI

maravilhoso rosto de Mme. M* (porque se tratava dela), sabe Deus por quê, atraíam minha atenção fascinada e já não se apagava essa minha impressão estranha, indefinida, mas incompreensivelmente doce. Era comum passar horas a fio sem poder despregar os olhos dela; decorei cada gesto seu, cada movimento, escutava atento cada vibração de sua voz grave, prateada, mas um pouco abafada e — caso estranho! — de todas observações, com uma impressão tímida e doce, me veio uma curiosidade incompreensível. Era como se eu estivesse tentando desvendar algum mistério...

O que mais me torturava eram as zombarias em presença de Mme. M*. Essas troças e perseguições cômicas, no meu entendimento, chegavam a me humilhar. Quando acontecia de ressoar o riso geral às minhas custas, do qual até Mme. M* às vezes participava sem querer, então eu, desesperado, fora de mim de dor, fugia de minhas tiranas e corria para cima, onde virava um selvagem nas horas restantes do dia, sem ousar mostrar meu rosto na sala. Além disso, eu mesmo não entendia nem minha vergonha, nem minha agitação; todo o processo acontecia dentro de mim inconsciente. Com Mme. M* eu praticamente não falara duas palavras e, claro, não me atreveria a isso. Mas eis que uma noite, depois do dia mais insuportável para mim, terrivelmente cansado, fiquei para trás em relação aos outros durante um passeio e tentava chegar em casa atravessando o jardim. Em um banco, numa aleia solitária, vi Mme. M*. Estava sozinha, como se tivesse escolhido de propósito aquele lugar isolado, com a cabeça baixa sobre o peito e torcia o lenço maquinalmente. Estava em tal meditação que não escutou quando passei por ela.

Ao notar minha presença, ela rapidamente se levan-

DOSTOIÉVSKI

tou do banco, deu as costas e reparei que enxugou às pressas os olhos com um lenço. Estava chorando. Depois de secar os olhos, sorriu para mim e foi comigo para casa. Já não me lembro sobre o que falamos, mas a todo instante fazia com que me afastasse dela sob diversos pretextos: ora me pedia que colhesse uma flor, ora pedia para ver quem vinha a cavalo pela aleia vizinha. Quando eu me afastava, ela imediatamente levava o lenço aos olhos outra vez e secava lágrimas desobedientes que não queriam deixá-la em paz de maneira alguma, sempre se acumulavam de novo no coração e afloravam a seus pobres olhos. Entendi que, pelo visto, eu era grande peso para ela, quando me afastava com tanta frequência, e até ela mesma já tinha percebido que eu entendera tudo, mas não conseguia se conter, e isso me magoava ainda mais. Naquele momento, eu estava irritado comigo mesmo quase a ponto do desespero, me amaldiçoava pela falta de jeito e de presença de espírito e mesmo assim não sabia a maneira mais habilidosa de deixá-la em paz sem mostrar que eu notara sua aflição, então andava ao lado dela triste e surpreso, até espantado, completamente confuso e sem dúvida incapaz de encontrar uma palavra para manter nossa conversa já empobrecida.

Esse encontro me impressionou tanto que por toda a noite observei Mme. M* com ávida curiosidade, às escondidas e sem perdê-la de vista. Aconteceu, porém, que por duas vezes ela me surpreendeu em meio a minhas observações e, na segunda, sorriu ao notar. Foi seu único sorriso em toda a noite. A tristeza ainda não deixara seu rosto, que agora estava muito pálido. Durante todo o tempo ela conversava baixinho com uma dama madura, uma velha maldosa e rabugenta de quem ninguém gos-

O PEQUENO HERÓI

tava por seu amor à bisbilhotice e aos mexericos, mas a quem todos temiam e por isso eram forçados a agradar de qualquer maneira, querendo ou não...

Por volta das dez horas chegou o marido de Mme. M*. Até aquele momento eu vinha observando atento, sem desviar os olhos de seu rosto triste, mas agora, diante da entrada inesperada do marido, vi como ela se sobressaltou por completo e seu rosto, já pálido antes disso, fez-se de repente mais branco que um lençol. Foi tão visível que até outros notaram: escutei ao meu lado uma conversa entrecortada, da qual de alguma forma intuí que a pobre Mme. M* não estava nada bem. Diziam que seu marido era ciumento como o mouro, não por amor a ela, mas por amor-próprio. Era antes de tudo um europeu, um homem moderno, com modelinhos de ideias novas e orgulhoso delas. Na aparência, tinha cabelos negros, era um senhor alto e particularmente corpulento, com suíças europeias, o rosto corado e cheio de si, dentes brancos como açúcar e com uma impecável postura de cavalheiro. Consideravam-no um *homem inteligente*. Assim chamam em alguns círculos uma espécie particular de ser humano que engorda às custas dos outros, não faz absolutamente nada, não quer fazer absolutamente nada e tem, por eterna preguiça e ociosidade, em vez do coração um pedaço de banha. Você sempre escuta deles que não fazem nada por causa de certas circunstâncias complicadas e hostis que "cansam seu gênio" e que, por isso, são para eles "tristes de ver". É que essa é sua frase habitual, seu *mot d'ordre*, sua senha e mote, a frase que meus gorduchos bem nutridos distribuem a todo instante e por todo lado, que há tempo já começa a cansar como uma tartufice rematada e um discurso vazio. Ademais, alguns desses galhofeiros,

DOSTOIÉVSKI

absolutamente incapazes de encontrar o que fazer — o que, de resto, nunca nem procuraram —, justo por isso querem que todos pensem que em lugar de coração não têm banha, mas, ao contrário, em termos gerais, algo muito profundo, mas que precisamente sobre isso o mais formidável cirurgião não diria nada, claro, por respeito. Esses senhores despontam no mundo concentrando todos seus instintos na zombaria grosseira, na reprovação míope e no orgulho desmedido. Como não têm nada que fazer além de reparar e memorizar os erros e as fraquezas dos outros, e como têm tantos bons sentimentos quanto uma ostra, para eles não é difícil, diante de tais medidas de proteção, viver de forma bastante cautelosa com as pessoas. Eles se vangloriam excessivamente por isso. Quase têm certeza, por exemplo, de que o mundo todo lhes deve tributo; que o mundo é para eles como uma ostra que pegam em caso de necessidade; que todos, exceto eles, são tolos; que todos se parecem com uma laranja ou com uma esponja, a quem de vez em quando espremem enquanto precisam de suco; que dominam tudo e que toda a ordem das coisas dignas de elogio acontece justo porque são pessoas tão inteligentes e peculiares. Em seu orgulho desmedido, não admitem defeitos em si. Parecem com aquele tipo de gaiato cotidiano, Tartufos e Falstaffs inatos que de tanto trapacear terminaram convencendo a si próprios que devia ser assim, ou seja, de que eles devem viver e trapacear; com tanta frequência convencem a todos de que são gente honesta que por fim eles mesmos se convencem de que isso é verdade e que sua astúcia é um negócio honesto. Eles não têm força para um tribunal interior da consciência, para uma nobre autoavaliação: para certas coisas são insensíveis demais. Em primeiro plano sempre vem sua preciosa

O PEQUENO HERÓI

pessoa, seu Moloch e Baal,[2] seu esplêndido *eu*. Toda a natureza, todo o mundo para eles não é mais que um magnífico espelho, criado apenas para que seu pequeno deus pudesse admirar a si mesmo sem parar e não visse nada nem ninguém além de si; depois disso, não é de se surpreender que ele veja tudo no mundo com uma aparência tão repugnante. Para tudo tem uma frase reservada e — o que, devo admitir, é o auge da agilidade de sua parte — a frase mais elegante. Na verdade, são eles que contribuem para essa moda, passando de boca em boca por todos os cantos essa ideia em que farejam sucesso. Eles têm bem um olfato para farejar uma frase da moda e adotá-la antes dos outros, como se viesse deles. Principalmente, armazenam suas frases para expressar a mais profunda solidariedade em relação à humanidade, para definir de qual é o juízo mais correto e justificado da filantropia e, por fim, para punir incessantemente o romantismo, ou seja, para com frequência acabar com tudo o que é belo e verdadeiro e que contém mais valor em um simples átomo do que em toda sua raça de imprestáveis. Mas, grosseiramente, não reconhecem a verdade em uma forma indireta, transitória e incompleta e rejeitam tudo o que ainda não está maduro e definido, tudo o que ainda está em fermentação. Uma pessoa bem nutrida passou toda a vida alegremente, teve casa e comida de mão beijada, não faz nada por si mesmo e nem sabe como é difícil fazer qualquer coisa, por isso ai de quem ofende seus sentimentos gordurosos com alguma aspereza: ele nunca vai perdoá-lo, e para sempre vai lembrar-se e vingar-se com prazer. Como resultado, meu protagonista não passava de um enorme saco, es-

---

[2]Deuses adorados pelos cananeus.

DOSTOIÉVSKI

tufado até não poder mais, cheio de máximas, frases da | **69**
moda e rótulos de todos os tipos e variedades.

Porém, por outro lado, M. M* tinha uma particulari-
dade, era um homem digno de nota: era piadista, tagarela
e contador de histórias, e nas salas de visitas sempre se
reunia um círculo à sua volta. Naquela noite especial-
mente, ele conseguiu causar uma impressão. Ele domi-
nou a conversa; estava inspirado, alegre, satisfeito com
algo e no fim conseguiu que todos os olhares se voltas-
sem para ele. Mas Mme. M* parecia continuar doente;
seu rosto estava tão triste que eu sempre achava que a
qualquer momento as lágrimas de antes começariam a
tremer em seus longos cílios. Tudo isso, como disse, me
surpreendeu e assombrou de modo extraordinário. Saí
com um sentimento de estranha curiosidade e passei toda
a noite sonhando com M. M*, embora até então eu raras
vezes tivera pesadelos.

No dia seguinte, de manhã cedo, chamaram-me para
ensaiar uns quadros vivos dos quais eu participava. Qua-
dros vivos, teatro e depois baile — tudo aconteceria
na mesma noite, dali a uns cinco dias, por ocasião de
uma festa familiar: era aniversário da filha mais nova
do nosso anfitrião. Nessa festa, quase improvisada, já
haviam sido convidadas umas cem pessoas de Moscou
e das *datchas* vizinhas, e havia muito rebuliço, afazeres
e vaivém. O ensaio, ou melhor dizendo, a prova do fi-
gurino estava marcada inoportunamente para a manhã,
pois nosso diretor, o famoso pintor R*, amigo e convi-
dado de nosso anfitrião — que, por amizade a ele, con-
cordara em assumir a responsabilidade de compor e re-
presentar os quadros e de cuidar do nosso treinamento
ao mesmo tempo —, agora precisava ir às pressas à ci-
dade para comprar acessórios cenográficos e cuidar dos

O PEQUENO HERÓI

preparativos finais da festa, e por isso não podíamos perder tempo. Eu participava de um quadro com Mme. M*. O quadro representava uma cena da vida medieval e se chamava "A senhora do castelo e seu pajem".

Senti um embaraço indizível ao me encontrar com Mme. M* no ensaio. Eu não conseguia deixar de pensar que ela logo leria em meus olhos todos os pensamentos, dúvidas e hipóteses que haviam surgido na minha cabeça desde o dia anterior. Além disso, tinha a impressão de que eu era de alguma forma culpado diante dela por ter surpreendido suas lágrimas no dia anterior e incomodá-la em sua dor, e que, por isso, ela devia encarar-me a contragosto como testemunha desagradável e cúmplice inoportuno de seu segredo. Mas, graças a Deus, a coisa se arranjou sem grandes preocupações: ela simplesmente não reparou em mim. Parecia não ter paciência alguma para mim ou para o ensaio: estava desatenta, triste, sombria e pensativa; era evidente que alguma grande preocupação a atormentava. Depois de terminar meu papel, corri para mudar de roupa e dez minutos depois saí no terraço para o jardim. De outra porta saiu quase ao mesmo tempo Mme. M* e, justamente do lado oposto, à nossa frente, apareceu seu cônjuge cheio de si, voltando do jardim onde acabara de acompanhar todo um grupo de damas e lá as deixara nas mãos de algum *cavalier servant* ocioso. O encontro entre marido e mulher, pelo visto, foi inesperado. Mme. M*, não sei por que motivo, ficou desconcertada de repente e em seus movimentos impacientes transparecia leve irritação. Seu marido, assobiando despreocupado uma ária e arrumando suas suíças compenetrado por todo o caminho, agora, ao encontrar a esposa, ficou sério e a examinou, como me lembro agora, com um olhar definitivamente inquisidor.

DOSTOIÉVSKI

— Vai para o jardim? — perguntou ao notar a sombrinha e o livro nas mãos da mulher.

— Não, para o bosque — respondeu ela, ligeiramente ruborizada.

— Sozinha?

— Com ele... — disse Mme. M*, apontando para mim. — Passeio sozinha de manhã — acrescentou ela, com a voz um pouco instável e evasiva, precisamente igual a alguém que mente pela primeira vez na vida.

— Hum... E eu acabei de levar para lá toda uma companhia. Estão todos reunidos lá no caramanchão florido para despedir-se de N. Ele está indo embora, você sabe... Está com algum problema lá em Odessa... Sua prima (ele falava da loira) ora ri, ora quase chora, tudo de uma vez, é impossível compreendê-la. Além disso, ela me falou que você está brava com N. e por isso não foi se despedir dele. Uma bobagem, é claro.

— Ela estava brincando — respondeu Mme. M*, descendo os degraus do terraço.

— Então é esse é seu *cavalier servant* de todos os dias? — acrescentou M. M*, crispando a boca e apontando para mim sua luneta.

— Pajem! — gritei, zangado pela luneta e pela zombaria e, rindo direto na sua cara, pulei de uma vez três degraus do terraço...

— Bom passeio! — murmurou M. M* e seguiu seu caminho.

É claro que me aproximei de Mme. M* imediatamente, logo que ela me indicou para o marido, e eu olhava para ela como se já tivesse me convidado uma hora antes e a acompanhasse em seus passeios matinais havia um mês inteiro. Contudo eu não conseguia compreender de maneira alguma por que ela ficara tão

O PEQUENO HERÓI

desconcertada e confusa e o que é que tinha em mente quando decidiu recorrer a essa pequena mentira. Por que não tinha dito simplesmente que ia sozinha? Eu já nem sabia mais como olhar para ela, mas, atingido pela surpresa, ingenuamente comecei pouco a pouco a espiar seu rosto; só que, assim como uma hora antes, no ensaio, ela não reparava nem as espiadelas, nem minhas perguntas mudas. A preocupação torturante era a mesma, porém se manifestava ainda mais evidente e profunda que antes em seu rosto, em sua agitação, no seu andar. Ela se apressava em ir a algum lugar, apertando o passo cada vez mais, e olhava preocupada para cada aleia, cada clareira do bosque, voltando-se para o lado do jardim. Eu também esperava por algo. De repente, atrás de nós escutou-se um tropel de cavalos. Era uma cavalgada inteira de amazonas e cavaleiros voltando da despedida de N., que deixava nossa companhia tão bruscamente.

Entre as damas estava minha loira, a quem tinha se referido M. M* quando falou sobre suas lágrimas. Mas, como de costume, ela gargalhava como uma criança e galopava velozmente um magnífico cavalo baio. Quando nos alcançou, N. levantou o chapéu, mas não parou e não trocou uma palavra com Mme. M*. Logo toda a tropa desapareceu de nossa vista. Olhei para Mme. M* e por pouco não soltei um grito de surpresa: ela estava branca como um lençol e grossas lágrimas brotavam em seus olhos. Nossos olhares se encontraram por acaso: de repente, Mme. M* corou, virou-se por um instante e sua preocupação e desgosto apareceram claramente em seu rosto. Eu era um estorvo ainda pior que no dia anterior — estava claro como o dia, mas onde eu podia me meter?

De repente Mme. M*, como se tivesse adivinhado, abriu o livro que tinha em mãos e, ruborizada, talvez para

DOSTOIÉVSKI

não olhar para mim, disse como se só naquele momento tivesse notado:

— Ah! Esta é a segunda parte, me enganei; por favor, traga-me a primeira.

Como não entenderia? Meu papel havia acabado e era impossível enxotar-me mais diretamente.

Fui embora correndo com o livro e não voltei. A primeira parte ficou com a maior das tranquilidades sobre a mesa naquela manhã...

Eu estava fora de mim; meu coração batia como se estivesse sempre assustado. Empenhava-me com todas as forças para não me encontrar com Mme. M*. Em compensação, olhava para a figura cheia de si de M. M* com uma espécie de curiosidade desenfreada, como se agora inevitavelmente houvesse nele algo especial. De fato, não entendo o motivo dessa minha curiosidade cômica; lembro apenas que eu estava sob algum tipo de estranho assombro por tudo o que tive a ocasião de ver naquela manhã. Mas meu dia acabara de começar e ele seria abundante em acontecimentos.

Naquele dia, almoçaram extremamente cedo. Para a noite estava marcado um divertido passeio para o povoado vizinho, onde acontecia uma festa rural, e por isso era preciso tempo para nos aprontarmos. Eu já vinha sonhando com esse passeio havia três dias e esperava por ele com imensa alegria. Quase todos se juntaram para tomar café no terraço. Infiltrei-me com cuidado atrás de outras pessoas e me escondi atrás de três fileiras de poltronas. A curiosidade me atraía e, ao mesmo tempo, eu não queria por nada ser visto por Mme. M*. O acaso resolveu colocar-me perto de minha loira perseguidora. Porém, dessa vez aconteceu um milagre, algo impossível: ela estava duas vezes mais bela. Nem sei como

O PEQUENO HERÓI

ou por que isso se dá, mas com as mulheres esses milagres acontecem, inclusive com certa frequência. Nesse momento havia entre nós um novo convidado, admirador apaixonado da nossa loira, um jovem alto e pálido que acabara de chegar de Moscou, como se fosse só para substituir N. , que partira e sobre quem corria um boato de que era desesperadamente apaixonado por nossa beldade. No que se refere ao recém-chegado, ele já de longa data mantinha com ela exatamente a mesma relação que têm Benedict e Beatrice em "Muito barulho por nada", de Shakespeare. Em suma, nossa beldade nesse dia fazia extraordinário sucesso. Suas brincadeiras e tagarelices eram tão elegantes, tão confiantes e ingênuas, tão perdoavelmente imprudentes; estava convencida de que deleitava a todos com uma presunção tão graciosa que, de fato, provocava o tempo todo uma espécie de veneração especial. Um estreito círculo de ouvintes e admiradores apaixonados não se desfazia à sua volta, e ela nunca estivera tão sedutora. Todas suas palavras tentadoras e insólitas eram absorvidas e passadas adiante no círculo, e não havia uma única brincadeira sua, uma só extravagância que passasse despercebida. Parecia que ninguém nem ao menos esperava tanto bom gosto, brilho e inteligência vindos dela. Todas suas melhores qualidades ficavam sempre enterradas na mais voluntariosa das doidices, na criancice mais teimosa, quase a ponto da zombaria; raras pessoas as haviam notado; e, se notaram, não lhes deram crédito, de forma que agora seu sucesso incomum era recebido por todos com um sussurro apaixonado de assombro.

Por outro lado, contribuiu para esse sucesso uma circunstância especial e bastante delicada, ao menos a julgar pelo papel que naquela mesma hora desempenhou

DOSTOIÉVSKI

o marido de Mme. M*. A brincalhona decidiu — e, é preciso acrescentar, para a satisfação geral ou, ao menos, para a satisfação de todos os jovens — atacá-lo com ferocidade por diversos motivos que talvez fossem bastante importantes a seus olhos. Ela estabeleceu com ele um verdadeiro fogo cruzado de piadas e troças, os sarcasmos mais irrefutáveis e escorregadios, os mais traiçoeiros, fechados e lisos, daqueles que acertam direto no alvo, mas que são impossíveis de rebater por qualquer lado e somente extenuam a vítima em um esforço vão, levando-a à fúria e ao mais cômico desespero.

Não sei ao certo, mas parece que todo esse ataque era premeditado e não feito de improviso. O duelo desesperado começou ainda no almoço. Digo "desesperado" porque M. M* tardou em depor as armas. Ele teve de reunir toda sua presença de espírito, toda a agudeza, todo seu escasso engenho para não ser reduzido a pó, aniquilado e ver-se coberto de inquestionável desonra. Isso tudo avançava diante do riso incessante e incontrolável de todos os participantes e testemunhas da batalha. Ao menos aquele dia não se parecia em nada com o dia anterior para ele. Era visível que Mme. M* tinha ímpetos de deter sua amiga imprudente, que por sua vez queria vestir de qualquer maneira o marido ciumento com uma fantasia extremamente engraçada e ridícula e, é de se supor, com a fantasia de Barba Azul, julgando pelas probabilidades, pelo que ficou na minha na memória e, por fim, pelo papel que tive a ocasião de desempenhar nesse embate.

Aconteceu de repente, de uma forma bastante engraçada, bem inesperada e, como se fosse de propósito, no minuto em que eu estava à vista, sem suspeitar do mal e até esquecido de minhas recentes

O PEQUENO HERÓI

precauções. Súbito, fui posto em primeiro plano como inimigo mortal e adversário natural de M. M*, como se estivesse desesperada e perdidamente apaixonado por sua esposa, fato que minha tirana logo jurou, deu a palavra, disse que tinha provas e que ainda, por exemplo, naquele mesmo dia na floresta ela tinha visto...

Ela, porém, não conseguiu terminar de falar, pois a interrompi no momento mais decisivo para mim. Esse instante foi tão desonestamente calculado, tão traiçoeiramente preparado para desfecho ridículo e tão comicamente arranjado que uma explosão incontrolável de riso generalizado saudou essa última extravagância. E ainda que eu adivinhasse naquela hora que o papel mais desagradável não recaía sobre mim — ainda assim eu estava tão confuso, irritado e assustado que, banhado em lágrimas de angústia e desespero, arquejando de vergonha, abri passagem entre duas fileiras de poltronas até chegar à frente e, dirigindo-me à minha tirana, gritei com a voz entrecortada por lágrimas e indignação:

— E a senhora não tem vergonha... diante de todos... de todas as damas... falar tamanha... mentira?! feito uma criança... diante de todos os homens... O que eles vão dizer? A senhora, tão grande... casada!

Mas não cheguei a terminar e ressoou um aplauso ensurdecedor. Meu ataque provocou verdadeiro *furore*. Meu gesto inocente, minhas lágrimas e, principalmente, que eu parecesse estar tomando a defesa de M. M* — tudo isso provocou uma gargalhada tão infernal que até hoje basta lembrar, eu mesmo acho bastante engraçado... Fiquei perplexo, quase louco de horror e, queimando como pólvora, escondendo o rosto com as mãos, corri para fora, nas portas derrubei uma bandeja das mãos de um criado que entrava e voei para cima, para meu quarto.

DOSTOIÉVSKI

Arranquei a chave que estava enfiada do lado de fora da porta e me tranquei por dentro. Fiz bem, porque fui perseguido. Em menos de um minuto toda uma tropa das mais belas de nossas damas sitiou minha porta. Eu escutava suas risadas sonoras, sua conversa acelerada, suas vozes misturadas ao riso; tagarelavam todas ao mesmo tempo, como andorinhas. Todas elas, sem exceção, pediam, imploravam para que eu abrisse, nem que fosse por um minuto; juravam que não fariam o menor mal, só me encheriam de beijos. Mas... o que podia ser mais terrível que essa nova ameaça? Simplesmente eu ardia de vergonha atrás da porta, com o rosto escondido nos travesseiros, sem abrir, sem nem responder. Elas continuaram batendo e implorando por muito tempo, mas eu estava insensível e surdo, como convém a uma criança de onze anos.

Mas o que fazer agora? Tudo fora descoberto, tudo fora revelado, tudo o que eu escondia e guardava com tanto zelo... Desonra e vergonha eterna recairiam sobre mim! Na verdade, eu mesmo não sabia dar nome ao que tanto me amedrontava e o que é que eu queria esconder; no entanto, eu tinha medo de algo e, diante da revelação desse *algo*, tremia como vara verde. Apenas não sabia até esse momento do que se tratava: se era conveniente ou não, motivo de glória ou de vergonha, louvável ou não. E agora, no martírio e na tristeza imposta, descobria que era *engraçado* e *vergonhoso*! Ao mesmo tempo, sentia instintivamente que esse veredito era falso, desumano e grosseiro; mas estava devastado, aniquilado; o processo de raciocínio parecia interromper-se e emaranhar-se dentro de mim; eu não conseguia nem me contrapor a esse veredito, nem mesmo examiná-lo bem: estava ofuscado; sentia apenas que meu coração

O PEQUENO HERÓI

fora ferido de forma desumana e sem-vergonha e me debulhava em um choro impotente. Estava aflito; dentro de mim, sentia ferver a indignação e o ódio, sentimento que até então nunca conhecera, pois, pela primeira vez na vida, experimentava seriamente dor, injúria e ofensa; e de fato me sentia assim, sem nenhum exagero. Em mim, uma criança, um primeiro sentimento, ainda inexperiente e vago, fora ferido de maneira grosseira, a primeira vergonha virginal e aromática fora tão cedo posta a nu e ultrajada; minha impressão estética, a primeira e talvez bastante séria, fora ridicularizada.

Claro, aqueles que riam de mim não sabiam bem disso nem imaginavam quanto eu sofria. Em parte, isso acontecia por uma circunstância secreta que eu mesmo nem tivera tempo de investigar e de alguma forma até então tinha medo de fazê-lo. Triste e aflito, continuava deitado em minha cama, com o rosto escondido no travesseiro; febre e calafrios tomavam meu corpo alternadamente. Duas questões me atormentavam: o que é que havia visto e o que de fato podia ter percebido a loira tratante no bosque esse dia entre mim e Mme. M*? E, por fim, a segunda questão: como, com que olhos, de que maneira eu poderia agora mirar o rosto de Mme. M* e não ser destruído no mesmo minuto, no mesmo lugar de pura vergonha e desespero?

Finalmente, um barulho incomum vindo do pátio me tirou do estado de semi-inconsciência em que me encontrava. Levantei-me e me aproximei da janela. Todo o pátio estava atravancado por carruagens, cavalos selados e criados atarefados. Parecia que estavam todos saindo; vários cavaleiros já estavam montados; outros convidados se acomodavam nas carruagens... Nesse momento, lembrei-me da excursão iminente e então, pouco a pouco,

DOSTOIÉVSKI

uma inquietação começou a infiltrar-se em meu coração; passei a procurar com atenção meu cavalo no pátio, mas ele não estava lá — isso significava que eu fora esquecido. Não suportei e corri a toda pressa para baixo, já sem pensar nem nos encontros desagradáveis, nem em toda minha recente desonra.

Uma notícia terrível me esperava. Dessa vez não havia para mim nem cavalo selado, nem lugar na carruagem: tudo estava tomado e ocupado, e fui obrigado a ceder meu lugar a outros.

Abalado por essa nova desgraça, parei no terraço da entrada e olhava com tristeza para as longas filas de carruagens, cabriolés e carros — todas sem um minúsculo cantinho para mim — e para as amazonas elegantes, sob as quais se mexiam os cavalos impacientes.

Um dos cavaleiros se atrasara por algum motivo. Esperavam somente por ele para partir. Seu cavalo estava perto da entrada, mordendo o freio, revolvendo a terra com o casco, tremendo a todo instante e empinando de susto. Dois cavalariços seguravam-no com cuidado pela rédea e todos por cautela mantinham uma distância respeitosa.

De fato, acontecera uma circunstância bastante infeliz que me impedia de ir. Não só haviam chegado novos convidados e tomado todos os lugares e cavalos, mas também dois cavalos de sela tinham se adoentado, entre eles o meu. Porém eu não era o único a sofrer por isso: descobriu-se que nosso novo hóspede, aquele jovem pálido sobre quem já falei, tampouco tinha um cavalo para si. Para remediar o contratempo, nosso anfitrião foi forçado a recorrer a uma medida extrema: oferecer um cavalo enfurecido e indomado, acrescentando, para limpar a consciência, que não havia maneira de

O PEQUENO HERÓI

montá-lo e que já fazia tempo tinham decidido doá-lo por seu caráter selvagem, aliás, isso se achassem um comprador para ele. Mas o convidado advertido declarou que cavalgava bastante bem e que, em todo caso, estava pronto para montar qualquer coisa, desde que fosse com eles. O anfitrião se calou, mas achei que algum sorriso ambíguo e malicioso passou por seus lábios. Enquanto esperava pelo cavaleiro que se vangloriara de sua habilidade, ele próprio ainda sem montar, esfregava as mãos com impaciência e olhava para a porta a todo instante. Algo semelhante se transmitiu inclusive para os dois cavalariços, que seguravam o cavalo e quase não respiravam de tanto orgulho ao ver-se diante de todo o público com um animal desses, que de repente podia matar uma pessoa sem mais nem menos. Algo parecido com o sorriso malicioso do dono da casa se refletia em seus olhos, esbugalhados pela expectativa e também voltados para a porta de onde devia sair o audaz recém-chegado. Por fim, o próprio cavalo se comportava como se também tivesse combinado tudo com o dono da casa e os criados: reagia de maneira orgulhosa e insolente, como se sentisse que algumas dezenas de olhares curiosos o observavam e tivesse orgulho diante de todos de sua reputação, igualzinho a certos boêmios irrecuperáveis que se orgulham de suas travessuras infames. Parecia que ele estava provocando o cavalheiro audaz que decidiria atentar contra sua violência.

O convidado valente por fim apareceu. Envergonhado por fazer-se esperar e colocando as luvas com pressa, ia em frente sem olhar; desceu os degraus da escadaria e só levantou os olhos quando estendia a mão para pegar pela crina o cavalo que tanto tempo passara à sua espera, mas de repente parou atônito com sua empinada

DOSTOIÉVSKI

raivosa e o grito de advertência de todo o público assustado. O jovem recuou e olhou perplexo para o cavalo selvagem que tremia inteiro, bufava de fúria e movia, bravio, os olhos injetados de sangue, a todo instante dobrando as patas traseiras e erguendo as dianteiras, como se estivesse se preparando para disparar pelos ares e levar consigo os dois guias. Por mais ou menos um minuto ele ficou parado, absolutamente pasmo; depois, um pouco corado por certo embaraço, ergueu os olhos, percorreu-os à sua volta e viu as damas assustadas.

— O cavalo é muito bom — disse, como se falasse sozinho — e, a julgar pelas aparências, deve ser muito agradável cavalgá-lo, mas... mas, sabem de uma coisa? De fato, não vou — concluiu, dirigindo-se ao nosso anfitrião com o sorriso amplo e ingênuo, que combinava tão bem com seu rosto bondoso e inteligente.

— Mas, mesmo assim, eu o considero excelente cavaleiro, juro — respondeu alegre o proprietário do cavalo indomável, apertando a mão de seu convidado com ardor e até com gratidão —, justo porque o senhor percebeu à primeira vista a fera com que está lidando — acrescentou com dignidade. — O senhor acreditaria que eu, que passei vinte e três anos como hussardo, já tive o prazer de ir parar no chão três vezes por bondade dele, quer dizer, exatamente o número de vezes que tentei montar esse... papa-jantares. Tankred, meu amigo, essa gente não está à sua altura; pelo visto, seu cavaleiro é algum Iliá Múromiets[3] e está agora há muito tempo preso no povoado de Karatcharov esperando que seus dentes caiam. Muito bem, levem-no! Basta de assustar as pessoas! Trouxeram-no para nada — concluiu, esfregando as mãos cheio de si.

---

[3] Herói do folclore russo.

O PEQUENO HERÓI

É preciso observar que Tankred não lhe trazia o mínimo proveito e só fazia comer do seu pão; além disso, o velho hussardo perdeu com ele toda sua antiga glória de cavaleiro, depois de pagar um preço fabuloso pelo parasita inútil, que só cavalgava quando lhe dava na telha... Mesmo assim, agora estava agora extasiado porque seu Tankred, sem comprometer a própria dignidade, tinha deixado mais um cavaleiro a pé e com isso conquistara para si louros inúteis.

— Como, o senhor não vai? — gritou a loira, que precisava de toda forma ter seu *cavalier servant* a seu lado daquela vez. — Será que se acovardou?

— Juro por Deus que sim! — respondeu o jovem.

— Está falando sério?

— Escute, por acaso quer que eu quebre o pescoço?

— Então sente-se rápido no meu cavalo: não tenha medo, ele é manso. Não vamos nos atrasar; selamos novamente em um instante! Vou tentar pegar o seu; não é possível que Tankred seja sempre tão descortês.

Dito e feito! A brincalhona saltou da sela e terminou a última frase já parando na nossa frente.

— Vocês não conhecem bem Tankred se pensam que vai aceitar sua sela imprestável! E eu também não vou permitir que a senhora quebre o pescoço; seria de fato uma pena! — disse nosso anfitrião afetando em suas palavras, por hábito rotineiro, neste momento de satisfação interna, a rispidez e até mesmo a grosseria que, mesmo sem isso, já faziam sua fama; atitude que, na sua opinião, dava a impressão de ser um veterano bonachão e devia agradar sobretudo às damas. Essa era uma de suas fantasias, a preferida, seu ponto forte, conhecida por todos nós.

— Então, chorão, não quer tentar? Você queria

DOSTOIÉVSKI

tanto ir — disse a intrépida amazona ao reparar minha presença e, provocando, acenou com a cabeça para Tankred, exatamente para não sair sem nada, já que tivera de descer do cavalo em vão e para não me deixar sem uma palavrinha mordaz, visto que eu mesmo cometera o erro de aparecer diante de seus olhos.

— Provavelmente você não é como o... ah, não preciso falar, você é um herói ilustre e terá vergonha de acovardar-se; ainda mais quando está sendo observado, belo pajem — acrescentou ela, olhando rápido para Mme. M*, cuja carruagem era a mais próxima da escadaria.

O ódio e o sentimento de vingança inundaram meu coração quando a bela amazona veio até nós com a intenção de montar Tankred... Mas não sou capaz de contar o que senti diante desse desafio inesperado da colegial. Foi como se eu visse tudo escuro quando captei seu olhar para Mme. M*. Em um instante uma ideia lampejou em minha cabeça... porém, foi apenas um instante, menos que um instante, como uma explosão de pólvora e a gota d'água, e subitamente me insurgi com todo meu espírito reanimado, de tal forma que de repente quis destruir todos meus inimigos de um só golpe, vingar-me deles por tudo e diante de todos e mostrar que tipo de pessoa eu era; ou, enfim, foi como se alguém me ensinasse nesse instante por algum milagre a história da Idade Média, da qual eu até então não conhecia patavina, e em minha cabeça entontecida começaram a desfilar torneios, paladinos, heróis, belas damas, glória e vencedores, ressoaram clarins, sons de espadas, gritos e aplausos da multidão e entre esses gritos um berro tímido de um coração assustado, o que acalenta a alma orgulhosa com mais doçura do que a honra e a glória — já nem

O PEQUENO HERÓI

sei se toda essa tolice aconteceu em minha cabeça ou, é mais provável, era o pressentimento da tolice futura e inevitável, mas apenas escutei que soava a minha hora. Meu coração saltou, estremeceu e nem eu mesmo lembro como em um pulo saltei o terraço de entrada e fui parar ao lado de Tankred.

— Vocês acham que tenho medo? — gritei orgulhoso e insolente, com ódio do mundo por causa da febre, arquejando de agitação e tão afogueado que lágrimas queimavam minhas faces — Então vão ver só! — E, depois de pegar Tankred pela crina, coloquei o pé no estribo antes que tivessem tempo de fazer o menor movimento para deter-me, mas nesse instante Tankred empinou, ergueu a cabeça, com um vigoroso salto se livrou das mãos dos cavalariços estupefatos e voou como um turbilhão, e todos só puderam arfar e soltar um grito.

Só Deus sabe como consegui conduzir minha outra perna em pleno voo; da mesma forma, não compreendo como não me aconteceu de perder as rédeas. Tankred me levou para fora do portão de treliça, virou bruscamente para a direita e passou adiante da grade sem rumo, sem ver o caminho. Só neste momento escutei atrás de mim o grito de cinquenta vozes, e esse grito ressoou em meu coração petrificado com tal sentimento de satisfação e orgulho que nunca esquecerei esse minuto desvairado de minha vida infantil. Todo meu sangue jorrou para a cabeça, me atordoou e inundou, abafou meu medo. Eu estava fora de mim. De fato, quando lembro agora, em tudo isso havia realmente algo cavaleiroso.

Além disso, toda minha cavalgada começou e terminou em menos de um instante, senão teria acabado mal para o cavaleiro. Mesmo naquela hora, não sei como me salvei. Sabia cavalgar: estavam me ensinando. Mas

DOSTOIÉVSKI

meu cavalo parecia mais uma ovelha do que um cavalo de montaria. É claro, eu teria voado com Tankred se ele tivesse tido tempo de me lançar, mas, depois de galopar uns cinquenta passos, ele de repente se assustou com uma pedra enorme que estava no caminho e recuou bruscamente. Voltou-se no ar, mas de modo tão abrupto, enlouquecido, como se diz, que mesmo agora não sei como eu não voei da sela como uma bolinha por umas três braças e não me espatifei, nem como Tankred não torceu as patas com uma volta tão brusca. Ele se jogou para trás rumo ao portão, abanando a cabeça furioso, mexendo-se de um lado para o outro como embriagado de fúria, levantando as patas no ar de qualquer modo e a cada salto tentava me jogar para fora das suas costas, como se um tigre tivesse saltado sobre ele e cravado dentes e garras em sua carne. Mais um instante e eu teria voado, já estava caindo, mas vários cavaleiros voaram para me salvar. Dois deles interceptaram o caminho no campo; outros dois se aproximaram tanto a galope que por pouco não esmagaram minhas pernas ao apertar Tankred de ambos os lados com os cavalos, e logo o seguravam pelas rédeas. Em poucos segundos estávamos perto do terraço.

Me tiraram do cavalo, pálido, quase sem respirar. Eu tremia inteiro como uma erva sob o vento, assim como Tankred, inclinando todo o corpo para atrás, imóvel, como se seus cascos estivessem cravados na terra, soltando a pesada respiração ardente de suas ventas vermelhas e fumegantes, tremendo inteiro, e parecia estupefato de afronta e fúria pela insolência impune daquela criança. Ao meu redor ressoaram gritos de agitação, assombro e susto.

Neste minuto meu olhar errante cruzou com o de

O PEQUENO HERÓI

Mme. M*., preocupada, lívida e — não consigo me esquecer desse instante — em um abrir e fechar de olhos todo meu rosto banhou-se de rubor, corou e ardeu como fogo; já nem sei o que aconteceu comigo, mas, confuso e assustado por minhas sensações, timidamente baixei os olhos para o chão. Porém meu olhar foi percebido, captado e roubado de mim. Todos se voltaram para Mme. M* e, surpreendida pela atenção geral, de repente ela própria, como uma criança, corou por algum sentimento involuntário e ingênuo e com esforço, ainda que sem êxito, tentou reprimir seu rubor com um riso...

Tudo isso, visto de fora, claro, era muito engraçado, mas naquele momento uma extravagância profundamente ingênua e inesperada me salvou do riso geral e acrescentou um colorido especial a toda essa aventura. A culpada de todo o rebuliço, aquela que até então vinha sendo minha inimiga irreconciliável, minha bela tirana, de repente se lançou sobre mim para me abraçar e beijar. Ela observou sem acreditar em seus olhos quando ousei aceitar seu desafio e pegar a luva que ela atirara para mim quando olhou para Mme. M*. Ela quase morreu de medo e remorsos por minha causa quando voei sobre Tankred; mas agora, quando tudo estava terminado e especialmente quando ela captou, com os outros, meu olhar dirigido a Mme. M*, meu desconcerto, meu rubor repentino, quando, por fim, ela conseguiu dar a esse momento, por uma inclinação romântica de sua cabecinha leviana, algum significado novo, secreto, não dito — agora, depois de tudo isso, ela se entusiasmou tanto com minha cavalgada que se atirou sobre mim e me apertou contra o peito, comovida, alegre e orgulhosa por mim. Em um minuto ela levantou para todos que haviam se aglomerado ao nosso redor o rostinho mais

DOSTOIÉVSKI

ingênuo, mais austero, no qual tremulavam e luziam duas pequenas lágrimas cristalinas, e com uma vozinha séria e grave como nunca se escutava vindo dela, falou, apontando para mim: *"Mais c'est très sérieux, messieurs, ne riez pas!"*[4] — sem perceber que todos estavam diante dela como que encantados, fascinados por seu límpido êxtase. Todo esse movimento inesperado e veloz, esse rostinho sério, essa ingenuidade simples, essas lágrimas afetuosas, insuspeitas até então, acumuladas em seus olhinhos sempre risonhos, eram nela um milagre tão inesperado que todos estavam diante dela como que eletrizados por seu olhar, suas palavras e gestos rápidos e ardentes. Parecia que ninguém conseguia tirar os olhos dela por medo de perder esse raro momento em seu rosto inspirado. Até nosso anfitrião corou como uma tulipa, e asseguraram que ele depois reconheceu, "para sua vergonha", que por quase um minuto inteiro esteve apaixonado por sua bela convidada. Bem, é claro que depois de tudo isso eu era um cavaleiro, um herói.

— Delorges! Toggenburg![5] — escutou-se ao meu redor.

Ressoaram aplausos.

— Um viva para a nova geração! — acrescentou o anfitrião.

— Mas ele vai, ele vem conosco de qualquer maneira! — gritou a bela. — Encontraremos um lugar para ele, devemos encontrar. Vai sentar-se ao meu lado, no meu colo... Ou não, não! Me enganei! — corrigiu-se ela, gargalhando e já sem forças para reprimir o riso diante da lembrança de nosso primeiro encontro. Mas,

---

[4]Em francês no original: "Mas isso é muito sério, senhores, não riam!".
[5]Personagens das baladas "A luva" e "Cavaleiro Toggenburg", de Schiller.

O PEQUENO HERÓI

rindo, ela acariciava com ternura minha mão, tentando com todas as forças me afogar em carinhos para que que não me ofendesse.

— Sem falta! Sem falta! — concordaram várias vozes. — Ele precisa ir, conquistou um lugar.

E em um instante a questão se resolveu. A mesma donzela velha que me apresentara à loira foi logo coberta de pedidos de todos os jovens para ficar em casa e ceder lugar para mim, com o que foi obrigada a concordar, para seu imenso desgosto, sorrindo e chiando baixinho de raiva. Sua protetora, ao redor de quem ela pairava, minha antiga inimiga e recente amiga, gritou para ela, já galopando em seu cavalo ágil, gargalhando como uma criança, que a invejava e que ela própria gostaria de ficar, pois logo começaria a chover e todos nós ficaríamos encharcados.

Ela de fato profetizou a chuva. Depois de uma hora começou um verdadeiro dilúvio e acabou com nosso passeio. Fomos obrigados a esperar por várias horas seguidas em isbás de camponeses e voltar para casa já por volta das dez horas, sob o tempo úmido após a chuva. Comecei a sentir-me um pouco febril. No exato minuto em que era preciso montar para voltar, Mme. M* veio até mim e se surpreendeu por eu estar usando apenas uma jaquetinha e ter o pescoço descoberto. Respondi que não tivera tempo de levar a capa. Ela pegou um alfinete e, depois de afivelar até o alto o colarinho franzido de minha camisa, tirou de seu pescoço um lencinho escarlate de gaze e envolveu meu pescoço para que eu não resfriasse a garganta. Ela estava com tanta pressa que nem tive tempo de lhe agradecer.

Quando chegamos em casa, encontrei-a em uma saleta, com a loira e o jovem pálido que naquele dia con-

DOSTOIÉVSKI

quistara a glória de cavaleiro por ter medo de montar Tankred. Aproximei-me para agradecer e devolver o lenço. Mas agora, depois de todas minhas aventuras, por algum motivo eu sentia vergonha; queria subir quanto antes e lá, no ócio, pensar e refletir sobre algo. Eu estava repleto de impressões. Ao devolver o lenço, como de costume, corei até as orelhas.

— Aposto que ele quer ficar com o lenço — disse o jovem sorrindo. — Dá para ver pelos olhos que ele lamenta separar-se do seu lenço.

— É mesmo, é mesmo! — concordou a loira. — Olhem só para ele! Ah! — disse ela, com visível irritação e meneando a cabeça, mas parou a tempo diante do olhar sério de Mme. M*, que não queria levar a brincadeira adiante.

Afastei-me rápido.

— Mas como você é! — disse a colegial, me alcançando em outro cômodo e me pegando amigavelmente pelas duas mãos. — Podia não ter devolvido a echarpe, se queria tanto ficar com ela. Podia dizer que havia deixado em algum lugar e assunto encerrado. Mas veja como você é! Nem isso conseguiu! Que engraçado.

Então ela bateu de leve o dedo no meu queixo, sorrindo porque corei como uma papoula.

— Agora sou sua amiga, não é? Acabou-se a nossa inimizade, hã? Sim ou não?

Sorri e apertei seus dedinhos em silêncio.

— Então está bem!... Por que você está tão pálido e tremendo? Está com calafrios?

— Sim, estou indisposto.

— Ah, coitadinho! Isso é por causa das emoções fortes! Sabe de uma coisa? É melhor ir dormir sem esperar pelo jantar e em uma noite tudo vai passar. Vamos.

O PEQUENO HERÓI

Ela me acompanhou para cima e parecia que os cuidados comigo nunca acabariam. Saiu para que eu trocasse de roupa, desceu correndo, conseguiu um chá e o trouxe pessoalmente quando eu já estava na cama. Também trouxe um cobertor grosso. Todas esses cuidados e atenções me comoveram e surpreenderam muito, ou então eu já estava disposto a isso pelo dia, o passeio e a febre; ao me despedir dela, dei-lhe um abraço apertado e caloroso, como se fosse minha amiga mais terna, mais próxima, e já ali todas as impressões afluíram de uma só vez a meu coração enfraquecido; apertado contra seu peito, estava quase chorando. Ela percebeu meu estado sensível e parece que minha brincalhona ficou um pouco comovida...

— Você é um menino muito bonzinho — sussurrou ela, olhando-me com olhos serenos. — Por favor, não fique bravo comigo, sim? Não vai ficar?

Em suma, tornamo-nos os amigos mais carinhosos, mais fiéis.

Era bem cedo quando acordei, mas o sol já inundava todo o quarto com uma luz viva. Levantei-me da cama com um salto, completamente saudável e disposto, como se a febre do dia anterior nem tivesse acontecido e, em vez disso, eu agora experimentava uma alegria indescritível. Lembrava-me do dia anterior e sentia que eu daria toda minha felicidade se pudesse abraçar, como antes, minha nova amiga, nossa beldade loira, mas ainda era muito cedo e todos estavam dormindo. Vesti-me com toda pressa, saí para o jardim e de lá para o bosque. Embrenhei-me no lugar onde as árvores são mais densas, onde se sentia o aroma resinado das árvores e por onde com maior alegria passava um raio de sol, feliz por con-

DOSTOIÉVSKI

seguir lá e cá atravessar a densidade enevoada das folhas. | **91**
Era uma linda manhã.

Sem perceber, abrindo caminho para cada vez mais
longe, saí finalmente pelo outro lado do bosque, no rio
Moskvá. Ele corria a uns vinte passos adiante, sob a co-
lina. Na margem oposta ceifavam feno. Eu olhava fasci-
nado como fileiras inteiras de foices afiadas, a cada movi-
mento do ceifador, banhavam-se de luz todas ao mesmo
tempo e depois de repente desapareciam de novo, como
se fossem cobrinhas de fogo que procuravam esconder-
-se em algum lugar; via como a erva ceifada voava para
os lados em montinhos densos e gordos e se empilhava
em linhas retas e longas. Nem me lembro quanto tempo
passei nesse estado contemplativo quando de repente
despertei ao escutar no bosque, a uns vinte passos de
mim — em uma clareira atravessada pelo grande cami-
nho que dava na casa dos senhores —, um ronco e o
tropel impaciente de um cavalo que cavava a terra com
o casco. Não sei se escutei esse cavalo assim que o
cavaleiro chegou e parou, ou se já vinha havia tempo
escutando um barulho que apenas me fazia cócegas no
ouvido em vão, sem forças para arrancar-me de meus
sonhos. Entrei no bosque com curiosidade e, ao andar
alguns passos, escutei vozes que falavam rápido, porém
baixo. Cheguei ainda mais perto, afastei com cuidado os
últimos ramos dos derradeiros arbustos que ladeavam a
clareira e no mesmo instante recuei de assombro: a meus
olhos surgiu um vestido branco conhecido e uma voz
baixa feminina ressoou como música em meu coração.
Era Mme. M*. Estava ao lado de um cavaleiro que fa-
lava com ela às pressas sem apear do cavalo e, para mi-
nha surpresa, reconheci N., o jovem que partira ainda na
manhã do dia anterior e com quem M. M* preocupara-

O PEQUENO HERÓI

-se tanto. Naquela ocasião falaram que ele partiria para algum lugar muito distante, para o sul da Rússia, e por isso me surpreendi muito ao vê-lo outra vez em nossa casa tão cedo e a sós com Mme. M*.

Ela estava animada e perturbada de uma maneira que eu nunca tinha visto, e lágrimas brilhavam em suas faces. O jovem segurava e beijava sua mão, inclinando-se na sela. Eu os encontrei já no momento da despedida. Pareciam ter pressa. Por fim, ele tirou do bolso um embrulho selado, entregou-o a Mme. M*, abraçou-a com uma mão e como antes, sem descer do cavalo, deu-lhe um beijo longo e intenso. Um instante depois ele golpeou o cavalo e passou por mim voando como uma flecha. Mme. M* acompanhou-o com os olhos por alguns segundos, em seguida se dirigiu para a casa com ar pensativo e triste. Porém, depois de alguns passos pela clareira, de repente pareceu voltar a si, abriu com pressa os arbustos e foi andando pela floresta.

Fui atrás dela, confuso e surpreso por tudo o que tinha visto. Meu coração batia forte, como se tivesse medo. Parecia que estava entorpecido, enevoado; meus pensamentos estavam desconexos e distraídos, mas lembro que, de alguma forma, eu estava muito triste. Às vezes, seu vestido branco surgia à minha frente por entre o verde. Eu a seguia maquinalmente, sem perdê-la de vista, mas temendo que ela notasse minha presença. Por fim, ela saiu para a vereda que levava ao jardim. Depois de esperar meio minuto, também fui, mas qual não foi minha surpresa quando de repente notei na areia vermelha do caminho o embrulho selado que reconheci à primeira vista — o mesmo que dez minutos antes fora entregue à Mme. M*.

Peguei-o: por todos os lados o papel estava em

DOSTOIÉVSKI

branco, sem nenhuma assinatura visível — não era 93
grande, mas duro e pesado, como se nele tivesse umas
três folhas ou mais de papel de carta.

O que significava esse embrulho? Sem dúvida, ele
explicaria todo esse mistério. Talvez nele estaria dito o
que N. não tivera possibilidade de falar pela brevidade
do encontro às pressas. Ele nem descera do cavalo... Se
tinha pressa ou, talvez, se tinha medo de trair-se na hora
da despedida, só Deus sabe...

Parei, sem entrar no caminho, joguei o embrulho para
ela no lugar mais visível e não tirei os olhos dele, su-
pondo que Mme. M* notaria a perda, daria a volta e o
procuraria. Mas depois de uns quatro minutos não aguen-
tei, peguei meu achado de novo, coloquei-o no bolso e
fui alcançar Mme. M*. Encontrei-a já no jardim, em uma
grande aleia; ela ia direto para a casa, andando rápido e
com pressa, mas estava pensativa e com os olhos bai-
xos no chão. Eu não sabia o que fazer. Aproximar-me
e entregar-lhe? Isso significava dizer que eu sabia de
tudo, que vira tudo. Eu me trairia à primeira palavra. E
como olharia para ela? E como ela olharia para mim? Eu
ainda esperava que ela voltasse a si, notasse a perda e re-
tornasse por seu rastro. Então, eu poderia, despercebido,
jogar o pacote no caminho, e ela o encontraria. Mas não!
Já estávamos chegando à casa; sua presença já tinha sido
notada...

Naquela manhã, como se fosse de propósito, quase
todos haviam se levantado muito cedo porque ainda no
dia anterior, em virtude da excursão fracassada, tinham
planejado uma outra, sobre a qual eu nem sabia. Todos
estavam se preparando para a partida e tomavam o café
da manhã no terraço. Esperei uns dez minutos para que
não me vissem com Mme. M* e, contornando o jardim,

O PEQUENO HERÓI

saí para a casa por outro lado, muito depois dela. Ela andava de um lado para outro pelo terraço, pálida e agitada, com os braços cruzados contra o peito e, era visível por toda sua postura, contendo-se e se esforçando para reprimir a angústia pungente e desesperada que se lia em seus olhos, seu caminhar e em todos os seus movimentos. Às vezes ela descia o degrau e dava vários passos entre os canteiros de flores em direção ao jardim; seus olhos buscavam algo na areia do caminho e no chão do terraço com impaciência, avidez e até imprudência. Não havia dúvida: ela notara a perda e parecia pensar que deixara o embrulho cair em algum lugar por ali, perto de casa — sim, era isso, e ela tinha certeza!

Alguém e depois outros também repararam que ela estava pálida e agitada. Choveram perguntas sobre sua saúde e lamentações irritantes; ela tinha de responder com brincadeiras, sorrir e parecer alegre. Às vezes, olhava para o marido, que estava no fim do terraço, conversando com duas damas, e a pobrezinha era tomada pelo mesmo tremor, a mesma confusão que experimentara dias antes, à primeira noite da chegada dele. Enfiando a mão no bolso e segurando o embrulho com força, eu estava a certa distância de todos, implorando para o destino que Mme. M* notasse minha presença. Queria alentá-la, acalmá-la, ainda que fosse apenas com um olhar; dizer-lhe algo de passagem, furtivamente. Mas, quando ela por acaso olhou para mim, estremeci e baixei os olhos.

Eu via seu tormento e não estava enganado. Até hoje não sei qual era o segredo, não sei de nada, exceto o que eu mesmo vi e agora conto. Essa ligação talvez não fosse do tipo que podemos supor à primeira vista. Talvez aquele beijo fosse de despedida, talvez

DOSTOIÉVSKI

fosse uma última recompensa débil pelo sacrifício feito em nome de sua tranquilidade e honra. N. partira; ele a deixara, talvez para sempre. Por fim, até essa carta que eu tinha em mãos — quem sabe o que ela continha? Como julgar e quem seria capaz de condenar? E, apesar disso, não há dúvidas, a súbita revelação do segredo seria um golpe terrível em sua vida, fulminante. Ainda me lembro de seu rosto naquele minuto: seria impossível sofrer mais. Sentir, saber, ter certeza, esperar como uma execução que, em quinze minutos, em um minuto tudo podia ser revelado; o pacote seria encontrado por alguém, apanhado; sem inscrição, essa pessoa podia abri-lo, e então... Então, o quê? Existiria execução pior do que aquela que a esperava? Ela andava entre seus futuros juízes. Em minutos, os rostos sorridentes e aduladores seriam ameaçadores e implacáveis. Ela leria escárnio, maldade e frio desprezo naqueles rostos, e depois começaria uma noite eterna e sem aurora em sua vida... Sim, na época eu não entendia tudo isso da forma como vejo agora. Só conseguia suspeitar, pressentir e sofrer em meu coração por um perigo que nem entendia por completo. Mas, o que quer que fosse seu segredo — muito dele foi expiado por aqueles minutos aflitos de que fui testemunha e que nunca esquecerei, se é que algo precisava ser expiado.

Mas eis que se escutou um alegre chamado para a partida; todos começaram a se mover com prazer; de todos os lados se escutavam conversas vivas e risadas. Em dois minutos, o terraço se esvaziou. Mme. M* declinou o passeio, reconhecendo por fim que não se sentia bem. Graças a Deus, todos se foram, todos estavam apressados e não houve tempo para importuná-la com preocupações, perguntas e conselhos. Poucos ficaram em casa. O ma-

O PEQUENO HERÓI

rido lhe disse algumas palavras; ela respondeu que naquele mesmo dia estaria bem, que ele não se preocupasse, que ela não precisava se deitar, que iria para o jardim sozinha... comigo... E então olhou para mim. Nada podia ser mais afortunado! Corei de felicidade; alguns minutos depois, estávamos no caminho.

Ela se pôs a andar pelas mesmas aleias, caminhos e veredas pelas quais havia pouco tempo voltara do bosque, instintivamente se lembrando de seu antigo caminho, olhando imóvel à sua frente, sem tirar os olhos do chão, buscando algo nele, sem me responder, talvez esquecida de que eu ia com ela.

Quando tínhamos quase chegado ao lugar onde eu pegara a carta e onde terminava a vereda, Mme. M* de repente parou e com uma voz fraca e extinta de tristeza disse que se sentia pior, que ia para a casa. Ao alcançar a grade do jardim, ela parou outra vez e refletiu por um minuto; um sorriso de desespero apareceu em seus lábios e, completamente extenuada, esgotada, decidida a enfrentar tudo, a resignar-se, voltou calada para o primeiro caminho, dessa vez esquecida até de me avisar...

Eu me dilacerava de tristeza e não sabia o que fazer.

Íamos em frente ou, melhor dizendo, eu a conduzia para o lugar onde escutara, fazia uma hora, o tropel do cavalo e a conversa deles. Ali, perto de um frondoso olmo, havia um banco talhado em uma enorme rocha coberta por hera, jasmim-do-campo crescido e rosas silvestres. (Todo esse pequeno bosque era repleto de pontezinhas, caramanchões, grutas e surpresas similares.) Mme. M* se sentou no banquinho, olhando inconscientemente para a encantadora paisagem que se estendia à nossa frente. Depois de um minuto ela abriu um livro e se fixou nele imóvel, sem folhear as páginas, sem ler,

DOSTOIÉVSKI

quase sem perceber o que estava fazendo. Já era nove e meia. O sol estava alto e pairava suntuoso sobre nós no profundo céu azul, parecia derreter-se no próprio ardor. Os ceifeiros já tinham ido para longe, quase não dava para vê-los de nossa margem. Atrás deles insistiam em arrastar-se montes intermináveis de feno colhido e às vezes o vento quase imóvel soprava seu vapor perfumado na nossa direção. À nossa volta havia um concerto incessante daqueles que "não ceifam e não semeiam",[6] e são insubordinados como o ar cortado por suas asas velozes. Parecia que nesse instante cada florzinha, até a última pequena erva, emanava um aroma de sacrifício e dizia a seu criador: "Pai! Sou bem-aventurada e feliz!".

Olhei para a pobre mulher que sozinha estava como uma morta entre toda essa vida alegre: em seus cílios jaziam imóveis duas grandes lágrimas, arrancadas do coração pela dor extrema. Estava em meu poder reanimar e alegrar aquele pobre coração petrificado, eu só não sabia como começar, como dar o primeiro passo. Eu sofria. Cem vezes tive o ímpeto de ir até ela, e a cada vez certo sentimento indistinguível me deixava cravado no lugar, e toda vez meu rosto ardia como fogo.

De repente uma ideia luminosa me veio à mente. Fora encontrada uma maneira: renasci.

— Quer que eu colha um buquê? — falei com uma voz tão feliz que Mme. M* de repente ergueu a cabeça e olhou fixamente para mim.

— Traga — disse ela por fim com a voz fraca, sorrindo um pouquinho e logo baixando os olhos para o livro de novo.

— Senão, daqui a pouco cortam toda a grama e não haverá mais flores! — gritei, alegre, e me pus a caminho.

---

[6]Trecho do Evangelho de Mateus.

O PEQUENO HERÓI

Logo colhi meu buquê, simples e pobre. Teria vergonha de levá-lo para o quarto, mas com que felicidade batia meu coração quando eu o juntei e atei! Ainda consegui coletar no mesmo lugar rosas silvestres e jasmim--do-campo. Eu sabia que por perto havia um campo de centeio maduro. Fui correndo para lá pegar centáureas. Misturei-as com longas espigas de centeio, escolhendo as mais douradas e rechonchudas. Ali mesmo, por perto, me caiu nas mãos um verdadeiro ninho de miosótis e meu buquê começou a ficar cheio. Mais adiante, no campo, encontrei campânulas e cravos-do-campo, e corri para colher lírios-d'água amarelos bem na margem do rio. Por fim, quando já estava voltando, entrei por um momento no bosque para conseguir algumas folhas de bordo em forma de palma verde-vivas e envolver o buquê com elas, e por acaso descobri toda uma família de amor--perfeito, perto da qual, para minha felicidade, um perfume de violetas revelava na grama exuberante e espessa uma florzinha escondida, ainda toda polvilhada pelas brilhantes gotas de orvalho. O buquê estava pronto. Atei--o com uma folha de capim longa e fina, que trancei como uma corda, e dentro coloquei a carta com cuidado, encoberta pelas flores — mas de tal forma que seria muito fácil notá-la caso alguém oferecesse um pouco de atenção ao meu buquê.

Levei-o à Mme. M*.

Pelo caminho, achei que a carta estava muito à vista: cobri-a um pouco mais. Ainda mais perto, enterrei-a mais profundamente nas flores e, por fim, já quase chegando ao lugar, de repente a enfiei tão fundo no buquê que já não havia nada visível de fora. Verdadeiras chamas ardiam em minhas faces. Queria esconder o rosto com as mãos e correr naquele mesmo instante, mas ela

DOSTOIÉVSKI

olhou para minhas flores como se tivesse se esquecido completamente de que eu fora buscá-las. Maquinalmente, quase sem olhar, estendeu uma mão e pegou meu presente, mas logo o colocou no banco, como se eu tivesse lhe dado o buquê para isso, e baixou os olhos para o livro outra vez, aparentando estar perdida em sonhos. Eu estava a ponto de chorar pelo fracasso. "Se ao menos meu buquê estivesse ao lado dela" — pensei —, "se ao menos ela não se esquecesse dele!". Deitei-me na grama ali por perto, coloquei a mão direita sob a cabeça e fechei os olhos, como se o sono me tomasse, mas não tirei os olhos dela e esperei...

Passaram-se uns dez minutos; achei que ela empalidecia cada vez mais... De repente, um incidente abençoado veio em minha ajuda.

Foi uma grande abelha dourada que a brisa bondosa trouxe para minha sorte. Zumbiu primeiro sobre minha cabeça e depois voou para Mme. M*. Ela tentou enxotá-la com a mão uma vez ou outra, mas a abelha, como se fosse de propósito, ia ficando cada vez mais inoportuna. Por fim, Mme. M* pegou meu buquê e o agitou diante de si. Nesse momento, o embrulho se soltou das flores e caiu direto sobre o livro aberto. Estremeci. Durante certo tempo, Mme. M* olhou, muda de espanto, ora para o embrulho, ora para as flores que tinha nas mãos e parecia não acreditar em seus olhos... De repente, corou, ruborizou-se e olhou para mim. Mas eu já percebera seu olhar e fechei bem os olhos, fingindo dormir; por nada neste mundo eu olharia diretamente para seu rosto naquele momento. Meu coração parava e voltava a bater, como um passarinho que caíra nas garras de um molecote de aldeia com cabelos enrolados. Não me lembro quanto tempo passei deitado com os olhos fe-

O PEQUENO HERÓI

chados: uns dois ou três minutos. Por fim, me atrevi a abri-los. Mme. M* lia a carta com avidez e, pelo rubor em suas faces, pelo olhar brilhante e marejado, pelo rosto luminoso, cujos traços tremiam pela sensação de alegria, adivinhei que a felicidade estava nessa carta e que toda sua angústia se dissipara como fumaça. Um sentimento doce e doloroso se colou em meu coração e era difícil continuar fingindo...

Nunca me esquecerei desse instante!

De repente, ainda longe de nós, escutaram-se vozes:

— Madame M*! Natalie! Natalie!

Mme. M* não respondeu, mas se levantou rápido do banco, aproximou-se e se inclinou sobre mim. Senti que ela me olhava direto no rosto. Minhas pálpebras tremiam, mas resisti e não abri os olhos. Tentei respirar de forma mais regular e tranquila, mas o coração me sufocava com golpes perturbadores. Sua respiração quente queimava minha face, ela se inclinou cada vez mais perto em direção ao meu rosto, como se o pusesse à prova. Por fim, caíram lágrimas e um beijo sobre minha mão, aquela que estava sobre o peito. Então ela a beijou duas vezes.

— Natalie! Natalie! Onde você está? — escutou-se de novo, já bem perto de nós.

— Já vou! — disse Mme. M* com sua voz densa e prateada, mas abafada e tremida pelas lágrimas, tão baixo que só eu consegui escutá-la. — Já vou!

Nesse momento, o coração finalmente me traiu e parecia mandar todo o meu sangue para o rosto. Nesse mesmo instante, um beijo rápido e ardente queimou meus lábios. Soltei um grito fraco, abri os olhos, mas logo caiu sobre eles seu lenço de gaze do dia anterior — como se ela quisesse me cobrir do sol. Um instante de-

DOSTOIÉVSKI

pois ela já se fora. Consegui distinguir apenas o farfalhar de passos que se afastavam apressados. Eu estava só.

Tirei seu lenço e o cobri de beijos, fora de mim de arrebatamento; por alguns minutos estive como louco! Mal recuperei o fôlego, apoiei o cotovelo na grama e fiquei, inconsciente e imóvel, contemplando à minha frente as colinas repletas de trigais nos arredores, o rio que as contornava sinuoso, ao longe, até onde a vista chegava, serpenteando entre novas colinas e povoados brilhantes como pontos por toda a vastidão iluminada, distante, nas florestas azuis que mal se viam, como se fumegassem na borda do horizonte incandescente, e uma calmaria doce, como que trazida pela tranquilidade solene da cena, aos poucos amansou meu coração agitado. Fiquei mais leve e respirei com maior liberdade... Mas toda minha alma se afligia de uma maneira profunda e doce, como se fosse por certa clarividência, por algum pressentimento. Alguma coisa era adivinhada de forma tímida e alegre por meu coração assustado, levemente estremecido pela espera... De repente meu peito hesitou, doeu como se algo o perfurasse, e lágrimas, doces lágrimas jorraram de meus olhos. Cobri o rosto com as mãos e, tremendo todo, como uma plantinha, entreguei-me livremente ao primeiro reconhecimento e revelação de meu coração, à primeira intuição, ainda confusa, de minha natureza... Minha primeira infância terminou nesse momento...

....

Quando, duas horas depois, voltei para casa, já não encontrei Mme. M*: ela fora com o marido para Moscou, por algum acontecimento repentino. Nunca mais voltei a encontrar-me com ela.

UM CORAÇÃO FRACO

SOB UM MESMO TETO, em um mesmo apartamento, no mesmo quarto andar moravam dois jovens colegas de serviço, Arkadi Ivánovitch Nefedêvitch e Vássia Chumkov. O autor, é claro, vê-se obrigado a explicar ao leitor por que um dos heróis é chamado pelo nome completo e o outro pelo diminutivo, ao menos, por exemplo, para evitar que alguém considere essa forma de expressão inconveniente e, talvez, desrespeitosa. Mas para tanto seria indispensável explicar e descrever primeiro a posição, a idade, o título, o cargo e, por fim, até o temperamento das personagens em questão e, dado que há muitos escritores que começam justamente assim, o autor da presente história decidiu começar direto pela ação, só para não se parecer com eles, (ou seja, devido ao seu irrestrito amor-próprio, como talvez dirão alguns). Findo este preâmbulo, ela começa.

Uma noite, na véspera do ano-novo, Chumkov voltou para casa pouco depois das cinco. Arkadi Ivánovitch, deitado na cama, acordou e, com meio olho, espiou seu companheiro. Viu que o amigo usava seu traje civil mais imponente e trazia o peitilho impecável. Naturalmente, isso o surpreendeu. "Para onde terá ido Vássia vestido assim? E nem almoçou em casa!" Enquanto isso, Chumkov acendeu uma vela, e Arkadi Ivánovitch percebeu logo que o companheiro tentava despertá-lo por acidente. De fato, Vássia tossiu duas vezes, deu duas voltas pelo quarto e, por fim, bem sem querer, deixou cair um ca-

104 chimbo que começara a encher no cantinho, ao lado da chaminé. Arkadi Ivánovitch começou a rir sozinho.

— Vássia, chega de trapaças! — disse ele.

— Arkacha, não está dormindo?

— Bom, não sei dizer ao certo, mas acho que não estou dormindo.

— Ah, Arkacha. Olá, meu querido! Oh, irmão! Oh, irmão! Você não sabe o que vou contar para você!

— Definitivamente, não sei. Venha cá.

Como se aguardasse isso, Vássia se aproximou na hora, no entanto, de maneira alguma ele esperava a perfídia de Arkadi Ivánovitch. O amigo o agarrou pelas mãos com enorme agilidade, deu-lhe uma volta, jogou-o abaixo de si e pôs-se a, como se diz, "estrangulá-lo", o que parecia proporcionar enorme felicidade ao alegre Arkadi Ivánovitch.

— Peguei você! — gritou ele. — Peguei você!

— Arkacha, Arkacha, o que está fazendo? Solte-me, pelo amor de Deus, solte, vou sujar o fraque!

— Não importa. Para que você precisa de fraque? Por que você é tão inocente que se deixa apanhar sozinho? Diga, aonde você foi, onde almoçou?

— Arkacha, pelo amor de Deus, me solte!

— Onde almoçou?

— É isso mesmo o que quero contar.

— Então conte.

— Mas me solte primeiro.

— Nada disso, não solto enquanto você não contar!

— Arkacha, Arkacha! Será que você não entende que realmente não posso, é impossível! — gritava o fracote Vássia, escapando das garras fortes de seu inimigo. — É que há alguns assuntos!

— Que assuntos?...

DOSTOIÉVSKI

— Há alguns assuntos que perdem a dignidade se | 105
alguém começa a falar sobre eles nesta situação; de ma-
neira alguma, não posso mesmo; soaria engraçado — e
este caso não é nada engraçado, é sério.

— Esqueça toda essa importância! O que inventou
agora? Conte de uma maneira que me faça rir, conte algo
assim; não quero nada sério; senão, que companheiro
você vai ser? Conte para mim, que companheiro você
vai ser, hã?

— Arkacha, juro por Deus, não posso!

— Nem quero escutar...

— Arkacha! — começou Vássia, deitado transver-
salmente na cama e tentando com todas as forças dar a
maior seriedade possível às suas palavras. — Arkacha!
Está bem, eu falo; só que...

— O que foi?

— Bom, estou noivo!

Arkadi Ivánovitch, sem falar mais nada, pegou
Vássia no colo, como uma criança, ainda que Vássia
não fosse nada baixinho — de fato, era bastante com-
prido, porém magro —, e começou a carregá-lo com
considerável agilidade de um canto a outro do quarto,
fazendo de conta que o ninava.

— Vou embrulhar você como um bebê, seu noivo
— repetia. Mas, vendo que Vássia estava em seu colo,
imóvel e sem falar uma palavra, logo caiu em si e se deu
conta de que, pelo visto, as brincadeiras tinham ido longe
demais; colocou-o no centro do quarto e, da forma mais
sincera, mais amistosa, deu-lhe um beijo na bochecha.

— Vássia, você não está bravo?

— Arkacha, escute...

— Bem, pelo menos no ano-novo não fique bravo.

— Por mim, tudo bem; por que você é tão amalucado,

UM CORAÇÃO FRACO

seu pândego? Quantas vezes falei: Arkacha, juro, não tem graça, não é nada engraçado!

— Então não está zangado?

— Não é nada; quando é que fico bravo com alguém? Mas você me deixou triste, será que entende?

— Mas como deixei você triste? De que forma?

— Vim até você em busca de um amigo, com todo o coração, vim abrir a alma para você, contar minha felicidade...

— Mas que felicidade? Por que não fala?

— Que vou casar! — respondeu Vássia com despeito, pois de fato estava um pouco enfurecido.

— Você? Você, casar? É mesmo? — gritou Arkacha a plenos pulmões. — Não, não. Mas o que é isso? E ele me conta assim, banhado em lágrimas! Vássia, meu pequeno Vássia, meu filho, chega! É verdade, então? — E Arkadi Ivánovitch de novo correu para abraçá-lo.

— Agora entende por que fiquei assim? — falou Vássia. — Você é bom mesmo, é meu amigo, sei disso. Venho falar com você com tanta felicidade, com êxtase espiritual, e de repente tive de revelar toda a alegria em meu coração, toda minha exaltação me debatendo atravessado na cama, perdendo minha dignidade... Você entende, Arkacha? — prosseguiu Vássia quase rindo. — Ficou tudo tão cômico: de alguma forma eu não podia ser eu mesmo neste minuto. Eu não podia rebaixar esse assunto... Ainda bem que você naquela hora não perguntou o nome dela. Juro, você podia me matar, mas eu não responderia.

— Mas, Vássia, e por que você ficou calado? Se tivesse dito antes, eu não teria começado a fazer estrepolias — gritou Arkadi Ivánovitch com autêntico desespero.

DOSTOIÉVSKI

— Basta, então, já chega! Só estava falando... E você sabe o motivo de tudo isso: porque tenho bom coração. Por isso fiquei aborrecido de não poder falar como gostaria, trazer alegria, dar este prazer a você, contar direito, confiar-lhe um segredo de modo decente... É verdade, Arkacha, eu te amo tanto que, se você não existisse, acho que eu nem me casaria, nem mesmo estaria vivo!

Arkadi Ivánovitch, que era excessivamente sentimental, ao escutar Vássia tanto sorria como chorava. Vássia também. Ambos de novo lançaram-se aos braços um do outro e esqueceram o acontecido.

— Mas como, como foi isso? Conte-me tudo, Vássia! Desculpe, irmão, estou estupefato, completamente estupefato; como se tivesse sido atingido por um raio, juro! Mas não, irmão, não, você inventou, juro, inventou, está mentindo! — gritou Arkadi Ivánovitch e até olhou para Vássia com genuína dúvida, mas, ao confirmar em seu rosto radiante o firme propósito de se casar quanto antes, jogou-se na cama e começou a dar cambalhotas de deleite, tanto que as paredes tremiam.

— Vássia, sente aqui! — gritou ele, quando finalmente se sentou na cama.

— Na verdade, irmão, não sei nem por onde começar!

Ambos se olhavam com alegre agitação.

— Quem é ela, Vássia?

— Da família Artêmiev! — disse Vássia com a voz tranquila de felicidade.

— Quem?

— Mas eu lhe falei tantas vezes a respeito deles, depois parei de falar e você nem notou nada. Ah, Arkacha, quanto me custou esconder isso de você, mas eu tinha

UM CORAÇÃO FRACO

medo, medo de falar! Pensava que nada daria certo, e estou realmente apaixonado, Arkacha! Meu Deus, meu Deus! Veja só que história — começou ele, parando o tempo todo por pura agitação. — Ela tinha um noivo, ainda no ano passado, mas de repente ele foi mandado para algum lugar; eu até o conhecia; ele era assim, que Deus o acompanhe! Então, não escrevia absolutamente nada, desapareceu. Elas esperaram, esperaram; o que teria acontecido? De repente, quatro meses atrás ele voltou casado e nem pôs os pés na casa delas. Que grosseria! Que infâmia! E ninguém as defendeu. A pobrezinha chorou, chorou, e me aconteceu de cair de amores por ela... Mas faz tempo, sempre fui apaixonado por ela! Então comecei a consolá-la, ia sempre à sua casa... Bem, na verdade, não sei como tudo isso aconteceu, só sei que ela também se apaixonou por mim; há uma semana, não resisti, chorei, me desfiz em lágrimas e lhe contei tudo! Que eu a amava — em suma, tudo! "Eu mesma estou pronta para amar o senhor, Vassili Petróvitch, mas sou uma moça pobre, não deboche de mim: nem me atrevo a amar alguém." Então, irmão, você entende? Entende? Ali mesmo assumimos o compromisso; eu pensei, pensei; perguntei: "Como contar à sua mãezinha?". Ela disse: "Difícil, espere um pouquinho; ela tem medo; pode ser que ainda não conceda minha mão"; ela própria também chorava. Sem dizer nada, contei de súbito para a velhinha hoje. Lízanka caiu de joelhos diante dela, eu também... e ela nos abençoou. Arkacha, Arkacha! Meu querido! Vamos viver juntos. Não! Não me separo de você por nada.

— Vássia, olho para você e não acredito, juro por Deus, não acredito mesmo. Sabe, o tempo inteiro acho que... Escute, mas como é que você vai casar? Como é

DOSTOIÉVSKI

que eu não sabia, hã? É verdade, Vássia, irmão, confesso que eu mesmo cheguei a pensar no assunto, mas, como você vai casar, então é o mesmo! Felicidades, felicidades para vocês!

— Amigo, sinto agora tanta doçura em meu coração, tanta leveza em minha alma... — disse Vássia, levantando e andando agitado pelo quarto. — Não é verdade? Não é verdade? Você não sente o mesmo? Vamos viver na pobreza, claro, mas seremos felizes; não é uma quimera; nossa felicidade não é um conto de fadas; seremos felizes de verdade!

— Vássia, Vássia, escute!

— O quê? — disse Vássia, parando em frente a Arkadi Ivánovitch.

— Ocorreu-me uma ideia; na verdade, tenho um pouco de medo de comentar com você! Perdão, resolva minha dúvida. De que é que você vai viver? Sabe, fiquei tão exaltado em saber que você vai se casar, claro, não consigo me controlar de entusiasmo, mas... de que você vai viver, de quê?

— Ah, meu Deus, meu Deus! Como é capaz de fazer isso, Arkacha? — falou Vássia, olhando para Nefedêvitch com profundo assombro. — O que deu em você? Nem mesmo a velha pensou pensou duas vezes quando expus tudo claramente. É melhor você perguntar de que elas viviam. De quinhentos rublos por ano para os três: foi só isso o que o falecido deixou de pensão. Viviam ela, a velha e ainda um irmãozinho, cuja escola pagam com esse mesmo dinheiro; veja só como vivem! Nós é que somos capitalistas! Quanto a mim, em um bom ano recebo até setecentos.

— Escute, Vássia; peço perdão; eu, juro por Deus,

UM CORAÇÃO FRACO

110| eu, é... só que fico pensando como não estragar tudo — mas como setecentos? São só trezentos...

— Trezentos! E Iulian Mastákovitch? Se esqueceu?

— Iulian Mastákovitch! Sim, mas esse negócio é incerto, irmão; não é como esses trezentos rublos de salário garantido, em que cada rublo é como um amigo fiel. Iulian Mastákovitch, claro, é até um grande homem, eu o respeito, entendo, não é por nada que ele tem um cargo tão alto e, palavra de honra, gosto dele porque vejo que ele gosta de você e paga por seu trabalho, quando poderia não pagar e mandar direto para um funcionário: mas você precisa concordar, Vássia... Escute mais uma coisa: não estou falando nenhuma bobagem; concordo que não há em toda Petersburgo uma caligrafia como a sua, estou pronto para conceder-lhe isso — concluiu Nefedêvitch, não sem entusiasmo. — Mas de repente (Deus nos livre!) você lhe desagrada, de repente você não o satisfaz, ou o negócio dele fecha, ou ele contrata outro — enfim, não é pouco o que pode acontecer! Esse Iulian Mastákovitch pode virar fumaça, Vássia...

— Escute, Arkacha, se é assim, o teto pode desabar sobre nós dois agora mesmo...

— É, claro, claro... Não quis dizer nada...

— Não, escute o que digo, ouça bem: como ele vai me dispensar?... Não, apenas escute, escute. Se eu faço tudo com diligência; e ele é tão generoso, hoje mesmo, Arkacha, hoje mesmo me deu cinquenta rublos de prata!

— É mesmo, Vássia? Como uma gratificação para você?

— Que gratificação, que nada! Do próprio bolso. Disse: "Você não recebe há quatro meses e pouco, irmão; se quiser, pegue isso; obrigado", disse, "obrigado, estou satisfeito com você"... Juro por Deus! Disse: "Você

DOSTOIÉVSKI

não trabalha para mim de graça" — verdade! Falou assim mesmo. Vieram-me lágrimas aos olhos, Arkacha. Meu Deus!

— Escute, Vássia, e você terminou de copiar aqueles papéis?

— Não, ainda não terminei.

— Vá-ssienka! Meu anjo! O que foi que você fez?

— Escute, Arkacha, está tudo bem, ainda tenho dois dias para o prazo, tenho tempo...

— Como é que você ainda não copiou?

— Aí está, aí está! Você olha para mim tão desesperado que me reviram as vísceras e dói o coração! Mas o que importa? Você sempre me deixa desesperado assim! Vai e grita: aaaaaah! Raciocine comigo: qual é o problema? Vou terminar, prometo que vou terminar...

— E se você não terminar? — gritou Arkadi, com um salto. — Sendo que hoje mesmo ele lhe deu o prêmio! E você ainda vai se casar... Ai, ai, ai!

— Tudo bem, tudo bem — gritou Chumkov. — Agora vou lá e trabalho, nesse minuto estou me sentando para trabalhar; está tudo bem!

— Como é que você deixou isso chegar a este ponto, Vassiutka?

— Ah, Arkacha! E como eu poderia? Trabalhar? Do jeito em que estava? Mesmo no escritório eu mal conseguia; era difícil aguentar meu coração... Ah! Ah! Vou trabalhar esta noite, e amanhã à noite também, e ainda depois de amanhã, e termino!

— Falta muito?

— Não me perturbe, pelo amor de Deus, não me atrapalhe, silêncio...

Arkadi Ivánovitch foi até a cama na ponta do pés e se sentou; depois, fez menção de levantar-se de repente,

UM CORAÇÃO FRACO

mas em seguida foi forçado a sentar-se de novo, lembrando que podia atrapalhar, apesar de não conseguir sequer ficar parado de tanta agitação: era evidente que a notícia o transtornara completamente e que o primeiro êxtase ainda não tivera tempo de dissipar dentro dele. Olhou para Chumkov, que por sua vez olhou para ele, sorriu, ameaçou-o com o dedo e depois, franzindo terrivelmente o cenho (como se disso dependesse toda a força e todo o sucesso do trabalho), fixou os olhos no papel.

Parecia que ele tampouco superara, pois mudava de pena, remexia-se na cadeira, se ajeitava, começava a escrever outra vez, mas sua mão tremia e se negava a avançar.

— Arkacha! Falei de você para elas — gritou ele de repente, como se só tivesse lembrado naquele momento.

— Ah, sim? — gritou Arkadi. — Eu queria perguntar sobre isso agora mesmo; e então?

— E então! Ah, depois lhe conto tudo! A culpa é só minha, me escapou da cabeça que eu não queria falar nada enquanto não copiasse quatro folhas, mas me lembrei de você e delas. Irmão, não consigo escrever de forma alguma: fico me lembrando de vocês... — Vássia sorriu.

Fez-se silêncio.

— Arre! Que pena horrível! — gritou Chumkov, depois de batê-la com desgosto contra a mesa. Pegou outra.

— Vássia, escute! Uma palavra...

— Diga! Depressa e pela última vez.

— Falta muito?

— Ah, irmão! — Vássia franziu a testa como se não houvesse no mundo nada mais terrível e mortífero do que essa pergunta. — Muito, uma quantidade imensa!

DOSTOIÉVSKI

— Sabe, tive uma ideia... |113

— O quê?

— Nada, não é nada, escreva.

— O quê? O quê?

— Agora são seis e pouco, Vassiuk!

Nesse instante Nefedêvitch sorriu e piscou, cheio de astúcia, para Vássia, mas com certa timidez por não saber como reagiria.

— Então, o que foi? — disse Vássia, parando de escrever e fitando o amigo diretamente nos olhos, até pálido de tanto esperar.

— Sabe de uma coisa?

— Pelo amor de Deus, o quê?

— Sabe de uma coisa? Você está inquieto, não vai conseguir trabalhar muito... Espere, espere, espere, espere; estou vendo, estou vendo; escute! — disse Nefedêvitch, depois de pular da cama extasiado e interrompendo Vássia, que começava a falar, negando suas réplicas com todas as forças. — Antes de tudo você precisa se acalmar, precisa recobrar ânimo, não é?

— Arkacha! Arkacha! — gritou Vássia, pulando da poltrona. — Vou passar a noite trabalhando aqui, prometo que vou!

— Ah, sim, sim! Só que de manhã você vai dormir...

— Não vou dormir, não vou dormir por nada...

— Não, não pode, não é possível; é claro que você vai adormecer, vá deitar às cinco horas. Às oito eu o desperto. Amanhã é feriado; você se senta e deixa correr a pena o dia inteiro... Depois vem a noite e — será que vai sobrar muito?

— Aqui, veja, veja!

Vássia, trêmulo de deleite e expectativa, mostrou o caderno.

UM CORAÇÃO FRACO

— Aqui está!

— Escute, irmão, mas é pouco...

— Meu caro, ainda tem mais ali — falou Vássia, olhando timidamente para Nefedêvitch, como se dependesse dele a decisão de sair ou não.

— Quanto?

— Duas... folhinhas...

— E daí? Temos tempo para terminar, dou minha palavra, temos tempo!

— Arkacha!

— Vássia! Escute! É véspera do ano-novo, todos estão reunidos com suas família, só restamos nós dois sem lar, como órfãos... ah! Vassenka!

Nefedêvitch apertou suas garras ao redor de Vássia e o estreitou em seu abraço de urso...

— Arkadi, está decidido!

— Vassiuk, só queria falar sobre isso. Sabe, Vassiuk, seu desajeitado! Escute! Escute! Sabe que...

Arkadi parou com a boca aberta, sem conseguir falar de tanta excitação. Vássia o segurava pelos ombros, olhava em seus olhos e movia a boca, como se quisesse terminar de falar por ele.

— Diga! — falou por fim.

— Apresente-me a elas hoje!

— Arkadi! Vamos lá tomar chá! Sabe de uma coisa? Sabe? Nem vamos ficar até meia noite, saímos antes — gritou Vássia, sinceramente inspirado.

— Ou seja, duas horas, nem mais, nem menos!

— E depois nos separamos até o momento em que eu terminar!

— Vassiuk!

— Arkadi!

Passados três minutos, Arkadi estava vestido com sua

DOSTOIÉVSKI

roupa de gala. Vássia apenas se arrumou, já que nem havia tirado o traje, tanto era o zelo de sentar para trabalhar.

Saíram apressados para a rua, um mais alegre que o outro. O caminho partia de Petersburskaia Storoná e seguia até Kolomna. Arkadi Ivánovitch dava passos vigorosos e enérgicos, de maneira que somente seu andar já transparecia toda a alegria pela felicidade de Vássia, que, por sua vez, estava cada vez mais exultante. Vássia trotava a passos mais miúdos sem perder a dignidade. Ao contrário, Arkadi Ivánovitch nunca o havia visto sob uma luz mais favorável. Naquele momento ele até o respeitava mais e o defeito físico de Vássia, ignorado pelo leitor (Vássia era um pouco torto), que sempre despertara profundo e afetuoso sentimento de compaixão no bom coração de Arkadi Ivánovitch, agora contribuía ainda mais para a profunda comoção que o amigo nutria especialmente por ele no momento e de que Vássia, óbvio, era digníssimo. Arkadi Ivánovitch quis até chorar de felicidade, mas se conteve.

— Aonde, aonde você vai, Vássia? Por aqui é mais perto! — gritou ao ver que Vássia tencionava virar na travessa Voznessenski.

— Cale-se, Arkacha, cale-se...

— É verdade, é mais perto.

— Arkacha! Sabe de uma coisa? — começou Vássia, enigmático, com a voz falhando de alegria. — Sabe de uma coisa? Quero levar um presentinho para Lízanka...

— O quê?

— Aqui, irmão, na esquina está a *madame* Leroux, uma loja encantadora.

— É mesmo?!

— Uma touquinha, querido, uma touquinha; hoje vi uma pequena touca que era uma graça; perguntei, dizem

UM CORAÇÃO FRACO

que o modelo se chama Manon Lescaut — é uma maravilha! Tem fitas cor de cereja e, se não for caro... Arkacha, mesmo se for caro!

— Acho que você está acima de todos os poetas, Vássia! Vamos!

Correram e em dois minutos entravam na loja. Foram recebidos por uma francesa de olhos negros e cabelos cacheados que, logo ao primeiro olhar sobre seus compradores, ficou tão feliz e alegre como eles próprios, até mais feliz, se é possível dizer isso. Vássia estava a ponto de beijar *madame* Leroux, tão grande era seu arrebatamento...

— Arkacha! — disse ele a meia-voz, lançando o olhar de sempre sobre todas as coisas deslumbrantes e grandiosas dispostas em colunas de madeira na imensa mesa da loja. — Que preciosidades! O que é isso? E aquilo? Veja essa, por exemplo, um bombonzinho, está vendo? — sussurrou Vássia, mostrando na borda da mesa uma touca que, apesar de graciosa, não era de forma alguma a que ele queria comprar, pois já de longe vasculhara tudo e cravara os olhos naquela touca célebre e autêntica que o esperava na ponta oposta. Pela maneira como olhou para ela, dava a impressão de que ia roubar algo, ou parecia até que a própria touquinha, justamente para não ser entregue a Vássia, sairia de seu lugar voando pelos ares.

— É esta — disse Arkadi Ivánovitch, apontando para uma delas — esta é a melhor, na minha opinião.

— Muito bem, Arkacha! Esta escolha faz honra a você; até começo a ter grande respeito por seu gosto — falou Vássia mentindo, comovido de coração diante de Arkacha. — Sua touca é um encanto, mas venha cá!

— Onde há uma melhor, irmão?

DOSTOIÉVSKI

— Dê uma olhada aqui! |117

— Essa? — falou Arkadi com dúvida. Mas quando, já sem forças para resistir, Vássia a arrebatou do suporte de madeira, de onde parecia de repente voar por vontade própria, como se, depois de uma longa espera, se alegrasse diante de um comprador tão bom; quando começou a farfalhar todas suas fitinhas, babados e rendas, um inesperado grito de êxtase escapou do peito vigoroso de Arkadi Ivánovitch. Até *madame* Leroux — que se resguardava em seu indubitável mérito e superioridade nas questões de gosto, e que durante toda a escolha permaneceu calada por pura condescendência — recompensou Vássia com um sorriso repleto de aprovação, e tudo nela, seu olhar, seu gesto e sorriso, tudo dizia ao mesmo tempo: "Sim! O senhor acertou e é digno da felicidade que o espera".

— Estava coqueteando, coqueteando aqui sozinha! — gritou Vássia, transmitindo todo seu amor para a encantadora touca. — Escondeu-se de propósito, tratante, minha querida! — Ela até a beijou, quer dizer, o ar em torno dela, pois tinha medo de tocar seu tesouro.

— É assim que se escondem a virtude e o mérito verdadeiro — acrescentou Arkadi extasiado, apropriando-se por brincadeira de uma frase que lera pela manhã em um jornal humorístico.

— Vássia, e então?

— Viva, Arkacha! Ora, você até está afiado hoje, vai causar *furor* entre as mulheres, como dizem, já estou prevendo. *Madame* Leroux, *madame* Leroux!

— Que deseja?

— Querida *madame* Leroux!

Madame Leroux olhou para Arkadi Ivánovitch e sorriu com condescendência.

UM CORAÇÃO FRACO

118

— A senhora não acreditaria em quanto eu a adoro neste momento... Permita-me beijá-la... — e Vássia beijou a dona da loja.

Definitivamente, foi preciso um minuto para reunir toda sua dignidade e não comprometer a postura com esse pândego. Mas asseguro que, além disso, eram necessárias a genuína amabilidade e a graça natural com que *madame* Leroux recebeu o arrebatamento de Vássia. Ela o perdoou, e com que sabedoria, com que graça soube se sair nesse caso! E como seria possível irritar-se com Vássia?

— *Madame* Leroux, qual é o preço?

— Cinco rublos de prata — respondeu, recompondo-se com um novo sorriso.

— E esta, *madame* Leroux? — disse Arkadi Ivánovitch, mostrando sua escolha.

— Essa custa oito rublos de prata.

— Mas permita-me! Com licença! Concorda, *madame* Leroux, então, qual é a melhor, a mais graciosa, mais encantadora, qual delas parece mais com você?

— Aquela que é mais cara, mas sua escolha *c'est plus coquet*.

— Então é esta que vamos levar!

Madame Leroux pegou uma folha de papel finíssimo e a prendeu com um alfinete; parecia que o papel com a touca embrulhada se tornava mais leve que antes. Vássia pegou tudo com cuidado, quase sem respirar, trocou reverências com *madame* Leroux, disse ainda algo extremamente amável e saiu da loja.

— Sou um *viveur*, Arkacha, nasci para ser um *viveur*! — gritou Vássia às gargalhadas, enquanto se desfazia numa risada quieta, miúda e nervosa e desviava-se

DOSTOIÉVSKI

dos pedestres, por suspeitar de uma tentativa certeira de amassar sua preciosíssima touca!

— Escute, Arkadi, escute! — começou um minuto depois, e algo solene e bastante amoroso soava no tom de sua voz. — Arkadi, estou tão feliz, tão feliz!

— Vassienka! E eu então, como estou feliz, meu querido!

— Não, Arkacha, não, seu amor por mim é infinito, eu sei, mas você não pode estar sentindo nem a centésima parte do que sinto neste minuto. Meu coração está tão cheio, tão cheio! Arkacha! Não sou digno desta felicidade! Ouço, sinto isso. O que fiz para merecer isso? — disse, com uma voz repleta de soluços sufocados. — O que foi que eu fiz? Me diga! Veja só quantas pessoas, quantas lágrimas, quanta dor, quanta vida corriqueira e sem festas! Mas e eu? Que moça maravilhosa me ama, justamente a mim. Mas você mesmo a verá agora, você próprio poderá apreciar seu nobre coração. Nasci em uma classe baixa, agora tenho uma posição como funcionário e renda independente: um salário. Nasci com um defeito corporal, sou um pouco torto, mas veja, ela me amou como sou. Hoje, Iulian Mastákovitch estava tão doce, tão atencioso, tão cortês; ele raramente fala comigo, e hoje veio e disse: "E então, Vássia (palavra de honra, ele me chamou assim mesmo, de Vássia), vai farrear neste feriado, não?" (e riu). "Veja bem, Vossa Excelência", respondi, "há trabalho por fazer", porém, em seguida me animei e disse: "e talvez me divirta, Vossa Excelência" — juro, disse isso. Ele então me deu o dinheiro, depois ainda deu duas palavrinhas comigo. Irmão, chorei, juro por Deus, fiquei comovido até as lágrimas, e parece que ele também ficou, acho que estava emocionado, deu tapinhas nas minhas costas e aí falou:

UM CORAÇÃO FRACO

120 "Guarde esse sentimento, Vássia, para sentir-se sempre assim".

Vássia se calou por um instante. Arkadi Ivánovitch se virou para o outro lado e também enxugou uma lagrimazinha com o punho.

— E também, também... — prosseguiu Vássia. — Nunca lhe disse isso, Arkadi... Arkadi! Você me deixa tão feliz com sua amizade, sem você eu não viveria — não, não, não diga nada, Arkacha! Deixe-me apertar sua mão, deixe-me... agra... de... cer-lhe! — Vássia não terminou outra vez.

Arkadi Ivánovitch quis jogar-se nos braços de Vássia ali mesmo, mas como estavam atravessando a rua e bem em seus ouvidos escutaram um estridente "saiam, saiam!" — ambos, assustados e emocionados, voaram para a calçada. Arkadi Ivánovitch ficou até feliz por isso. Unicamente pela excepcionalidade daquele momento, perdoou as expansões de gratidão de Vássia. Mas ele próprio estava insatisfeito. Sentia que até então tinha feito tão pouco por Vássia! Ficou até envergonhado quando Vássia começou a agradecer-lhe por quase nada. Mas ainda tinha a vida inteira pela frente e Arkadi Ivánovitch suspirou com mais liberdade...

Definitivamente, tinham desistido de esperar por eles! A prova é que já estavam tomando o chá! Mas, na verdade, às vezes uma pessoa velha é mais perspicaz que uma jovem, e muito mais! Lízanka assegurara com toda seriedade que ele não viria; "não virá, mamãe; meu coração sente que ele não virá", mas sua mãezinha sempre respondia que, ao contrário, seu coração sentia que ele sem dúvida viria, que não conseguiria aguentar, que viria correndo, que não teria trabalho a terminar, afinal, era ano-novo! Lízanka, mesmo ao abrir a porta, não

DOSTOIÉVSKI

esperava vê-los de forma alguma — não acreditou em seus olhos e foi ao encontro de ambos sem fôlego, com o coraçãozinho subitamente palpitante como o de um passarinho capturado, toda ruborizada, corada como uma pequena cereja, fruta com a qual tinha enorme semelhança. Meu Deus, que surpresa! Que "ah!" alegre saiu de seus lábios! "Mentiroso! Meu querido!" — gritou ela, envolvendo o pescoço de Vássia... Mas imagine a súbita surpresa e o pudor: logo atrás de Vássia, como que desejando esconder-se, estava Arkadi Ivánovitch, um pouco desconcertado. É preciso admitir que ele era desajeitado com as mulheres, muito desajeitado, inclusive uma vez até aconteceu de... Mas deixemos isso para depois. E, no entanto, coloque-se na posição dele: não havia nada de engraçado nisso; estava no vestíbulo, de galochas e capote, com um barrete que se apressou em tirar; um cachecol de tricô amarelo e ruim, horrendamente enrolado, e ainda amarrado atrás para maior efeito. Era preciso desamarrar tudo, tirar tudo isso o mais rápido possível, e apresentar-se sob uma luz mais favorável, porque não existe um ser humano que não queira ser apresentado sob uma luz mais favorável. Vássia começou a falar, irritante e insuportável, embora, é claro, de resto continuasse sendo o mesmo Vássia gentil e bondoso, mas enfim era um Vássia insuportável e impiedoso! "Veja" — gritou —, "Lízanka, este é meu Arkadi! Que tal? Aqui está meu melhor amigo, abrace-o, beije-o, Lízanka, primeiro beije-o, depois quando você conhecê-lo melhor, vai querer beijá-lo você mesma..." E então? Eu pergunto, o que podia fazer Arkadi Ivánovitch? Ele só havia desenrolado metade do cachecol! Juro que até eu às vezes tenho vergonha da exaltação excessiva de

UM CORAÇÃO FRACO

122 Vássia; isso é indício de bom coração, claro, mas... é constrangedor, não fica bem!

Por fim, ambos entraram. A velhinha estava infinitamente feliz em conhecer Arkadi Ivánovitch; ela havia ouvido tanto a respeito dele, ela... Mas não conseguiu terminar. Um "ah!" de alegria que ressoou sonoro no recinto deixou-a no meio da frase. Meu Deus! Lízanka estava diante da touquinha inesperadamente desembrulhada, com as mãos entrelaçadas da foma mais ingênua e sorrindo, sorrindo de uma maneira... Minha nossa, por que *madame* Leroux não tinha uma touca ainda melhor?

Ah, meu Deus, mas onde é que você encontraria uma touquinha melhor? Isso estaria além de qualquer possibilidade. Onde vocês achariam algo melhor? Estou falando sério! Enfim, dá até certa indignação, até aflige um pouco essa ingratidão dos apaixonados. Mas vejam por si sós, senhores, vejam, o que pode ser melhor que essa touquinha encantadora? Ah, vejam somente... Mas não, não, meus lamentos eram desnecessários; os senhores todos já concordaram comigo; foi um equívoco momentâneo, um delírio, uma febre do sentimento; estou pronto para perdoá-los... Mas, por outro lado, vejam... Perdoem-me, senhores, continuo discorrendo a respeito da touca: feita de tule, levezinha, com uma larga fita cor de cereja, coberta de renda, que passa entre o tule e o drapeado e com duas fitas atrás, compridas e largas; elas cairão um pouco abaixo da nuca, sobre o pescoço... Só que a touca tinha de ser usada um pouco para trás; vejam, por favor, vou lhes perguntar depois! Estou vendo que vocês nem estão olhando! Parece que não se importam! Estão olhando para outro lado... Estão vendo como duas lágrimas graúdas, iguais a pérolas, acumularam-se por um instante em olhos ne-

DOSTOIÉVSKI

gros como azeviche, começaram a tremer por um momento nos longos cílios e depois caíram nesse tule, que mais parece feito de ar, em que consiste a obra artística de *madame* Leroux... E outra vez fico irritado: pois parece que essas duas pequenas lágrimas não eram para a touca! Não! Na minha opinião, um objeto desses deve ser dado a sangue frio. Só assim ele pode ser verdadeiramente valorizado! Reconheço, senhores, continuo falando da touquinha!

Sentaram-se — Vássia com Lízanka e a velhinha com Arkadi Ivánovitch; começaram a conversa, e Arkadi Ivánovitch comportou-se com dignidade. Fico feliz em fazer-lhe justiça. Eu nem esperava isso dele. Depois de duas palavrinhas sobre Vássia, às mil maravilhas conseguiu levar a conversa para Iulian Mastákovitch, benfeitor do amigo. E falou de uma maneira tão inteligente, mas tão inteligente que, juro, o assunto não se esgotou nem depois de uma hora. Era preciso ver com que destreza, com que tato Arkadi Ivánovitch mencionava algumas peculiaridades de Iulian Mastákovitch direta ou indiretamente relacionadas a Vássia. De seu lado, a velhinha também estava encantada, encantada de verdade: ela própria reconheceu isso, chamou Vássia à parte e ali lhe disse que seu amigo era um jovem magnífico e amabilíssimo e, o mais importante, muito sério, respeitável. Vássia por pouco não gargalhou de deleite. Ele se lembrou de como o respeitável Arkacha lhe dera voltas havia quinze minutos na cama! Depois, a velhinha deu uma piscadela para Vássia e pediu que viesse com ela sem fazer barulho e com cuidado para o outro quarto. É preciso reconhecer que ela não agiu muito bem em relação a Lízanka: por excesso de bondade, claro, traiu a filha e teve a ideia de, às escondidas, mostrar o presente que

UM CORAÇÃO FRACO

Lízanka estava preparando para Vássia pelo ano-novo. Era uma carteira bordada com miçangas e fios dourados, que trazia um magnífico desenho: de um lado estava representada uma rena, feita com extremo realismo, que corria com extraordinária força, e tão parecida, tão bem feita! Do outro havia um retrato de um famoso general, também feito à perfeição e extremamente fiel ao original. Nem vou descrever o êxtase de Vássia. Enquanto isso, o tempo na sala também não passava em vão. Lízanka se aproximou diretamente de Arkadi Ivánovitch. Ela o segurou pelas mãos, agradeceu-lhe por algo e por fim Arkadi Ivánovitch adivinhou que o assunto dizia respeito ao preciosíssimo Vássia. Lízanka estava profundamente comovida, inclusive: havia escutado que Arkadi Ivánovitch era um amigo tão verdadeiro de seu noivo, que o amava tanto, que velava por ele, aconselhava-o a cada passo com opiniões salutares que, de fato, ela, Lízanka, não podia deixar de agradecer-lhe, não conseguia conter-se de tanta gratidão, e, enfim, que esperava que Arkadi Ivánovitch a amasse também, ainda que tivesse por ela metade do amor que tinha por Vássia. Depois, pôs-se a perguntar se Vássia cuidava da saúde, expressou alguns receios relativos à particular impetuosidade de seu caráter e ao conhecimento imperfeito das pessoas e da vida prática, disse que com o tempo cuidaria dele religiosamente, protegeria e acalentaria seu destino e, por fim, que ela esperava que Arkadi Ivánovitch não apenas não os deixasse, mas até que viesse morar com eles.

— Nós três seremos como um! — exclamou ela com a mais ingênua exaltação.

Porém era necessário partir. Naturalmente, tentaram retê-los, mas Vássia declarou, resoluto, que era impossível. Arkadi Ivánovitch atestou o mesmo. Pergun-

DOSTOIÉVSKI

taram pelo motivo, claro, e rapidamente se revelou a existência de um trabalho — confiado a Vássia por Iulian Mastákovitch — urgente, necessário, terrível, que devia ser entregue depois do dia seguinte cedo, e não só não estava terminado, como estava inclusive completamente abandonado. A mãezinha soltou um "ah" quando escutou isso e Lízanka se assustou, ficou preocupada e até pôs Vássia para correr. O último beijo não perdeu nada por isso, foi mais curto e apressado, mas, em compensação, mais ardente e vigoroso. Finalmente se despediram, e os dois amigos partiram para casa.

Logo que se viram na rua, começaram a confiar suas impressões um ao outro. Era óbvio que aconteceria: Arkadi Ivánovitch estava apaixonado, perdidamente apaixonado por Lízanka! E quem melhor para contar isso do que ele próprio a Vássia, o felizardo? E foi o que ele fez: não teve vergonha e confessou tudo no mesmo instante. Vássia morreu de rir e ficou muito feliz, até observou que não era sem motivo e que agora eles seriam ainda mais amigos. "Você adivinhou, Vássia" — disse Arkadi Ivánovitch, "sim! Eu a amo assim como amo você; ela será o meu anjo, como é o seu, pois a felicidade de vocês vai se derramar sobre mim e me aquecerá também. Ela será minha senhora, Vássia; minha felicidade estará nas mãos dela; que ela administre sua vida tanto quanto a minha. Sim, a amizade que tenho por você é a mesma que tenho por ela; vocês são inseparáveis para mim agora; só que vou ter duas criaturas como você, em vez de uma." Arkadi se calou por excesso de emoção; quanto a Vássia, estava comovido até o fundo da alma por essas palavras. De fato, nunca esperara que o amigo dissesse algo assim. Em geral Arkadi Ivánovitch não sabia se expressar muito bem, e também não gostava de sonhar; agora, entregava-

UM CORAÇÃO FRACO

126 -se rápido aos sonhos mais alegres, mais frescos e otimistas! "Como vou proteger e acalentar vocês dois" — disse de novo. — "Primeiro, Vássia, serei padrinho de todos seus filhos, todos sem exceção, e depois também precisamos cuidar do futuro. Temos de comprar móveis e alugar um apartamento para que ela, você e eu tenhamos quartinhos separados. Sabe, Vássia, amanhã mesmo vou correr para procurar anúncios de aluguel nas portas. Três... não, dois quartos, não precisamos de mais. Até acho que falei bobagem hoje, Vássia, o dinheiro vai bastar; como não? Quando vi os olhinhos de Liza, calculei na mesma hora que será suficiente. Tudo por ela! Uff, como vamos trabalhar! Agora, podemos nos arriscar e pagar uns vinte e cinco rublos por um apartamento. Um apartamento é tudo, irmão! Bons quartos... assim, uma pessoa fica mais alegre e tem sonhos radiantes! Além do mais, Lízanka vai ser nossa tesoureira comum: nenhum copeque será desperdiçado! Chega de frequentar tavernas agora! Por quem me toma? Por nada neste mundo! E vamos ter um aumento, gratificações porque, ah, vamos trabalhar com tanto zelo! Como trabalharemos, vamos arar a terra como bois! Ah, imagine — e a voz de Arkadi Ivánovitch ficou mais fraca de puro deleite — de repente nos cai do céu vinte e cinco ou trinta rublos! Qualquer gratificação será uma touquinha, um cachecolzinho, umas pequenas meias! Ela precisa tricotar um cachecol para mim sem falta; veja como o meu está péssimo: amarelo, horrível, me provocou uma desgraça hoje! E você também, Vássia, me aprontou uma boa: foi me apresentar, e eu ali com aquela coleira... mas isso não vem ao caso! Sabe de uma coisa: eu me encarrego de toda a prata! É obrigação minha dar um presentinho a vocês — é uma honra, tenho meu amor-próprio! Mi-

DOSTOIÉVSKI

nha gratificação não vai fugir: vão dá-la para quem, para Skorokhôdov? Por certo não vai ficar no bolso daquela garça. Irmão, vou comprar colheres de prata para vocês, e boas facas — não facas de prata, mas ótimas facas, e um colete, quer dizer, o colete é para mim: vou ser o padrinho do casamento! Só que agora você tem de se comportar, comporte-se mesmo, vou ficar atrás de você, irmão, tanto hoje como amanhã, com um bastão a noite toda, vou atormentá-lo de tanto trabalhar: termine! Termine, irmão, quanto antes! E depois novamente para a festa, e depois ambos seremos felizes; vamos tentar a sorte na loteria! Vamos passar a noite juntos — ah, que bom! Uf, diabos! Que pena que não posso ajudá-lo. Eu pegaria e copiaria tudo, tudo por você... Por que não temos a letra igual?

— Sim! — respondeu Vássia. — Sim! Preciso me apressar. Acho que agora são umas onze horas; preciso me apressar... Ao trabalho! — E, depois de falar isso, Vássia, que durante todo esse tempo ora sorria, ora tentava interromper com alguma observação exaltada a efusão de sentimentos de amizade e, em suma, mostrava a mais completa animação, de repente ficou quieto, calou-se e começou a quase correr pela rua. Parecia que algum pensamento pesado de repente enregelara sua cabeça ardente; parecia que todo seu coração se encolhera.

Arkadi Ivánovitch até começou a se preocupar; suas perguntas apressadas quase não recebiam respostas de Vássia, que se limitava a uma ou outra palavra, às vezes uma exclamação que com frequência não tinha nenhuma relação com o assunto. "O que há com você, Vássia?" — exclamou por fim, quando mal conseguia alcançá-lo. "— Será possível que esteja tão preocupado?" "Ah,

UM CORAÇÃO FRACO

irmão, chega de tagarelice!" — respondeu Vássia, até ir-ritado. "Não desanime, Vássia, basta" — interrompeu Arkadi —, "já vi você escrever muito mais em um prazo até menor... o que é isso para você, que tem um ver-dadeiro talento? Em último caso, pode até apressar a pena: ninguém vai litografar para um livro de caligrafia, mesmo. Você consegue! Só está perturbado agora, dis-perso, e assim o trabalho fica mais difícil..." Vássia não respondeu ou murmurou algo entre os dentes, e ambos correram para casa decididamente preocupados.

Vássia pôs-se a trabalhar no mesmo instante. Ar-kadi Ivánovitch ficou quieto e se acalmou, despiu-se em silêncio e se deitou na cama sem tirar os olhos de Vássia... Foi tomado por certo medo... "O que ele tem?" — pensou, olhando para o rosto empalidecido de Vássia, para seus olhos ardentes, para a agitação aparente em cada movimento. — "Até a mão está tre-mendo... Minha nossa! Não será melhor aconselhá-lo a dormir por umas duas horas? Ao menos a irritação passaria." Vássia acabara de terminar a página; levantou a vista, olhou para Arkadi sem querer e, abaixando os olhos no mesmo instante, pegou a pena outra vez.

— Escute, Vássia — começou Arkadi Ivánovitch de repente —, não seria melhor cochilar um pouquinho? Veja, você está febril.

Vássia olhou para Arkadi irritado, até mesmo furioso, e não respondeu.

— Escute, Vássia, o que está fazendo consigo mesmo?

Vássia caiu em si imediatamente.

— Que tal um chazinho, Arkacha? — falou.

— Como assim? Para quê?

— Para dar forças. Não quero dormir, já não vou

DOSTOIÉVSKI

dormir! Vou continuar copiando. Eu podia descansar | **129**
para o chá agora e esse momento difícil passaria.

— Que ótimo, Vássia, meu irmão, que maravilha! É
justamente isso que eu ia propor. Mas me admira que
isso não tenha passado por minha cabeça. Mavra não vai
se levantar, não vai acordar por nada...

—É...

— Bobagem, tudo bem! — gritou Arkadi Ivánovitch,
levantando-se da cama em um pulo, descalço. — Eu
mesmo apronto o samovar. Ora, não é a primeira vez!

Arkadi Ivánovitch correu para a cozinha e pôs-se
a cuidar do samovar; enquanto isso, Vássia escrevia.
Arkadi Ivánovitch se vestiu e ainda correu até a pada-
ria para que Vássia pudesse revigorar-se para a noite.
Quinze minutos depois, o samovar estava na mesa. Eles
começaram a beber, mas a conversa não desenrolava.
Vássia continuava disperso.

— Escute — disse finalmente, como se tivesse vol-
tado a si. — Amanhã preciso ir cumprimentar pelo ano-
-novo...

— Não precisa, não.

— Não, irmão, não posso — falou Vássia.

— Mas eu assino seu nome em todos os livros...
para quê?! É melhor você trabalhar amanhã. Hoje você
devia trabalhar até umas cinco horas, como eu falei, e
então podia dormir. Senão, em que estado vai estar
amanhã? Eu o acordo às oito em ponto...

— Será que seria bom se você assinasse por mim? —
disse Vássia, meio de acordo.

— O que pode ser melhor? Todos fazem isso!

— É que tenho medo...

— Mas de quê, ora?

— Ah, você sabe, com os outros tudo bem, mas Iu-

UM CORAÇÃO FRACO

lian Mastákovitch... Arkacha, ele é meu benfeitor; e se notar que a letra é de outro...

— Notar! Mas veja só como você é, Vassiuk! Como poderia perceber? Além do mais, você sabe que eu faço uma assinatura iguazinha à sua, faço até aquela voltinha, juro por Deus. Chega; o que há com você? Quem vai perceber?

Vássia não respondia e terminou depressa o copo... Depois, balançou a cabeça como quem duvida.

— Vássia, querido! Ah, se nós conseguíssemos! Vássia, mas o que você tem? Está me assustando! Sabe, não vou me deitar agora, não vou dormir. Mostre para mim, falta muito?

Vássia olhou para ele de uma maneira que fez o coração de Arkadi Ivánovitch revirar e sua língua travar.

— Vássia! O que há com você? O que você tem? Por que está olhando assim?

— Arkadi, acho que amanhã vou desejar feliz ano--novo a Iulian Mastákovitch.

— Vá, então! — disse Arkadi, enquanto o olhava numa espera aflita. — Escute, Vássia, apresse a pena; é um bom conselho, juro! Quantas vezes o próprio Iulian Mastákovitch disse que o que ele mais gosta em sua caligrafia é a precisão? Skoropliokhin é o único que quer que esteja claro e bonito como um caderno de caligrafia, para depois dar um jeito de roubar o papel e levar para que os filhos copiem: o tolo não pode comprar cadernos de caligrafia! Mas Iulian Mastákovitch só fala uma coisa, só exige isso: clareza, clareza e clareza! Do que mais você precisa? Palavra de honra! Vássia, já nem sei como falar... Até tenho medo... Você me mata com essa sua tristeza.

DOSTOIÉVSKI

— Não é nada, não é nada — disse Vássia e caiu na cadeira exausto. Arkadi se inquietou.

— Não quer água? Vássia! Vássia!

— Está bem, está bem — disse Vássia, apertando sua mão. — Não é nada; só fiquei um pouco triste, Arkadi. Nem eu mesmo sei dizer o motivo. Escute, é melhor falar sobre outra coisa; não me faça lembrar...

— Acalme-se, pelo amor de Deus, acalme-se, Vássia. Você vai terminar, juro por Deus, vai terminar! E se não terminar, qual é o problema? É como se fosse algum crime?

— Arkadi — falou Vássia, olhando de forma tão significativa para o amigo que definitivamente o assustou, pois Arkadi nunca o havia visto tão preocupado. — Se eu estivesse só, como antes... Não, quis dizer outra coisa. O tempo todo quero falar, confiar-lhe tudo como a um amigo... Por outro lado, por que deixá-lo preocupado? Sabe, Arkadi, para alguns foi dado muito, outros fazem coisas miúdas, como eu. Então, e se exigem gratidão e reconhecimento e você não for capaz de corresponder?

— Vássia! Definitivamente, não estou entendendo você!

— Nunca fui ingrato — prosseguiu Vássia em voz baixa, como se estivesse discutindo consigo mesmo. — Mas, se não consigo dizer tudo o que sinto, então é como se... Arkadi, vai parecer que sou de fato ingrato, e isso me mata.

— Mas o quê, o quê! Por acaso toda a gratidão se resume a copiar no prazo? Pense, Vássia, que está dizendo? Será que é nisso que se expressa a gratidão?

Vássia de repente se calou e arregalou os olhos para Arkadi, como se seu argumento inesperado tivesse aca-

UM CORAÇÃO FRACO

bado com todas as dúvidas. Ele até sorriu, mas logo assumiu outra vez a expressão pensativa de antes. Arkadi, por tomar esse sorriso como o fim de todos os medos, e a inquietação que apareceu de novo como uma decisão de fazer algo melhor, ficou extremamente alegre.

— Bem, Arkacha, meu irmão — disse Vássia —, quando acordar, dê uma olhada em mim; é capaz que eu durma, seria uma desgraça; agora vou sentar para trabalhar... Arkacha?

— O quê?

— Não, eu só, não é nada... eu queria...

Vássia sentou e se calou, Arkadi deitou. Nem um nem outro deu duas palavrinhas sobre a visita a Kolomna. Talvez ambos sentissem um pouco de culpa por haver farreado na hora errada. Arkadi Ivánovitch dormiu logo depois, ainda triste por Vássia. Para sua surpresa, acordou às sete e pouco da manhã. Vássia estava dormindo na cadeira, com a pena na mão, pálido e exausto; a vela se consumira. Na cozinha, Mavra fazia barulho com o samovar.

— Vássia, Vássia! — exclamou Arkadi assustado... — Quando você dormiu?

Vássia abriu os olhos e pulou da cadeira...

— Ah! — disse. — Dormi assim mesmo!

Lançou-se na hora sobre os papéis — tudo bem: estava tudo em ordem; não havia pingado sobre eles nem a tinta, nem sebo da vela.

— Acho que adormeci por volta das seis horas — disse Vássia. — Como a noite estava fria! Vamos beber um chá e eu volto a...

— Recuperou as forças?

— Sim, sim, tudo bem, agora está tudo bem!

— Feliz ano-novo, Vássia, meu irmão.

DOSTOIÉVSKI

— Saudações, irmão, meus cumprimentos; o mesmo |133
para você, meu querido.

Eles se abraçaram. O queixo de Vássia tremia e seus
olhos se encheram de lágrimas. Arkadi Ivánovitch per-
maneceu em silêncio: sentia-se amargo; ambos beberam
o chá às pressas...

— Arkadi! Decidi, eu mesmo vou à casa de Iulian
Mastákovitch...

— Mas ele não vai notar...

— É que a consciência está quase me torturando,
irmão.

— Mas é por ele que você está sentado aqui, é por
ele que está se matando... Pare com isso! Sabe de uma
coisa, irmão, eu vou passar por lá.

— Onde? — perguntou Vássia.

— Na casa das Artemiev, vou cumprimentá-las de
minha parte e da sua.

— Meu querido, meu caro! Então, fico aqui, mas
acho que você teve boa ideia; estou trabalhando aqui,
não estou passando o tempo no ócio! Espere um minuto,
agora mesmo escrevo uma carta.

— Escreva, irmão, escreva, há tempo; ainda vou me
lavar, fazer a barba e limpar o fraque. Ah, Vássia, meu
irmão, seremos felizes e satisfeitos! Dê-me um abraço,
Vássia!

— Ah, tomara, irmão...

— Aqui mora o senhor funcionário Chumkov? —
ouviu-se uma vozinha infantil na escada...

— Sim, senhor, aqui — respondeu Mavra e deixou o
convidado entrar.

— Quem está aí? Quem, quem? — gritou Vássia, sal-
tando da cadeira e correndo para a antessala. — Pêtenka,
é você?

UM CORAÇÃO FRACO

— Bom dia, tenho a honra de fazer ao senhor votos de feliz ano-novo, Vassili Petróvitch — falou o menino de uns dez anos, com lindos cabelos negros e cacheados. — Minha irmãzinha manda seus cumprimentos, e mamãe também, e a maninha mandou que eu desse um beijo no senhor por ela...

Vássia levantou o mensageiro nos ares e deu um beijo doce, longo e exaltado naqueles lábios tão parecidos com os de Lízanka.

— Beije-o, Arkadi! — disse ele, entregando-lhe Petia que, sem tocar o chão, passou rápido para o vigoroso e — em toda extensão da palavra — ávido abraço de Arkadi Ivánovitch.

— Meu querido, quer um chazinho?

— Muito agradecido, senhor. Já bebemos! Hoje nos levantamos cedo. Os nossos já foram para a missa. A maninha passou duas horas fazendo cachos no meu cabelo, passando pomada, lavou meu rosto e costurou minhas calçolinhas, que rasguei ontem com Sachka na rua: estávamos atirando bolas de neve...

— Ah, bem, não diga!

— E aí ela estava me enfeitando para visitar os senhores; depois, passou a pomada, me encheu de beijos e disse: "Vá até o apartamento de Vássia, cumprimente-o pelo ano-novo, pergunte se estão bem, se repousaram bem e..." e também era para perguntar algo mais... Ah, sim, e também se tinha terminado o trabalho que ontem... como é mesmo... está aqui, tenho anotado — disse o menino, lendo um papelzinho que tirou do bolso — Ah, sim! Preocupava o senhor.

— Vou terminá-lo! Sim! Pode dizer a ela que vou terminar sem falta, palavra de honra!

DOSTOIÉVSKI

— E ainda... Ah! Até esqueci; minha irmã mandou 135 um bilhetinho e um presente, tinha esquecido!

— Meu Deus! Ah, meu querido! Onde... Onde está? Está aqui, hã?! Irmão, veja o que ela me escreveu. Minha que-ri-da, meu amorzinho! Sabe, ontem vi a carteira que está fazendo para mim; não estava terminada, por isso diz que "mando um cacho do meu cabelo, para que esteja sempre com você". Veja, irmão, veja!

E Vássia, comovido de tanto deleite, mostrou a Arkadi Ivánovitch o cacho do cabelo mais grosso e mais negro do mundo; depois beijou-o ardentemente e o escondeu no bolso lateral, perto do coração.

— Vássia! Vou encomendar um medalhão para esse cacho! — falou decidido Arkadi Ivánovitch por fim.

— Vamos ter vitela assada no almoço e depois de amanhã, miolos; mamãe quer preparar pão de ló... mas não vai ter mingau de painço — disse o garoto, pensando em como concluir sua narrativa.

— Ah, que graça de menino! — gritou Arkadi Ivánovitch. — Vássia, você é o mais feliz dos mortais!

O menino terminou o chá, recebeu um bilhetinho e mil beijos e saiu, alegre e ligeiro como de costume.

— Então, irmão — disse Arkadi Ivánovitch, alegre —, está vendo como tudo vai bem, está vendo? Tudo se arranjou da melhor maneira, não se aflija, não desanime! Em frente! Termine, Vássia, termine! Vou estar em casa às duas; passo pela casa delas, depois pela de Iulian Mastákovitch...

— Bem, adeus, irmão, adeus! Ah, se... Mas tudo bem, pode ir, está bem — disse Vássia. — Irmão, definitivamente não vou à casa de Iulian Mastákovitch.

— Adeus!

— Espere, irmão, espere; diga a elas... bem, tudo o

UM CORAÇÃO FRACO

136 que você conseguir pensar; beije-a... e me conte, depois me conte tudo...

— É claro, é claro, todos sabem o quê! Foi a felicidade que o revirou! Foi a surpresa; você está fora de si desde ontem. Ainda não descansou das emoções. Ora, é claro! Recomponha-se, querido Vássia! Adeus, adeus!

Por fim, os amigos se despediram. Arkadi Ivánovitch passou toda a manhã distraído e só pensava em Vássia. Ele conhecia sua personalidade fraca e irritadiça. "Sim, foi a felicidade que o revirou, não me enganei!" — falava com seus botões. — "Meu Deus! Até a mim deixou triste. Esse homem é capaz de transformar qualquer coisa em tragédia! Mas que febre! Ah, é preciso salvá-lo! Tenho de salvá-lo!" — pensou Arkadi, sem perceber que em coração já havia elevado pequenos contratempos corriqueiros, insignificantes na verdade, à categoria de desgraça. Somente às onze horas conseguiu chegar à portaria de Iulian Mastákovitch para adicionar seu humilde nome à longa lista de personalidades respeitosas que haviam assinado aquela folha manchada de gotas e completamente preenchida. Mas qual foi seu espanto quando apareceu diante dele a própria assinatura de Vássia Chumkov! Isso o deixou estupefato. "O que há com ele?" — pensou. Arkadi Ivánovitch, que ainda havia pouco estava animado pela esperança, saiu desolado. De fato, uma desgraça se aproximava, mas onde? Qual?

Ele chegou a Kolomna com pensamentos sombrios, estava disperso no começo, mas, depois de conversar com Lízanka, saiu com lágrimas nos olhos, pois definitivamente se assustara por Vássia. Pôs-se a correr para casa e no Nevá viu-se frente a frente com Chumkov. Ele também estava correndo.

DOSTOIÉVSKI

— Para onde você vai? — gritou Arkadi Ivánovitch. |137

Vássia parou, como se estivesse sido pego cometendo um crime.

— Ah, irmão, nada; queria dar um passeio.

— Não se conteve, estava indo para Kolomna? Ah, Vássia, Vássia! E por que foi à casa de Iulian Mastákovitch?

Vássia não respondeu, mas depois abanou a mão e disse:

— Arkadi! Não sei o que está acontecendo comigo! Eu...

— Basta, Vássia, basta! Sei bem o que é. Acalme-se! Você está emocionado e abalado desde ontem! Pense um pouco, como é difícil aguentar isso! Todos o amam, todos à sua volta o bajulam, seu trabalho está avançando, você vai terminá-lo, com certeza, vai sim, eu sei: deve ter imaginado algo, tem algum medo...

— Não, não é nada, não é nada...

— Lembra, Vássia, lembra? Já havia acontecido o mesmo com você; lembra como foi quando recebeu seu cargo? Você redobrou o afinco por felicidade e gratidão e durante uma semana só estragava o trabalho... Está acontecendo o mesmo agora...

— Sim, sim, Arkadi, mas agora é diferente, não é nada disso.

— Mas como não é isso, ora! Pode ser que esse trabalho nem seja urgente, e você está se matando...

— Não é nada, não é nada, só estava dizendo. Vamos!

— O quê, você vai para casa e não vai vê-las?

— Não, irmão, como vou aparecer assim? Mudei de ideia. É que sem você por lá me senti só, mas agora você está comigo, vou sentar e copiar. Vamos!

UM CORAÇÃO FRACO

138| Caminharam calados por um tempo. Vássia se apressava.

— Como você não me pergunta a respeito delas? — disse Arkadi Ivánovitch.

— Ah, sim! Arkachenka, e então?

— Vássia, não estou reconhecendo você.

— Está tudo bem, não importa. Conte-me tudo, Arkacha! — pediu Vássia com voz suplicante, como quisesse evitar mais explicações. Arkadi Ivánovitch suspirou. Definitivamente estava perdido olhando para Vássia. O relato sobre sobre a família de Kolomna o reavivou. Ele até ficou falador. Haviam almoçado. A velhinha enchera o bolso de Arkadi Ivánovitch de pão de ló e os amigos se alegraram comendo. Depois do almoço, Vássia prometeu dormir para poder passar a noite trabalhando. Ele de fato se deitou. De manhã, alguém convidara Arkadi Ivánovitch para um chá, e ele não podia recusar. Os amigos se separaram. Arkadi decidiu voltar o mais cedo possível, se pudesse até às oito. As três horas de separação passaram para ele como três anos. Por fim, escapou e foi encontrar Vássia. Ao entrar no quarto, viu que estava tudo escuro. Vássia não estava em casa. Perguntou para Mavra. Ela disse que ele tinha passado o tempo todo trabalhando sem dormir nada, depois tinha andado pelo quarto e, em seguida, havia uma hora, saíra correndo e dissera que voltaria em meia hora; pedira: "quando Arkadi Ivánovitch chegar, diga a ele, velha" — encerrou Mavra — "que fui passear" e me ordenou três, não, quatro vezes.

"Está na casa das Artemiev!" — pensou Arkadi Ivánovitch e balançou a cabeça. Depois de um minuto levantou-se de um salto, animado pela esperança. "Ele já terminou", pensou; "foi isso; ele não se conteve e

DOSTOIÉVSKI

saiu correndo para lá. Por outro lado, não! Ele me esperaria... Vou dar uma olhada no que ele tem!"

Acendeu a vela e correu para a escrivaninha de Vássia: o trabalho avançara e parecia não faltar muito para o fim. Arkadi Ivánovitch quis investigar mais, mas de repente entrou Vássia...

— Ah, você está aqui? — gritou, estremecendo de susto. Arkadi Ivánovitch ficou calado. Tinha medo de perguntar a Vássia. O amigo abaixou a vista e, também calado, começou a arrumar os papéis. Finalmente seus olhos se encontraram. O olhar de Vássia era tão súplice, implorante e abatido que Arkadi Ivánovitch estremeceu ao encontrá-lo. Seu coração tremeu e transbordou de emoção...

— Vássia, meu irmão, o que você tem? O que há? — gritou, lançando-se na sua direção e apertando-lhe o abraço. — Explique para mim; não entendo você nem sua angústia; o que você tem, meu mártir? O quê? Conte-me tudo sem esconder. Não pode ser só isso...

Vássia se apertava forte contra ele e não podia dizer nada. Faltava-lhe ar.

— Chega, Vássia, chega! Bem, se você não termina, o que tem? Eu não entendo você; conte-me seus sofrimentos. Sabe, eu, por você... Ah, meu Deus, meu Deus! — dizia ele, andando pelo quarto e agarrando tudo o que lhe caía nas mãos, como se procurasse um remédio forte para Vássia. — Amanhã, eu mesmo vou no seu lugar até Iulian Mastákovitch, vou pedir, implorar para que lhe dê mais um dia de prorrogação. Explicarei tudo para ele, tudo, se é só isso que o atormenta tanto...

— Deus não permita! — gritou Vássia e ficou branco como um papel. Ele mal se mantinha de pé.

— Vássia, Vássia!

UM CORAÇÃO FRACO

140   Vássia voltou a si. Seus lábios tremiam; queria falar algo e só apertava convulsivamente a mão de Arkadi, em silêncio... Sua mão estava gelada. Arkadi estava diante dele repleto de uma espera dolorosa e torturante. Vássia levantou os olhos de novo.

— Vássia! Esqueça tudo isso! Você me parte o coração, meu amigo, meu querido.

Lágrimas corriam em abundância dos olhos de Vássia; ele se jogou no peito de Arkadi.

— Eu enganei você, Arkadi! — confessou ele. — Enganei; perdoe-me, perdoe! Traí sua amizade...

— O quê, o que há, Vássia? Que aconteceu? — perguntou Arkadi, bastante apavorado.

— Veja!

Com um gesto desesperado, tirou de uma gaveta na mesa seis cadernos grossos, semelhantes ao que estava copiando.

— O que é isso?

— É o que preciso fazer para depois de amanhã. Não fiz nem um quarto! Não pergunte, não pergunte... como isso aconteceu! — continuou Vássia, falando em seguida sobre o que tanto o atormentava. — Arkadi, meu amigo! Nem eu mesmo sei o que me aconteceu! É como se estivesse saindo de algum sonho. Perdi três semanas inteiras por nada. Eu só... eu... ia à casa dela... Meu coração doía, eu me atormentava... a incerteza... não conseguia nem mesmo escrever. Nem pensava nisso. Só despertei agora, que a felicidade apareceu para mim.

— Vássia! — começou Arkadi Ivánovitch, categórico. — Vássia! Vou salvá-lo. Entendo tudo isso. Não é caso para brincadeira. Vou salvá-lo! Escute, escute: amanhã mesmo vou falar com Iulian Mastákovitch... Não abane a cabeça, não, escute!

DOSTOIÉVSKI

Conto tudo o que aconteceu; permita-me fazer isso... |141
Explico para ele... Faço qualquer coisa! Conto como
você está se matando, como está sofrendo.

— Sabia que você está me matando neste minuto? —
perguntou Vássia, gelado de susto.

Arkadi Ivánovitch empalideceu, mas voltou a si e de-
satou a rir.

— Só? É só isso? — falou. — Ora, Vássia, por
favor! Não tem vergonha? Bem, escute só! Vejo que
estou deixando você aflito. Olhe, eu o entendo; sei o
que está acontecendo dentro de você. Vivemos juntos
já há cinco anos, graças a Deus! Você é bom, tão ca-
rinhoso, mas é fraco, imperdoavelmente fraco. Até Li-
zavieta Mikháilovna notou isso. Além do mais, é um
sonhador, e isso também não é nada bom: você pode per-
der a razão, meu caro! Escute, sei bem o que você quer!
Você gostaria, por exemplo, que Iulian Mastákovitch fi-
casse fora de si e, quem sabe, até desse um baile de pura
alegria por seu casamento... Mas, espere, espere! Está
franzindo a testa. Está vendo? À minha primeira pala-
vra você se ofendeu em nome de Iulian Mastákovitch!
Vou deixá-lo em paz. Eu mesmo o respeito tanto quanto
você. Mas não discuta comigo nem tente me impedir de
pensar que você queria que não houvesse um só infeliz
no mundo no dia do seu casamento... Sim, irmão, você
deve reconhecer que, por exemplo, gostaria que eu, seu
melhor amigo, de repente tivesse uma fortuna de cem
mil rublos; que todos os inimigos existentes no mundo
de repente, sem mais nem menos, se reconciliassem, que
todos se abraçassem de alegria no meio da rua e de-
pois viessem visitá-lo no seu apartamento, talvez. Meu
amigo! Meu querido! Não estou zombando, é assim;
você há muito tempo me apresentou tudo isso em diver-

UM CORAÇÃO FRACO

142 sas perspectivas, praticamente com essas mesmas palavras. Como você é feliz, quer que todos, absolutamente todos sejam felizes de uma vez. É dolorido, você acha difícil ser feliz sozinho! Por isso, agora você quer com todas as forças ser merecedor desta felicidade e, talvez, realizar alguma proeza para aliviar a consciência! Ah, eu entendo sua prontidão em se torturar por saber que, quando precisava mostrar zelo, inteligência... e, quem sabe, gratidão, como diz, você de repente falhou! Você se amarga demais pensando que Iulian Mastákovitch vai franzir a testa e até mesmo se zangar quando souber que não foi digno da esperança que ele depositou. Sente dor ao pensar que você vai ouvir uma reprimenda de quem considera seu benfeitor — e em que momento! Justo quando a alegria enche seu coração e você não sabe sobre quem verter sua gratidão... É assim, não é verdade? É assim, não é?

Arkadi Ivánovitch, cuja voz tremia ao terminar, calou-se e tomou fôlego.

Vássia olhava com amor para o amigo. Um sorriso deslizou por seus lábios.

Parecia até que a expectativa de uma esperança reavivara seu rosto.

— Então, escute bem — começou Arkadi de novo, ainda mais inspirado pela esperança. — Nem é preciso que Iulian Mastákovitch perca a boa vontade que tem em relação a você. Não é, meu querido? É esta a questão? Se for essa, então eu — disse Arkadi, saltando do lugar — eu mesmo me sacrifico por você. Amanhã vou falar com Iulian Mastákovitch... Não se oponha! Vássia, você está elevando seu erro a um crime. E ele, Iulian Mastákovitch, é generoso e clemente e, além do mais,

DOSTOIÉVSKI

não é como você! Meu irmão Vássia, ele vai nos escutar
e nos tirar da desgraça. E então? Está calmo?

Vássia apertou a mão de Arkadi com lágrimas nos
olhos.

— Está bem, Arkadi, basta — disse ele. — Caso
encerrado. Não terminei, pronto, não faz mal; se não
acabei, não acabei. Você não precisa ir; eu mesmo vou
contar tudo, vou pessoalmente. Agora me acalmei, estou
bem tranquilo; apenas não vá... E escute.

— Vássia, meu querido! — gritou Arkadi Ivánovitch
de alegria. — Eu estava repetindo suas palavras; que
bom que você pensou melhor e se controlou. Mas o que
quer que você tenha, o que quer que aconteça, estou ao
seu lado, lembre-se disso! Estou vendo que o atormenta
a ideia de que eu diga algo a Iulian Mastákovitch; não
vou falar, não digo nada, você mesmo conta. Veja: você
vai amanhã... Ou não, não vai, fique aqui trabalhando,
está entendendo? Eu vou lá e me informo sobre o que é
esse trabalho, se é muito urgente ou não, e o que pode
acontecer se atrasar. Depois eu corro até você... Viu,
viu? Há esperança: ah, imagine que não é urgente; você
pode se sair bem. Iulian Mastákovitch talvez não se lem-
bre, e aí estará tudo salvo.

Vássia balançou a cabeça, duvidando, mas seu olhar
agradecido não deixava o rosto do amigo.

— Basta, basta! Estou tão fraco, tão cansado —
disse, sem fôlego —, não tenho vontade de pensar nisso.
Bem, vamos falar de outra coisa! Sabe, acho que nem
vou escrever agora, só isso, vou só terminar duas folhi-
nhas para ir até um ponto exato. Ouça... há tempo quero
lhe perguntar: como é que você me conhece tão bem?

Lágrimas caíram dos olhos de Vássia sobre as mãos
de Arkadi.

UM CORAÇÃO FRACO

— Se você soubesse, Vássia, quanto te amo, não me perguntaria isso, de verdade!

— É mesmo, Arkadi, não sei, é que... não sei por que você me ama tanto! Sim, Arkadi, sabia que até seu amor acabava comigo? Sabe quantas vezes, especialmente quando me deitava para dormir e pensava em você (porque sempre penso em você quando vou dormir), me banhava em lágrimas e meu coração estremecia porque, porque... Bem, porque você me amava tanto, e eu não consigo abrir meu coração de modo algum, não consigo lhe agradecer...

— Está vendo, Vássia, está vendo como você é? Veja como está abalado agora — disse Arkadi, cuja alma sofreu no minuto em que se lembrou da cena na rua, no dia anterior.

— Basta; você quer que eu me acalme, mas nunca estive tão sereno e feliz! Sabia... Escute, gostaria de contar tudo para você, mas sempre tenho medo de que afligi-lo. Você sempre se entristece e grita comigo; e eu me assusto... Olhe só como estou tremendo agora, nem sei por quê. Sabe, era isso que eu gostaria de dizer. Acho que eu não me conhecia antes, é! Só fui conhecer os outros ontem. Irmão, eu não sentia, não valorizava os outros por completo. Meu coração... estava insensível. Escute como aconteceu, acho que nunca fiz uma bondade a ninguém neste mundo, ninguém mesmo, porque não conseguia; até minha aparência é desagradável... E todos foram gentis comigo! Você foi o primeiro: por acaso acha que eu não vejo? Eu só não falava, nunca falava nada!

— Vássia, pare!

— Por quê, Arkacha? Por quê? Só estava... — interrompeu Vássia, que mal conseguia falar uma palavra em

DOSTOIÉVSKI

meio às lágrimas. — Falei com você ontem sobre Iulian Mastákovitch. E você mesmo sabe, ele é severo, rigoroso, até você chegou a ser repreendido por ele várias vezes, e ontem veio brincar comigo, me mostrou carinho e abriu seu bom coração, que ele prudentemente esconde de todos...

— E então, Vássia? Isso só mostra que você merece sua felicidade.

— Ah, Arkacha! Como eu queria acabar todo esse trabalho! Não, vou arruinar minha felicidade! Tenho este pressentimento! Mas não, não por causa disso — Vássia interrompeu porque Arkadi olhou de esguelha para a pasta urgente e pesada sobre a mesa —. não é nada, é papel escrito... Bobagem! Caso encerrado... Eu... Arkacha, estive lá hoje, na casa dela... na verdade não entrei. Foi difícil para mim, foi dolorido! Apenas fiquei parado ao lado da porta. Ela estava tocando piano, fiquei escutando. Está vendo, Arkadi — disse, baixando a voz —, não me atrevi a entrar...

— Escute, Vássia, o que você tem? Por que está me olhando assim?

— O quê? Nada! Estou meio mal; minhas pernas estão tremendo; é porque trabalhei de noite. Sim! Agora minha vista está ficando toda verde. Sinto aqui, aqui...

Ele apontou para o coração. Perdeu a consciência.

Quando voltou a si, Arkadi estava pronto para tomar medidas violentas. Tentou deitá-lo na cama à força. Vássia não concordou por nada. Ele chorava, torcia os braços, queria escrever, queria sem falta terminar suas duas páginas. Para não deixá-lo nervoso, Arkadi lhe permitiu ir até os papéis.

— Está vendo — disse Vássia, sentando em seu lugar — tive uma ideia, há esperança.

UM CORAÇÃO FRACO

Ele sorriu para Arkadi e de fato seu rosto pálido pareceu se reanimar com um vislumbre de esperança.

— Veja só: depois de amanhã não levo tudo para ele. Minto em relação ao resto, digo que queimou, que molhei um pouco, que perdi... enfim, bem, que não terminei, não consigo mentir. Eu mesmo explico — sabe de uma coisa? Vou explicar tudo para ele; digo: tal e tal, não consegui... Conto a respeito do meu amor; ele mesmo se casou há pouco tempo, vai me entender! Faço tudo isso, claro, com respeito, sem exagero; ele vai ver minhas lágrimas, vai se comover com elas...

— Sim, é claro, vá, vá até ele, explique... Nem precisa das lágrimas! Para que isso? Juro, Vássia, até a mim você conseguiu deixar totalmente apavorado.

— Sim, eu vou, vou. Agora deixe-me escrever, deixe-me escrever, Arkacha. Não incomodo ninguém, deixe-me escrever!

Arkadi se jogou na cama. Ele não confiava em Vássia, definitivamente. O amigo era capaz de tudo, mas pedir perdão, por quê, como? Isso não vinha ao caso. O caso era que Vássia não cumprira seu trabalho, sentia-se culpado *diante de si mesmo*, sentia-se ingrato diante do destino, estava esmagado e abalado pela felicidade e se considerava indigno dela; por fim, encontrara mero pretexto para perder a cabeça, e ainda não voltara a si desde o acontecimento inesperado do dia anterior. "É isso mesmo" — pensou Arkadi Ivánovitch. — "É preciso salvá-lo. É preciso reconciliá-lo consigo mesmo. Está cavando a própria cova." Pensou, pensou e então decidiu ir logo ter com Iulian Mastákovitch, ir já no dia seguinte e contar tudo a ele.

Vássia estava sentado escrevendo. Arkadi Ivánovitch,

DOSTOIÉVSKI

exausto, deitou um pouco para pensar bem sobre o assunto outra vez e acordou ao amanhecer.

— Ai, diabos! Outra vez! — gritou ao ver Vássia, que estava sentado escrevendo.

Arkadi se lançou na sua direção, agarrou-o e o deitou na cama à força. Vássia sorria: seus olhos se fechavam de fraqueza. Ele mal conseguia falar.

— Estava mesmo querendo me deitar. Sabe, Arkadi, tive uma ideia; vou terminar. *Acelerei* a pena! Eu seria incapaz de continuar trabalhando; acorde-me às oito horas.

Parou de falar e adormeceu como um morto.

— Mavra! — sussurrou Arkadi Ivánovitch à criada, que trazia o chá. — Ele pediu para ser acordado daqui a uma hora. Nem pensar! Deixe que ele durma, mesmo que seja durante dez horas, entendeu?

— Entendi, senhor.

— Não prepare o almoço, não mexa com a lenha, não faça barulho nem cause problemas! Se ele perguntar por mim, diga que fui para o trabalho, entendeu?

— Entendi, paizinho; por mim, pode dormir à vontade! Até fico feliz de ver meu senhor dormir; também cuido dos bens dos senhores. Esses dias, quando quebrei a xícara, o senhor brigou comigo, mas não fui eu, foi Machka, a gata, quem quebrou, e eu não vi; falei: chispa, maldita!

— Psiu, silêncio, silêncio!

Arkadi Ivánovitch mandou Mavra sair para a cozinha, exigiu a chave e trancou a porta. Depois, foi para o serviço. Pelo caminho, pensava em como se apresentaria diante de Iulian Mastákovitch, se seria conveniente ou muito insolente? Chegou ao trabalho acanhado e timidamente perguntou se Sua Excelência estava; respon-

UM CORAÇÃO FRACO

148 deram que não estava e não viria. Arkadi Ivánovitch por um instante pensou em ir vê-lo no apartamento, mas em boa hora entendeu que, se Iulian Mastákovitch não viera, devia estar ocupado em casa também. Ele ficou ali. As horas pareciam intermináveis. Ao mesmo tempo, tentou averiguar a respeito do trabalho confiado a Chumkov. Mas ninguém sabia de nada. Só sabiam que Iulian Mastákovitch se dignara a dar a ele encomendas especiais, mas qual, ninguém sabia. Por fim, soaram as três horas e Arkadi Ivánovitch correu rumo à casa. Na antessala, um escrivão o deteve e disse que Vassili Petróvitch Chumkov estivera ali, pouco depois do meio-dia e perguntara, acrescentou o escrivão: "se porventura não estava aqui o senhor ou Iulian Mastákovitch". Ao escutá-lo, Arkadi Ivánovitch pegou uma carruagem e foi para casa, fora de si de tanto medo.

Chumkov estava em casa. Andava pelo quarto bastante perturbado. Ao ver Arkadi Ivánovitch, parece que se recompôs na hora, voltou a si e se apressou em disfarçar a agitação. Calado, pôs-se a escrever. Parecia evitar as perguntas do amigo, um fardo para ele que planejara algo internamente e já decidira não revelar a resolução, pois nem na amizade já não podia mais confiar. Isso deixou Arkadi estupefato e seu coração foi arrasado por uma dor atroz e penetrante. Sentou-se na cama e abriu um livrinho qualquer, o único que tinha, mas não tirava os olhos do pobre Vássia, mas Vássia se calava obstinado, escrevia e não erguia a cabeça. Assim se passaram várias horas, e a tortura de Vássia aumentou até o último grau. Por fim, um pouco depois das dez horas, Vássia levantou a cabeça e fitou Arkadi com um olhar fixo e inexpressivo. Arkadi esperou. Passaram-se uns dois ou três minutos; Vássia continuava calado.

DOSTOIÉVSKI

"Vássia!" — gritou Arkadi. O amigo não deu resposta. |149
— "Vássia!" — repetiu, pulando da cama. — "Vássia, o
que você tem? O que foi?" — pôs-se a gritar, correndo
para ele. Vássia ergueu a cabeça e novamente olhou para
ele com aquele olhar fixo e inexpressivo. "Está parali-
sado!" — pensou Arkadi, tremendo inteiro de medo. Pe-
gou uma garrafa de água, levantou o amigo, derramou
água em sua cabeça, molhou suas têmporas, esfregou
as mãos entre as suas — e Vássia despertou. "Vássia,
Vássia!" — gritou Arkadi, afogando-se em lágrimas, já
sem tentar se conter. — "Vássia, não se arruíne, lembre-
-se! Lembre-se!" Ele não terminou de falar e o apertou
em um abraço ardente. Alguma sensação dolorida pas-
sou por todo o rosto de Vássia; ele esfregou sua testa e
levou as mãos à cabeça, como se tivesse medo que ela se
despedaçasse.

— Não sei o que há comigo! — continuou por fim —
acho que não aguentei. Ah, tudo bem, tudo bem! Basta,
Arkadi, não fique triste; basta! — repetiu, fitando-o com
um olhar aflito e esgotado. — Para que se preocupar?
Chega!

— Você, justo você me consolando? — gritou Ar-
kadi, com o coração partido. — Vássia — disse por fim
—, deite-se, durma um pouco, que tal? Não se torture em
vão! É melhor trabalhar depois!

— Sim, sim! — repetiu Vássia. — Como queira!
Vou me deitar; está bem; sim! Sabe, eu queria terminar,
mas mudei de ideia agora, sim...

E Arkadi o arrastou até a cama.

— Escute, Vássia — disse com firmeza —, é preciso
resolver essa questão de uma vez! Diga, o que você está
tramando?

UM CORAÇÃO FRACO

150

— Ah — soltou Vássia, com um meneio frouxo da mão e virando a cabeça para o outro lado.

— Pare, Vássia, pare! Resolva isso! Não quero ser seu assassino; não posso mais ficar calado. Você não vai dormir enquanto não se decidir, eu sei.

— Como queira, como queira — repetiu Vássia, enigmático.

"Está se rendendo!" — pensou Arkadi Ivánovitch.

— Siga meu conselho, Vássia — disse ele —, eu disse que salvaria você amanhã, lembra? Vou resolver seu destino! Do que estou falando, destino! Você me assustou tanto que eu mesmo estou usando suas palavras. Que destino, que nada! Pura bobagem, ninharia! Você não quer perder a simpatia — ou o amor, se quiser chamar assim — de Iulian Mastákovitch, isso sim! E nem vai perder, você vai ver... Eu...

Arkadi Ivánovitch ainda falaria por bastante tempo, mas Vássia o interrompeu. Ele se levantou na cama, enlaçou o pescoço de Arkadi Ivánovitch em silêncio e o beijou.

— Já chega! — disse com uma voz fraca. — Chega! Basta de falar sobre isso. — E voltou a cabeça para a parede outra vez.

"Meu Deus!" — pensou Arkadi — "meu Deus! O que há com ele? Está completamente perdido; o que terá decidido? Vai se matar."

Arkadi olhava desesperado para o amigo.

"Se ele ficasse doente" — pensou Arkadi —, "talvez fosse melhor. A preocupação passaria com a doença e poderia ser uma boa maneira de resolver todo o assunto. Mas por que estou divagando? Ah, meu Deus!"

Enquanto isso, Vássia parecia cochilar. Arkadi Ivánovitch se alegrou. "Bom sinal!" — pensou. De-

DOSTOIÉVSKI

cidiu velar por ele a noite inteira. Mas o próprio Vássia estava agitado. A todo instante estremecia, se mexia na cama e abria os olhos por um instante. Por fim, o cansaço venceu; parecia dormir como um morto. Era por volta de duas na manhã; Arkadi Ivánovitch dormiu na cadeira, apoiando o cotovelo na mesa.

Seu sono foi inquieto e estranho. O tempo todo sentia que não dormia e que Vássia estava deitado na cama como antes. Mas que estranho! Parecia que Vássia fingia, que inclusive o enganara e estava a ponto de levantar-se quietinho e, vigiando com meio olho, andar pé ante pé até a mesa. Uma dor aguda tomou o coração de Arkadi: era irritante, triste e doloroso ver que Vássia não confiava mais nele, se ocultava e se escondia. Tentava abraçá-lo, berrava, tentava levá-lo para a cama... Então Vássia dava um grito em seus braços, e ele deitava sobre a cama apenas um cadáver inanimado. Suor frio brotava na testa de Arkadi, seu coração batia com toda força. Ele abriu os olhos e acordou. Vássia estava sentado à mesa em frente e escrevia.

Sem confiar em seus sentidos, Arkadi olhou para a cama: Vássia não estava lá. Ele pulou de espanto, ainda sob influência do sonho. Vássia não se moveu. Continuava escrevendo. De repente, Arkadi notou horrorizado que o amigo corria a pena seca pelo papel, que virava páginas completamente brancas e apressava a encher a folha, como se estivesse trabalhando da forma mais admirável e bem-sucedida possível! "Não, ele não está paralisado" — pensou Arkadi Ivánovitch e todo seu corpo começou a tremer. — "Vássia, Vássia! Responda!" — gritava, enquanto o agarrava pelo ombro, mas Vássia continuava calado e como antes escrevia com a pena seca sobre o papel.

UM CORAÇÃO FRACO

— Finalmente *apressei* a pena — disse, sem levantar a cabeça para Arkadi.

Arkadi pegou-o pela mão e arrancou-lhe a pena.

Um gemido escapou dos lábios de Vássia. Ele abaixou a mão e ergueu os olhos para Arkadi, depois, com um sentimento aflito e angustiado, levou-a à testa, como se desejasse tirar de si algum fardo pesado, insuportável, que oprimia todo seu ser e, como se meditasse, devagar abaixou a cabeça sobre o peito.

— Vássia, Vássia! — exclamou Arkadi Ivánovitch desesperado. — Vássia!

Vássia olhou para ele depois de um minuto. Havia lágrimas em seus grandes olhos azuis, e seu rosto pálido e dócil expressava um suplício sem fim... Sussurrou algo.

— O quê, o quê? — gritou Arkadi, inclinando-se sobre ele.

— Por que eu, por quê? — sussurrava Vássia. — Por quê? O que foi que eu fiz?

— Vássia! O que você tem? Do que tem medo? Do quê? — exclamou Arkadi, torcendo os braços de desespero.

— O que foi que eu fiz para ser mandado para o Exército? — disse Vássia, olhando direto nos olhos do amigo. — Por quê? O que fiz?

Os cabelos de Arkadi ficaram arrepiados; ele não queria acreditar. Estava mortificado.

Depois de um minuto, voltou a si. "Não deve ser nada, é só um momento!" — falou para si mesmo, pálido, com os lábios azulados e trêmulos, e correu para se vestir. Queria voar direto para o médico. De repente, Vássia o chamou; Arkadi correu até ele e abraçou-o como uma mãe cujo filho está sendo levado.

DOSTOIÉVSKI

— Arkadi, Arkadi, não conte para ninguém! Está |153
ouvindo? A culpa é minha! Deixe que eu a carregue
sozinho...

— O quê? O quê? Volte a si, Vássia, volte a si!

Vássia deu um suspiro e lágrimas silenciosas
começaram a rolar por suas faces.

— Por que matá-la? De que ela tem culpa? — mur-
murou com uma voz sofredora que partia o coração. —
O pecado é meu, o pecado é meu!

Parou de falar por um minuto.

— Adeus, minha amada! Adeus, minha amada! —
sussurrava ele, balançando a pobre cabeça. Arkadi estre-
meceu, voltou a si e quis sair para buscar um médico. —
Vamos! Está na hora! — gritou Vássia, arrebatado pelos
movimentos recentes de Arkadi. — Vamos, irmão, va-
mos; estou pronto! Acompanhe-me! — calou-se e olhou
para Arkadi com um olhar morto e desconfiado.

— Vássia, não venha atrás de mim, pelo amor de
Deus! Espere aqui. Agora mesmo volto para vê-lo —
disse Arkadi Ivánovitch ao agarrar a boina para correr até
o médico, ele próprio a ponto de perder a cabeça. Vássia
se sentou em seguida; estava quieto e obediente, apenas
brilhava em seus olhos uma espécie de determinação de-
sesperada. Arkadi voltou, agarrou na mesa um canivete
aberto, olhou pela última vez para o pobre coitado e saiu
do apartamento correndo.

Era pouco mais de sete horas. A luz expulsara a pe-
numbra do quarto fazia tempo. Ele não achou ninguém.
Correu por uma hora inteira. Todos os médicos — cujos
endereços descobria perguntando aos zeladores se por
acaso não morava algum doutor naquela casa — já ha-
viam saído, uns para o trabalho, outros para cuidar de
seus afazeres. Havia um que podia atender pacientes.

UM CORAÇÃO FRACO

154| Ele interrogou o criado que anunciara Nefedêvitch por um longo tempo e em detalhes: da parte de quem vinha, quem era e como viera, de que necessitava e até qual era a aparência do visitante madrugador — e então concluiu que não podia, que tinha muito a fazer e seria impossível sair, que era preciso levar esse tipo de paciente ao hospital.

Então, Arkadi — que, mortificado e abalado, de forma alguma esperava semelhante desenlace — abandonou tudo, todos os médicos do mundo, e partiu para casa, temendo por Vássia com todas suas forças. Entrou correndo no apartamento. Como se nada tivesse acontecido, Mavra varria o chão, quebrava gravetos e se preparava para acender o forno. Foi para o quarto — Vássia desaparecera sem deixar rastro.

"Para onde foi? Aonde? Para onde o infeliz vai correr?" — pensou Arkadi, gelado de pavor. Começou a interrogar Mavra. Esta não sabia de nada, não fazia ideia, nem o escutara quando saiu, que o Senhor o acompanhe! Nefedêvitch correu rumo à família de Kolomna.

Veio-lhe a ideia, sabe Deus de onde, que ele estaria lá.

Já passava das nove quando chegou. Não o esperavam, ninguém sabia, não o haviam visto. Ele ficou parado diante delas assustado, desolado, e perguntou: "Onde está Vássia?" As pernas da velha falharam; ela desabou no sofá. Lízanka, absolutamente trêmula de medo, pôs-se a perguntar o que tinha acontecido. O que havia para dizer? Arkadi Ivánovitch disse algo às pressas para se livrar, inventou algumas histórias em que elas, claro, não acreditaram, e saiu rápido, deixando-as aturdidas e exaustas. Correu para o escritório com o objetivo de ao menos não se atrasar e avisar que se tomassem medidas

DOSTOIÉVSKI

o mais rápido possível. Pelo caminho, ocorreu-lhe que Vássia estaria na casa de Iulian Mastákovitch. Era o mais provável: Arkadi tinha pensado nisso antes de tudo, antes de ir a Kolomna. Passando pela frente da casa de Sua Excelência, quis parar, mas na mesma hora ordenou ao cocheiro que seguisse adiante. Decidiu tentar saber se porventura não havia acontecido nada no escritório, e depois, se não o encontrasse por lá, comparecer à casa de Sua Excelência para ao menos relatar o estado de Vássia. De qualquer modo, alguém precisaria informá-lo!

Ainda na sala de recepção, foi cercado pelos colegas mais jovens, a maioria com cargos do mesmo nível que o seu, e em uníssono começaram a indagar o que acontecera com Vássia. Todos falavam ao mesmo tempo que Vássia enlouquecera e em seus delírios dizia que queriam mandá-lo para o Exército por causa de um trabalho mal executado. Arkadi Ivánovitch respondia para todos os lados ou, melhor dizendo, não respondia definitivamente a ninguém e se precipitou rumo aos aposentos internos. No caminho, soube que Vássia estava no gabinete de Iulian Mastákovitch, que todos haviam ido para lá e que Esper Ivánovitch também estivera lá. Pensou em parar. Algum superior lhe perguntou aonde ia e do que precisava. Sem distinguir o rosto, disse algo a respeito de Vássia e foi direto ao gabinete. Já escutava a voz de Iulian Mastákovitch vinda de dentro. "Para onde o senhor vai?" — perguntou-lhe alguém bem na porta. Arkadi Ivánovitch quase se intimidou; fez menção de voltar, mas viu seu pobre Vássia pela porta entreaberta. Abriu e, com certa dificuldade, forçou caminho para entrar no cômodo. Lá dentro, imperavam confusão e perplexidade, porque pelo visto Iulian Mastákovitch estava bastante desgostoso. A seu lado estavam todos

UM CORAÇÃO FRACO

os colegas mais importantes, discutindo sem resolver absolutamente nada. Vássia estava um pouco afastado. Arkadi perdeu o fôlego quando o viu. Vássia estava pálido, com a cabeça erguida, em posição de sentido e os braços junto ao corpo. Olhava direto nos olhos de Iulian Mastákovitch. Perceberam logo a presença de Nefedêvitch e alguém que sabia que ambos moravam juntos informou Sua Excelência. Levaram Arkadi para perto dele. Quis responder às perguntas que faziam, olhou para Iulian Mastákovitch e, vendo que seu rosto mostrava verdadeira piedade, começou a tremer e caiu no choro como uma criança. Ele até fez mais: atirou-se em sua direção, agarrou a mão do patrão e a levou até seus olhos, banhando-a em lágrimas, de forma que o próprio Iulian Mastákovitch foi forçado a tirá-la rápido e, com um gesto no ar, dizer: "Está bem, basta, irmão, basta; estou vendo que você tem um bom coração". Arkadi soluçava e lançava a todos olhares suplicantes. Sentia que todos eram irmãos de seu pobre Vássia, que também sofriam e choravam por ele. "Mas como, como é que isso aconteceu?" — disse Iulian Mastákovitch. — Por que enlouqueceu?

— Por gra-gra-ti-dão! — foi só o que conseguiu dizer Arkadi Ivánovitch. Todos escutaram perplexos a resposta, e ela lhes pareceu estranha e inverossímil: mas como era possível que uma pessoa enlouquecesse por gratidão? Arkadi explicou como pôde.

— Meu Deus, que pena! — disse por fim Iulian Mastákovitch. — E o trabalho que encomendei não era importante e nem um pouco urgente. O homem está destruído por nada! Bem, levem-no daqui! — Então, Iulian Mastákovitch se voltou para Arkadi Ivánovitch e pôs-se a interrogá-lo de novo. — Ele pede — disse, apontando

DOSTOIÉVSKI

para Vássia — que não falem sobre isso com alguma moça; quem é, a noiva dele, o quê? — Arkadi começou a explicar. Enquanto isso, Vássia parecia pensar em algo, com o maior dos esforços procurava recordar-se de algo importante e necessário que justo agora seria útil. Às vezes, movia os olhos penosamente, como se tivesse esperança de que alguém o lembrasse de algo que esquecera. Voltou o olhar para Arkadi. Por fim, uma esperança pareceu brilhar de repente em seus olhos, ele se mexeu com a perna esquerda, deu três passos da maneira mais ágil que conseguia e até bateu com a bota direita, como fazem os soldados ao responder ao chamado de um oficial. Todos esperavam para ver o que aconteceria.

— Tenho um defeito físico, Vossa Excelência, sou fraco e pequeno, não sirvo para o serviço militar — disse, com a voz entrecortada. Então, todos os que estavam no recinto sentiram um aperto no coração e até Iulian Mastákovitch, por mais duro que fosse, derramou uma lágrima.

— Levem-no embora — disse, acenando a mão.

— Em frente! — disse Vássia a meia-voz, virou para a esquerda e saiu da sala. Seguiram-no todos os que se interessavam por seu destino. Arkadi apertou-se atrás dos demais. Sentaram Vássia na sala de recepção à espera de uma prescrição e da carruagem para levá-lo ao hospital. Estava em silêncio e parecia bastante preocupado. Quando reconhecia alguém, acenava com a cabeça como se estivesse se despedindo. A todo minuto olhava para a porta e esperava que lhe dissessem: "está na hora". Um círculo apertado se formou ao seu redor: todos meneavam a cabeça, todos lamentavam. Muitos ficaram estupefatos com sua história que de repente se fez famosa; alguns discutiam a seu respeito, outros ti-

UM CORAÇÃO FRACO

158 nham pena de Vássia e o elogiavam, diziam que era um jovem tão modesto e tranquilo, que prometia tanto; contavam como ele se esforçara para estudar, era ávido de saber, fazia o possível para se instruir. "Saiu da classe baixa por esforço próprio!" — observou alguém. Falavam com comoção do afeto que Sua Excelência tinha por ele. Alguns puseram-se a explicar por que justamente a ideia de que seria mandado ao Exército por não ter acabado o trabalho viera à cabeça de Vássia e o enlouquecera. Disseram que o pobre coitado fazia pouco tempo saíra da classe tributária[1] e só por intervenção de Iulian Mastákovitch — que soube identificar nele talento, obediência e rara docilidade — recebera seu primeiro título. Em suma, os boatos e as opiniões eram os mais diversos. Um colega de Vássia Chumkov era particularmente notável entre os comovidos, homem de estatura bastante baixa. E não é que fosse muito jovem, já tinha por volta de trinta anos. Estava branco como um papel, seu corpo estremecia por inteiro e ele sorria de um modo um pouco estranho — talvez porque todo caso escandaloso ou cena terrível assuste e, ao mesmo tempo, em certa medida alegre um pouco o espectador de fora. A todo instante dava voltas em torno das pessoas que cercavam Chumkov e, como era baixo, levantava na ponta dos pés, agarrava qualquer um, quer dizer, só aqueles a quem tinha direito de agarrar e repetia que sabia o porquê disso tudo, que não era um caso insignificante, mas bastante grave, que isso não podia ser deixado assim; depois ficava na ponta dos pés de novo, sussurrava na orelha do ouvinte, outra vez acenava com a cabeça umas duas vezes e voltava a correr. Por fim, tudo se acabou: apareceram o guarda e o enfermeiro do hospital, foram até

---

[1]Classe que era obrigada a pagar impostos e servir o Exército.

DOSTOIÉVSKI

Vássia e lhe disseram que estava na hora de ir. Ele deu ┃159
um pulo, agitou-se e foi com eles, olhando à sua volta.
Procurava alguém com os olhos! "Vássia! Vássia!" —
gritou Arkadi Ivánovitch soluçando. Vássia parou e Ar-
kadi conseguiu abrir caminho até ele. Ambos voaram
um para o outro pela última vez e deram um abraço aper-
tado... Era triste vê-los. Que infelicidade ilusória arran-
cou lágrimas de seus olhos? Por que choravam? Onde
estava a desgraça? Por que não se entendiam?

— Pegue, pegue, tome! Guarde isso — disse Chum-
kov, enfiando algum papel na mão de Arkadi. — Vão ti-
rar de mim. Traga-me depois, traga; guarde... — Vássia
não terminou de falar, chamaram-no. Passou apressado
pela escada, acenando com a cabeça, dando adeus a to-
dos. Via-se desespero em seu rosto. Por fim, foi colo-
cado na carruagem e o levaram. Arkadi acelerou-se para
desdobrar o papel: era o cacho de cabelo negro de Liza,
de que Chumkov nunca se separara. Lágrimas ardentes
jorraram dos olhos de Arkadi. "Ah, pobre Liza!"

Terminadas as horas de trabalho, ele foi visitar Ko-
lomna. Nem preciso falar sobre o que aconteceu lá! Até
Petia, o pequenino Petia, sem entender por completo o
que acontecera ao bom Vássia, se meteu em um canto,
cobriu-se com as mãozinhas e começou a chorar com
todo seu coraçãozinho infantil. Já era crepúsculo quando
Arkadi começou a voltar para casa. Ao aproximar-se do
Nievá, parou por um minuto e lançou um olhar pene-
trante ao longo da extensão gélida, enevoada e turva do
rio, avermelhada de súbito pelos últimos tons de púrpura
do ocaso sangrento que já se extinguia no céu nebuloso.
A noite caía sobre a cidade e, com o último reflexo do
sol, todo o prado inabarcável do Nievá, inchado pela
neve congelada, desfolhava-se em infindáveis miríades

UM CORAÇÃO FRACO

de faíscas espalhadas pela geada espinhosa. O frio ia se estabilizando em vinte graus abaixo de zero. Vapor frio emanava dos cavalos mortalmente fatigados e das pessoas que corriam. O ar denso tremia ao menor som e, de todos os telhados das duas ruas às margens do rio, colunas de fumaça subiam pelo céu frio como se fossem gigantes, enroscando-se e desenroscando pelo caminho, de maneira a parecer que novos edifícios surgiam sobre os velhos e uma nova cidade se formava no ar... Enfim, era como se todo este mundo, com seus habitantes fortes e fracos, com todas suas moradas, abrigos de mendigos ou palácios dourados — deleite dos poderosos deste mundo — nessa hora crepuscular parecessem um devaneio encantado e fantástico, um sonho que por sua vez vai desaparecer e logo evaporar-se no céu azul-escuro. Algum pensamento estranho veio ao amigo órfão do pobre Vássia. Ele estremeceu e nesse instante seu coração parecia sangrar como uma fonte ardente que entrara em súbita ebulição por um sentimento poderoso, até então desconhecido. Sentia que só agora entendia toda essa inquietação e descobria por que motivo enlouquecera seu pobre Vássia, incapaz de suportar a própria felicidade. Seus lábios começaram a tremer, os olhos se iluminaram, ele empalideceu e parecia que naquele instante começava a enxergar algo novo.

Ele se tornou aborrecido, taciturno e perdeu toda a alegria. O antigo apartamento começou a parecer-lhe odioso — mudou-se para outro. Não queria mais fazer visitas a Kolomna, nem o conseguia. Dois anos depois, encontrou-se com Lízanka em uma igreja. Já estava casada; atrás vinha a ama com uma criança de colo. Eles se cumprimentaram e por longo tempo evitaram falar sobre o passado. Liza disse que era feliz, graças a Deus, que

DOSTOIÉVSKI

não era pobre, que seu marido era um homem bom e ela o amava... Mas de repente, no meio da conversa, seus olhos se encheram de lágrimas e a voz falhou; ela se voltou e se curvou sobre parapeito da igreja para esconder das pessoas a sua dor...

COLEÇÃO DE BOLSO HEDRA

1. *Iracema*, Alencar
2. *Don Juan*, Molière
3. *Contos indianos*, Mallarmé
4. *Auto da barca do Inferno*, Gil Vicente
5. *Poemas completos de Alberto Caeiro*, Pessoa
6. *Triunfos*, Petrarca
7. *A cidade e as serras*, Eça
8. *O retrato de Dorian Gray*, Wilde
9. *A história trágica do Doutor Fausto*, Marlowe
10. *Os sofrimentos do jovem Werther*, Goethe
11. *Dos novos sistemas na arte*, Maliévitch
12. *Mensagem*, Pessoa
13. *Metamorfoses*, Ovídio
14. *Micromegas e outros contos*, Voltaire
15. *O sobrinho de Rameau*, Diderot
16. *Carta sobre a tolerância*, Locke
17. *Discursos ímpios*, Sade
18. *O príncipe*, Maquiavel
19. *Dao De Jing*, Laozi
20. *O fim do ciúme e outros contos*, Proust
21. *Pequenos poemas em prosa*, Baudelaire
22. *Fé e saber*, Hegel
23. *Joana d'Arc*, Michelet
24. *Livro dos mandamentos: 248 preceitos positivos*, Maimônides
25. *O indivíduo, a sociedade e o Estado, e outros ensaios*, Emma Goldman
26. *Eu acuso!*, Zola — *O processo do capitão Dreyfus*, Rui Barbosa
27. *Apologia de Galileu*, Campanella
28. *Sobre verdade e mentira*, Nietzsche
29. *O princípio anarquista e outros ensaios*, Kropotkin
30. *Os sovietes traídos pelos bolcheviques*, Rocker
31. *Poemas*, Byron
32. *Sonetos*, Shakespeare
33. *A vida é sonho*, Calderón
34. *Escritos revolucionários*, Malatesta
35. *Sagas*, Strindberg
36. *O mundo ou tratado da luz*, Descartes
37. *O Ateneu*, Raul Pompeia
38. *Fábula de Polifemo e Galateia e outros poemas*, Góngora
39. *A vênus das peles*, Sacher-Masoch
40. *Escritos sobre arte*, Baudelaire
41. *Cântico dos cânticos*, [Salomão]
42. *Americanismo e fordismo*, Gramsci
43. *O princípio do Estado e outros ensaios*, Bakunin
44. *O gato preto e outros contos*, Poe
45. *História da província Santa Cruz*, Gandavo
46. *Balada dos enforcados e outros poemas*, Villon
47. *Sátiras, fábulas, aforismos e profecias*, Da Vinci
48. *O cego e outros contos*, D.H. Lawrence

49. *Rashômon e outros contos*, Akutagawa
50. *História da anarquia (vol. 1)*, Max Nettlau
51. *Imitação de Cristo*, Tomás de Kempis
52. *O casamento do Céu e do Inferno*, Blake
53. *Cartas a favor da escravidão*, Alencar
54. *Utopia Brasil*, Darcy Ribeiro
55. *Flossie, a Vênus de quinze anos*, [Swinburne]
56. *Teleny, ou o reverso da medalha*, [Wilde et al.]
57. *A filosofia na era trágica dos gregos*, Nietzsche
58. *No coração das trevas*, Conrad
59. *Viagem sentimental*, Sterne
60. *Arcana Cœlestia* e *Apocalipsis revelata*, Swedenborg
61. *Saga dos Volsungos*, Anônimo do séc. XIII
62. *Um anarquista e outros contos*, Conrad
63. *A monadologia e outros textos*, Leibniz
64. *Cultura estética e liberdade*, Schiller
65. *A pele do lobo e outras peças*, Artur Azevedo
66. *Poesia basca: das origens à Guerra Civil*
67. *Poesia catalã: das origens à Guerra Civil*
68. *Poesia espanhola: das origens à Guerra Civil*
69. *Poesia galega: das origens à Guerra Civil*
70. *O chamado de Cthulhu e outros contos*, H.P. Lovecraft
71. *O pequeno Zacarias, chamado Cinábrio*, E.T.A. Hoffmann
72. *Tratados da terra e gente do Brasil*, Fernão Cardim
73. *Entre camponeses*, Malatesta
74. *O Rabi de Bacherach*, Heine
75. *Bom Crioulo*, Adolfo Caminha
76. *Um gato indiscreto e outros contos*, Saki
77. *Viagem em volta do meu quarto*, Xavier de Maistre
78. *Hawthorne e seus musgos*, Melville
79. *A metamorfose*, Kafka
80. *Ode ao Vento Oeste e outros poemas*, Shelley
81. *Oração aos moços*, Rui Barbosa
82. *Feitiço de amor e outros contos*, Ludwig Tieck
83. *O corno de si próprio e outros contos*, Sade
84. *Investigação sobre o entendimento humano*, Hume
85. *Sobre os sonhos e outros diálogos*, Borges — Osvaldo Ferrari
86. *Sobre a filosofia e outros diálogos*, Borges — Osvaldo Ferrari
87. *Sobre a amizade e outros diálogos*, Borges — Osvaldo Ferrari
88. *A voz dos botequins e outros poemas*, Verlaine
89. *Gente de Hemsö*, Strindberg
90. *Senhorita Júlia e outras peças*, Strindberg
91. *Correspondência*, Goethe — Schiller
92. *Índice das coisas mais notáveis*, Vieira
93. *Tratado descritivo do Brasil em 1587*, Gabriel Soares de Sousa
94. *Poemas da cabana montanhesa*, Saigyō
95. *Autobiografia de uma pulga*, [Stanislas de Rhodes]
96. *A volta do parafuso*, Henry James
97. *Ode sobre a melancolia e outros poemas*, Keats
98. *Teatro de êxtase*, Pessoa
99. *Carmilla — A vampira de Karnstein*, Sheridan Le Fanu

100. *Pensamento político de Maquiavel*, Fichte
101. *Inferno*, Strindberg
102. *Contos clássicos de vampiro*, Byron, Stoker e outros
103. *O primeiro Hamlet*, Shakespeare
104. *Noites egípcias e outros contos*, Púchkin
105. *A carteira de meu tio*, Macedo
106. *O desertor*, Silva Alvarenga
107. *Jerusalém*, Blake
108. *As bacantes*, Eurípides
109. *Emília Galotti*, Lessing
110. *Contos húngaros*, Kosztolányi, Karinthy, Csáth e Krúdy
111. *A sombra de Innsmouth*, H.P. Lovecraft
112. *Viagem aos Estados Unidos*, Tocqueville
113. *Émile e Sophie ou os solitários*, Rousseau
114. *Manifesto comunista*, Marx e Engels
115. *A fábrica de robôs*, Karel Tchápek
116. *Sobre a filosofia e seu método — Parerga e paralipomena (v. II, t. I)*, Schopenhauer
117. *O novo Epicuro: as delícias do sexo*, Edward Sellon
118. *Revolução e liberdade: cartas de 1845 a 1875*, Bakunin
119. *Sobre a liberdade*, Mill
120. *A velha Izerguil e outros contos*, Górki
121. *Pequeno-burgueses*, Górki
122. *Um sussurro nas trevas*, H.P. Lovecraft
123. *Primeiro livro dos Amores*, Ovídio
124. *Educação e sociologia*, Durkheim
125. *Elixir do pajé — poemas de humor, sátira e escatologia*, Bernardo Guimarães
126. *A nostálgica e outros contos*, Papadiamántis
127. *Lisístrata*, Aristófanes
128. *A cruzada das crianças/ Vidas imaginárias*, Marcel Schwob
129. *O livro de Monelle*, Marcel Schwob
130. *A última folha e outros contos*, O. Henry
131. *Romanceiro cigano*, Lorca
132. *Sobre o riso e a loucura*, [Hipócrates]
133. *Hino a Afrodite e outros poemas*, Safo de Lesbos
134. *Anarquia pela educação*, Élisée Reclus
135. *Ernestine ou o nascimento do amor*, Stendhal
136. *A cor que caiu do espaço*, H.P. Lovecraft
137. *Odisseia*, Homero
138. *O estranho caso do Dr. Jekyll e Mr. Hyde*, Stevenson
139. *História da anarquia (vol. 2)*, Max Nettlau
140. *Eu*, Augusto dos Anjos
141. *Farsa de Inês Pereira*, Gil Vicente
142. *Sobre a ética — Parerga e paralipomena (v. II, t. II)*, Schopenhauer
143. *Contos de amor, de loucura e de morte*, Horacio Quiroga
144. *Memórias do subsolo*, Dostoiévski
145. *A arte da guerra*, Maquiavel
146. *O cortiço*, Aluísio Azevedo
147. *O elogio da loucura*, Erasmo de Rotterdam

Edição	Bruno Costa
Coedição	Iuri Pereira e Jorge Sallum
Capa e projeto gráfico	Ronaldo Alves, Júlio Dui e Renan Costa Lima
Imagem de capa	*Sunday Reading in Rural Schools*, Nikolay Petrovich Bogdanov-Belsky, 1985
Programação em LaTeX	Bruno Oliveira
Agradecimentos	a Bruno Gomide, Martín Suaya, Odomiro Fonseca e Priscila Marques
Preparação	Ekaterina Vólkova Américo
Revisão	Carla Mello Moreira
Assistência editorial	Bruno Oliveira
Colofão	Adverte-se aos curiosos que se imprimiu esta obra em nossas oficinas em 31 de outubro de 2013, em papel off-set 90 g/m^2, composta em tipologia Minion Pro, em GNU/Linux (Gentoo, Sabayon e Ubuntu), com os softwares livres LaTeX, DeTeX, VIM, Evince, Pdftk, Aspell, SVN e TRAC.